一举突破美国名校

——教你选校不能只看排名

Joyce Slayton Mitchell 著

施怡如（Lucy Shih）编译

文汇出版社

美国名校招生办主任
盛情推荐！

🇺🇸 哈佛大学

米切尔女士的知识和她对美国大学升学申请步骤的了解,在行业间是一个传奇。这主要源于她非常注重找到每一名学生适合的大学。为了帮同学们在寻找合适大学的过程中找到至关重要的因素,她提出了很多独特的见解和方法,让原来复杂的大学申请过程变得清晰明了。

——William R.Fitzsimmons, *招生主任*

🇺🇸 斯坦福大学

米切尔女士是一位真正的教育者。她让选择大学的过程成为一个学生学习的经历。她事先告诉学生,在申请过程中他们将学会很多有关自己的以及对自己非常重要的事情。结果这些同学对于大学选择的过程都有美好的体验。在选择大学的书籍里,这本是我读过的最好的书。这本书将米切尔的智慧浓缩到《一举突破美国名校》里,提供给读者最有价值的明智选择。

——Robin Mamlet, *前招生官*

🇺🇸 宾夕法尼亚大学

这是唯一一本把你这个申请者当作主角的大学申请书。它将鼓励你有条理、细心和有策略地完成你的大学选择。

——Eric J.Kaplan, *前招生主任*

🇺🇸 达特茅斯学院

一本花心思和用经验写下的好书。米切尔女士对招生和录取的了解一定能够帮到你。

——Karl M.Furtenberg，招生主任

🇺🇸 威廉姆斯学院

米切尔女士根据自己丰富的专业经验，为中国学生勾画出一幅清晰实用的"路线图"，帮助他们应对复杂而且往往让人困惑的美国大学申请流程。在米切尔女士提出的许多有价值的、深刻的见解中，她着重强调的最重要一点是：美国有数百所非常出色的大学和学院。要想接受最好的本科教育，并非一定要进入那几所最具声望、入学竞争最激烈的院校。申请者应该摆脱所谓的学校排名和名气的束缚，放宽视野，考虑更多的大学，从而找到在学术、社会生活以及经济方面最适合自己的学校。这不仅是对中国学生的正确建议，而且也同样适用于美国学生。

——Richard L.Nesbitt，招生办主任

🇺🇸 阿默斯特学院

我极力推荐《一举突破美国名校》这本书！

——Thomas H.Parker，招生和助学金办公室主任

🇺🇸 西北大学

相信乔伊斯·米切尔女士。她给每一个人的建议，包括同学、家长和他们的升学顾问，让他们相信自己可以顺利完成复杂的大学申请过程。请仔细分段阅读这本书并且大声将内容读出来。你将会喜欢你所听到的。米切尔女士深刻地了解同学们和家长的内心想法。

——Sheppard Shanley，高级招生副主任

🇺🇸 杜克大学

米切尔女士是美国大学咨询行业中最有见解、最敏锐、最有经验的专业人士之一。她撰写的书籍以及个人建议已经帮助数千名学生为大学申请做了充分的准备。她总能给出公正、实用、坦诚且恰当的建议。她多年来的经验帮助了很多家长和同学走出申请大学的迷宫。我们做招生官的也感激她对我们工作提出了宝贵的见解和准确的意见，并指出了清楚的选校步骤。这本精心思考筹划的书，

提炼了她多年的经验,没有别人可以取代!

——Christoph Guttentag,*招生官*

珀莫纳学院

乔伊斯在美国大学升学指导行业里是最有名的升学顾问之一,她的新书再度证明了她的专业,《一举突破美国名校》给出了对中国申请者的诚恳建议,并对想要申请美国大学的同学们透露了美国大学申请的真实情况。这是一本必读的书。

——Christopher S.Allen,*招生和助学金办公室主任*

波士顿大学

对于任何一位想去美国留学的中国学生来说,这都是一本必不可少的指导性书籍。本书作者米切尔女士是一名优秀的大学咨询专家,她已为数千名学生提供了关于大学申请流程的建议,她的专业知识和指导将确保你的申请步骤准确无误。

——Kelly A.Walter,*招生办执行主任*

密歇根大学

这本书针对中国学生在申请美国文理学院和大学时应该怎样进行考虑以及考虑些什么问题提出了全新的、重要的看法。米切尔女士介绍了许多切实的、清晰易懂的申请步骤,帮助中国学生理解整个申请流程。

——Theodore L.(Ted) Spencer,*副教务长,招生办主任*

波士顿学院

这是第一本专为中国学生量身打造的美国大学申请指导书,它帮助申请者研究美国大学,并最终找到适合自己的理想学府。作者米切尔女士在书中介绍了众多不同种类的美国大学,展现了多样化的学生风貌和学校教育理念。选择学习环境更完善的大学会让申请者获益良多,并强化思辨技巧,在未来的大学教育和职业生涯中有理想的发展。

——Robert S.Lay,*招生管理主任*

南加州大学

这本书由资深的大学申请顾问米切尔女士编写,是一本申请美国名校的优质、实用的指导书。

——Jerome A.Lucido,博士,招生副教务长

史密斯学院

这本申请指导书为每一位想要就读美国大学的中国学生提供了全面而准确的建议。书中以清晰直接的方式介绍了美国大学申请流程的各个环节,并强调了中国学生在申请中需要注意的重要的不同之处。对任何一位计划进入申请流程的学生及家长来说,这都是一本必读书籍。

——Audrey Smith,招生办主任

瓦萨学院

米切尔女士是美国最优秀、最资深的大学申请咨询顾问之一。她这本专为渴望去美国留学的中国学生所撰写的新书凝聚了她丰富的工作经验与智慧。米切尔女士不仅非常熟悉美国大学的申请流程,同时她还是一位出色的作家,能够以清晰易懂的写作方式将她睿智的专业见解和她的个人建议传达给每一位读者。如今,网上充斥着各种互相矛盾和不正确的留学申请信息,而米切尔女士的这本新书将为中国学生提供权威的、可信的、真正的留学指导,帮助他们更好地理解错综复杂的美国大学申请流程。

——David M.Borus,招生和助学金办公室主任

卡尔顿学院

米切尔女士在帮助同学们寻找合适大学的过程中提供了非常强有力的个人见解。如果你把选择一个21世纪的美国大学比作在激流里泛舟,那么这位作者就是你的导航者。那里有很多不确定的激流和暗石,有很多突发状况和选择,都是年轻同学在选择大学时要面对的。米切尔女士将如何选择正确大学的方法教给学生们,一步步帮助你选择合适的大学。这本书是所有想上美国大学的同学必读的好书。

——Paul Thiboutot,招生主任

格林内尔学院

米切尔女士是美国大学入学申请方面最知名的专业人士之一。她的新书《一举突破美国名校》同样非常专业,书中提供了深入独到的指导以及一些实用的内部信息,一定会让申请美国大学的中国学生受益匪浅。米切尔女士的专业水准广受赞誉,她的这本著作是申请美国大学的必读书籍。

——招生和助学金办公室主任

康涅狄格学院

乔伊斯·米切尔女士写的这本实用指南让我更欣赏她缜密的心思和对美国大学招生过程的理解。她的建议非常直接而且没有半点虚假,在现今的大学升学指导丛书里,这是非常珍贵的。

——Martha C.Merrill,招生及助学金主主任

莱斯大学

多年来我读过最有趣、实用的大学申请指南。这是一本同学和家长都必读的书。

——Richard N.Stabell,招生办主任

匹兹堡大学

本书捕捉了米切尔女士数十年来的升学顾问经验,提供了选择大学过程中的宝贵建议。其首要前提是给读者注入了能量和希望——"你要对自己负责",针对如何达到成功选校目标——做一个真实的你,提供了明确的建议。米切尔正确的观点及建议成就了这本详细的实用手册。选择合适大学的过程事实上可以让你借此审视自我,同时找到最适合自己的大学。给你自己一个礼物——好好利用真正专家给你的意见！

——Betsy Porter,招生官

范德堡大学

对于正在美国大学申请迷宫中摸索的学生及其家长来说,这本书无疑会给他们极大的帮助。这本留学指导书针对美国大学申请流程的各个环节,一步一

步地进行讲解,无疑将成为申请者最有用的工具之一。绝对是本好书!

——Douglas L.Christiansen,博士,招生管理副教务长及招生办主任

林恩大学

这是一本用心完成的实用指南书籍,没有很多的小花招,真心诚意地帮助学生成功经历大学申请的过程,用理智的方法为你带来莫大的帮助。

——Delsie Z.Pillips,招生副主席

艾默里大学

数年来,米切尔女士已经成功地在美国学生和美国大学招生办之间搭起一座桥梁,现在她将搭建起中国高中生与美国大学招生办之间的桥梁。她与美国各大学招生办主任保持着密切的工作联系,能够为中国家庭提供准确可靠的信息和建议。不久,你将掌握与美国学生同样多的信息。米切尔女士是一位出色的指导者和咨询顾问,能够为中国学生在择校方面指出一条阳关大道。

——Scott L.Allen,国际招生办主任

科尔盖德学院

市面上有很多教高中生申请大学的书籍,都在误导学生和家长根据令人作呕的排名而选校。真正想要选择合适大学的同学们,要对自己和理想的学校正确定位,米切尔女士的大作就是这些同学应该阅读学习的。简单来说,这本书是行业间无与伦比的著作。

——Gary L.Ross,招生办主任

卫斯理安大学

米切尔女士在她的其他大学申请指导书中,与众多的美国学生及其家人分享了她多年来积累的经验与坦诚的建议。现在她将这种经验与建议带到了中国学生身边!米切尔女士将在本书中为中国学生提供中肯而实用的建议。

——Nancy Hargrave Meislahn,招生和助学金办公室主任

哈弗福德学院

米切尔女士非常了解招生专业的变化。她整体的经验和对学生主体的重

视,对于想要申请顶尖大学的同学们来说是无价的建议。

——Michael J.Keaton,招生办高级副主任

印第安纳大学

《一举突破美国名校》将为学生及其家人提供一幅"路线图",帮助他们全面了解美国大学申请流程,教会他们如何调查、研究每所大学以及如何作出正确决定,从而成功找到符合个人兴趣和学术兴趣的理想学府。

——Mary Ellen Anderson,招生办主任

迪克森学院

我在大学招生办工作30年,包括在科尔盖特学院和约翰霍普金斯大学,这些顶尖大学的招生工作都不困难——名牌大学都很骄傲(可能你刚刚够格被录取,但也不一定),同学们的眼光也有可能短浅(我一定要进常青藤大学,要不然我什么都不是)。在我做招生工作的30年里,我阅读过无数自称内幕的书和建议。很多书只为盈利,却没有考虑到学生的收获。你一定要阅读米切尔女士的书。很多聪明的学生认为自己势必要进"顶尖大学",也有很多普通学生担心自己哪里都去不了。米切尔女士告诉你的都是事实——不同的大学是为了每个同学不同的学习方式和教育目标,让你在探索不同大学类型的情况下找到适合自己的目标。我经常在全国演讲这个主题,但是米切尔做得最好。

——Robert J.Massa,招生委员会副主席

马卡雷斯特学院

米切尔女士提供了让招生官了解你的入门方法。她成功地展示了同学们选校的每一步过程,可以帮助你更顺利地完成你的大学申请清单——用你开放的心胸和态度,批判性地自我检视,经过严谨的调研,不断组织你收集到的信息。

——Lorne T.Robinson,招生办主任

关于作者

　　乔伊斯·米切尔(Joyce Slayton Mitchell)，是美国知名教育咨询专家、大学申请指导顾问，她帮助众多中国学子实现了成功申请美国大学的梦想。她曾在美国新泽西州和纽约市的私立学校担任升学指导主任，一生致力于为那些有意到美国留学的学生提供咨询服务，帮助他们作出最好的选择。

　　Joyce 担任由美国大学理事会主编的 *College Board Review* 编委会成员一职，并任 *U. S. News & World Report* 新闻周刊校委会委员。她曾撰写 38 本文学作品，包括 *Eight First Choices*《八大选择》、*An Expert's Advice for Getting into College*《申请大学的专家建议》(Super-College, 2009)、*College to Career：The Guide to Career Planning*《大学到就业：职业规划指南》(美国大学理事会,1994)、*Winning the Heart of the College Admissions Dean*《赢得大学招生官的心》(Ten Speed Press, 2002/2005)、*Guide to American Colleges*《美国本科留学指南》(双语版)(群言出版社,2010)、*The Indian Guide to American Colleges*(Hay House, 2010)。

　　同时，Joyce 还为美国 *Hardwick Gazette* 周报、中国《21 世纪学生英文报》以及《深圳日报》撰写留学专栏，为中国学生提供大学申请建议。Mitchell 女士遍访美国、欧洲以及中国等地，通过座谈、讲座、研讨会等形式，为申请美国大学的学生讲授申请流程，并传授申请技巧。

　　珍妮·利卡(Jenny Rickard)，任布林莫尔学院招生和助学金办公室主任，拥有斯沃斯莫尔学院文学学士学位、纽约大学商学院工商管理硕士学位以及宾夕法尼亚大学教育博士学位。Rickard 博士曾任 Common Application 机构总裁以及北美国际学士学位组织高校认证委员会委员，现任美国大学理事会 SAT 考试委员会成员。

关于编译

施怡如(Lucy Shih)，在美国、加拿大、欧洲和亚洲受过国际化的高等教育，并早在1996年开始在中国发展关于教育规划的工作。作为国际寄宿中学交流会的创办人、海移移民教育集团的创始人及Ace Ivy(艾思维)教育的总裁，她在2006年引进北美寄宿中学协会TABS在中国举办第一场展会，从此开启中国中学生赴美留学的潮流；每年秋季在上海、北京举办的年会，成为高中留学圈的最大盛事。她还是享誉盛名、全球最高端的瑞士寄宿中学协会在中国的官方代表。Lucy曾带领中央电视台、北京电视台和国内其他大型媒体等参访美国、欧洲的著名中学和大学，并定期受邀参加国际教育会议，代表中国教育顾问与各国教育界机构及人士进行交流，包括美国国际教育协会NAFSA、欧洲国际教育协会EAIE、美国大学顾问协会NACAC、美国大学国际顾问协会OACAC等。

在与美国顶尖中学的校长、招生主任及升学顾问的长期交流中，Lucy领会到在高中期间做好申请大学准备工作的重要性，在每年的国际教育会议上也结识了美国顶尖大学的招生官，和美国大学升学顾问行业协会的主席、首席顾问等。同时，Lucy的国际化教育理念也受到教育界领导的赏识和认可，多次受邀出席各类国际教育会议。Ace Ivy(艾思维)教育的组成是由美国最有经验的大学升学顾问团队所组成，其中包括本书作者Joyce女士，还有前哈佛、耶鲁、普林斯顿、康奈尔、哥伦比亚大学及威廉姆斯学院等的招生官，而Lucy就是将这个精英升学团队的服务带进中国的教育专家。

在过去几年中，Lucy经由文汇出版社出版了《加拿大新移民留学600问》、《跟着Lucy去留学——北美中学篇》等书籍，同时也是《新闻晨报》的"360度北美留学"专栏作家、第一财经"出国策"节目专家顾问。

本书介绍

美国是全世界顶级院校最多的地方,有将近 3 000 所本科类大学,而每年都有成千上万的中国高中毕业生,希望申请到美国排名靠前的大学。但我们如何应该定义好大学？市面上的种种排名又代表什么意义呢？

美国大学分为很多种类,众所周知的综合性大学和文理学院,也有很细致的分类。在这些大学里,总会有一所适合你。而选择一个适合的大学,比如何申请大学还要重要。

在中国想要考进一个好的大学,只要努力地把握好一个分数——高考分数,就可以凭借你顶尖的考分进入中国最好的大学。但是在美国,大学的排名并不全由分数决定,无论是美国或是中国的申请者,除了要提供优秀的高中成绩之外,有的学校会要求国际学生的托福和 SAT 考试成绩,还有你高中时期的活动及奖项记录等等。寒暑假的计划及安排也很重要,你如何利用你的课后及闲暇时间,这些种种经验对你个人的人生规划有什么影响？这些都将体现在你的大学申请表和作文里面,并且对你的大学申请结果有着重大影响。

大家挤破头想进的哈佛、耶鲁、威廉姆斯、艾默里大学,到底有什么不同？这些貌似都很难进的大学,却有截然不同的校园文化,也将带领同学们走向不同的朋友圈、职业及人生发展方向。那么,要怎样选择真正适合自己的大学呢？

有些大学校园的学生团体充满了政治抱负和领导力的倡导;有些大学利用各种机会激发学生们的创造力;有些大学的校园活动则充满了文艺气息;有些大学的课堂竞争力强,适合喜欢挑战的同学;有些大学校园的建筑、设计课程及活动,直接或间接启发同学们的创意和设计潜能。

美国大学的学生规模从 1 000 到 50 000 人不等,有的学校有研究生院,有包括硕士、博士等学位的课程,有的大学只有本科。各类学校究竟有何不同？选择哪一类的学校最适合"你"的发展呢？

每个孩子成长的过程不同,个性、潜能、发展方向也不尽相同,但很多家长却想要找出一个公式,套用在所有的孩子身上,让他们得出同样的结果。对一个孩子来说,本科教育是从青少年到选择职业发展、人生方向过程中最重要的四年。

Joyce 是在美国大学教育界最资深的顾问之一,美国很多顶尖大学的招生官,也都对 Joyce 的观点非常尊重和推崇。无论你是想要申请美国大学的同学、学生家长、高中老师,还是升学顾问,只要你仔细地阅读这本书,都将收获颇丰。

每一位要申请美国大学的学生都应该认真地逐字阅读这本书,它帮助你思考自己究竟适合在什么样的大学生活学习,你在那里会快乐吗?你在那里的学术或社交生活会过得好吗?你在那里能够学习如何和同学及教授一起工作、生活吗?你和其他同学能够相处愉快吗?

本书的第一部分,教会你如何申请这些美国大学。每一章节带着你一步一步地走过申请过程。这本书同时鼓励你考虑除了排名和地点之外的几个重要因素,并最终指导你申请成功。

第二部分,作者挑选了 100 多所较受欢迎的美国大学,并介绍了他们的校园文化及每个学校不同的特点和生活中心,根据你在第二部分开篇所做小测试的结果,你可以更清楚地知道自己是否会喜欢这些大学。通过对校园文化的了解,同学们可以更有目标地选择自己适合的大学申请名录。

Ace Ivy(艾思维)教育的顾问老师们用这些方法,帮助每一个同学选择真正合适的道路。我们坚定地相信,选择合适的大学为你的成功能奠定重要的基础。我们决定帮助你选择人生最重要的机会!艾思维教育的成立就是为了帮助中国学生能更好地利用真正的美国资源,完成申请美国大学的目标,我们将美国最好、最资深的升学顾问带到中国,乃至全世界!

艾思维教育的总裁 Lucy Shih 和 Joyce Slayton Mitchell 女士,分别为中国和美国最杰出的教育专家,携手合作将这本市面上最有价值的关于美国大学的书带到中国市场。

编者

致　谢

　　写作本书的第一手资料来源于多方的声音和想法,包括我的美国和国际学生,我通过《二十一世纪英文报》美国大学咨询(21 Century College Advice USA)专栏解答读者问题时结识的中国学生,还有入围《中国日报》英语口语大赛决赛的选手们,以及我在课堂上遇到的学生。

　　介绍院校时引用的数据来自于各院校的官方网站,或直接来自于院校招生办主任的回复。对校园文化进行的如下分类——职业预科型、学院型、学术型、艺术型和企业型则源于笔者在校园访问中的直接观察和体会。院校介绍中引用的国际学生总数和国际学生获得的助学金金额来自于《美国大学联合会国际本科生手册》。由于受经济危机和院校预算波动等因素的影响,这些数字并不一定能反映出未来几年的发展趋势。但你可以利用这些数字判断出哪些学校在助学金上花费最多,哪些最少。对此有一个大致的了解总比毫不了解要好。笔者承诺对本书所引用的数据和院校介绍负全部责任。

　　本书的再版,要特别感谢海移教育集团、Ace Ivy(艾思维)教育总裁施怡如(Lucy Shih),她本人在给中国学生做美国留学指导方面非常有见地,也有非常丰富的经验。她从中国学生和家长最想要了解的美国大学的角度,给了我很多宝贵的建议;感谢海移教育集团经验丰富的顾问团队,他们为帮助中国学生找到最适合的国外学校付出了很多努力,也给本书再版提供了很多成功学生的案例;感谢 Ace Ivy(艾思维)教育,他们通过最先进的在线指导系统和理念,把美国最好的大学升学指导顾问的服务带给中国学子。作为一名升学指导顾问,我很高兴通过 Ace Ivy(艾思维)教育,中国学生不出国门,美国学生不出校门,就能受到我资深同行们的指导,相信这个创新和突破会让越来越多的中国学生受益;感谢 Lucy 施怡如女士作为嘉宾参与录制的中国首档关于留学、移民、海外旅游的脱口秀"出国策"节目组,他们把"理性出国"的概念带给观众,必将引领出国行业的风潮；此外，我还得到了布林莫尔学院招生和助学金办公室主任 Jennifer Rick-ard 博士的帮助。她所写的关于助学金和签证的章节为本书向学生提供申请美国大学的完整攻略提供了必不可少的信息。

本书献给那些计划出国完成本科教育的、勇敢的、有抱负的中国高中生们——你们将在另一种文化氛围里、在远离家人和朋友的国度继续你们的学业。你们将在大学教育和职业生涯中致力于在文化差异明显的环境中用和平、和谐的理念去理解全球经济，你们是世界的希望。

乔伊斯·米切尔

Joyce Slayton Mitchell

美国纽约市

目　录

第二篇　美国最好的本科院校介绍

第二部分　美国大学校园文化

第一篇　美国大学文化分类

第二篇　美国大学校园文化

来自艾思维教育

第一部分　美国大学申请指南

Part I: Chinese Guide to American Colleges

原译／冯　云

前　言

看着美国为数众多的大学院校，你很难知道如何选择你要申请的学校。"我怎么知道我应该去规模大的学校还是小一点的？""我应该去南部、北部、东部还是西部的大学念书？""我能拿到美国的学生签证？""我见不到招生办主任，他们如何能够对我进行评估？""我怎么知道这所学校是否适合我？"对你来说，困难之处在于选校过程中有太多的未知数，好在本书能为你提供帮助。

本书旨在帮助计划到美国读大学的中国高中生了解选校过程，而不是由其他人告诉你应该去哪所学校。本书会帮助你们了解美国大学院校的申请过程。无论是你有朋友在美国大学就读、有私人大学顾问、已经加入海外大学合作项目，还是已经在中国通过中介申请，本书都能帮助你更多地了解美国教育。在你开始填写申请表和撰作文书前，本书能使你深入了解美国大学录取过程。那些对院校进行调查研究、自己撰作文书和填写申请表的学生最能受到美国大学招生办主任的青睐。

本书的写作目的只有一个——使你们对大学录取过程胸有成竹。一旦了解了录取过程，你就能够对高中毕业后的去向作出明智的决定。你能学会如何自我评估，如何准确搜索大学信息，如何通过展示的与众不同而被录取。在整个录取过程中，你这位寻求进入一所特别的美国大学读书的、独一无二的中国学生才是焦点所在。

◆ 7个基本原则

根据我的经验，我认为大学录取过程中有7个独特的基本原则和真相。本书以这7个基本原则为主线：

1. 多选择一些你喜欢的大学

首先你必须知道，在美国，文理学院和综合大学一样享有盛誉。事实上，很多文理学院的声望甚至比综合大学还要高。在你的选校过程中，不要区别对待文理学院和综合大学。你还必须明白，是学校选择你，而不是你选择学校。在高三学年的9、10月间，你要多申请几所学校，为来年的4月大学录取做充分的准备。你必须在被录取后再选校，而不是在申请时就进行选择。只有得知学校录取结果后，你才能对学校作出选择。

2. 你掌管一切

你掌管一切。长久以来，通常都是你的父母和老师掌管你的一切。他们掌握着决定权。他们了解你，知道什么才是对你最好的。有生以来第一次，你要和你的父母一起决定你的申请。你要凭借对自己的了解程度作出决定。在充分了解院校后，你要决定什么样的院校和专业最适合你。

3. 和你的支持者做朋友

你必须和给大学寄送高中成绩的校方工作人员建立并保持友好关系，他（或她）将会负责给你写大学推荐信，并在信中向大学招生办主任介绍你。不认识这位工作人员或对他（或她）不友好，会产生严重的后果。查出那位将要访问你学校或城市的校方代表的名字，首先要知道这位代表名字的正确拼写。不认识这位将评阅你的申请的校方代表或对他（或她）不友好所带来的负面后果同样严重。

4. 仅有SAT（赛达）、IELTS（雅思）和TOEFL（托福）成绩，不能使你获得录取

SAT成绩不能保证你被大学录取。哈佛大学和斯坦福大学每年都拒绝大约一半SAT获得满分的申请者。一半啊！每年都有大量的拒信被寄送给那些只有高分但并不优秀的申请人。同样，SAT写作650分、数学700分也不意味着不被学校拒绝。所以，我的建议是，一旦你达到了所选学校的SAT成绩分数线，就不要浪费时间和金钱去把你的SAT成绩无谓地再提高二三十分。你要把时间和金钱花在教室里、操场上，去练习英语、阅读，或是做公益活动。

5. 美国大学很多，总有一所适合你

找到适合你的学校。全美有众多的文理学院和综合大学，每所学校都拥有不同的校园文化和极高的学术水平，总会有你喜欢的，总会有适合你的。每个上大学预备课程的高中生都会找到很多想录取他的学校。与你所听到或读到的不一样，美国大学数量众多——我们有超过2 400所已认证的四年制优秀文理学院和综合大学。不要局限于只申请你听说过的那几所学校。你必须时刻牢记，那些你最了解的学校才会是你最喜欢的。因此，你的任务是充分了解几所学校。切忌只对一所学校进行深入调查，因为你会掉入这样的陷阱："我必须要去威廉

姆斯学院,并且只去威廉姆斯学院。"问问你自己:"我喜欢威廉姆斯学院什么?
哪所学校与它相似,但录取的竞争性比较小?"

6. 让你的申请个性化

你每天早上刷牙时必须对自己重复的一句话——大学录取过程中有3个主
要步骤:1)自我评估,2)对大学进行调研,3)沟通。这句话非常重要,其中最突
出的就是沟通。沟通就是指个性化,个性化,再个性化。

7. 展现真实、独特的你

最后一个需要牢记的基本原则是,你要了解,大学招生办主任从几名合格学
生中选拔一名的方法,就是寻找他(或她)的独特之处。你需要了解你和你同学
的不同之处。招生办主任想知道你区别于其他那些拥有高分和一大堆证书、奖
状的中国申请者的不同之处。你必须找到方法去展示自己的与众不同。

申请工作结束并得知录取结果以后,在高三学年的第二学期,你可能会有好
几所大学可供选择、好几个想去的学校。本书会帮助你通过你的成绩、兴趣、价
值观和人生抱负筛选大学。希望你可以将本书作为参考,尽量早做计划,认真思
考并充分利用所有可用资源。

◆ 本书将如何帮助你

本书将扩展你的视野,教你在美国成百上千所院校中找到适合自己的学校,
这些院校给你们提供了最为丰富的选择。本书将具体详实地告诉你大学招生办
主任看重的条件,教会你如何更清楚地认识自己并弄清楚自己为什么想去那所
大学。本书将用一些实例指导你,帮你更好地向大学传达你是谁以及你想要
什么。当我在北京、成都、昆明、广州、厦门或者上海遇到想去美国上大学的高中
生时,他们都希望我能指导他们申请大学,然而我总是先让他们告诉我他们属于
哪种学生。我想知道他们喜欢学什么,想在大学得到什么;他们是否独立,喜欢
什么样的课程结构;他们是否喜欢社交;他们有多喜欢表演艺术、运动和阅读。
我问所有这些问题的目的不是要找到"正确的"答案,而是希望他们能有个非常
具体而明确的想法。如果一个高年级学生告诉我她游泳,我就会问她参加的是
哪个项目,能游多快。这并不是说大学关注游泳这个细节,而是他们想了解你的
所有一切细节。只有表现出一个具体而真实的自己,才能使你从同学和其他申
请同一所大学的申请者中脱颖而出。

你要学会如何评估自己和如何研究大学。你要作出各种各样的决定,包括

在申请表上强调你的哪些方面,还要决定哪些有趣的细节最能体现你的与众不同。你需要读很多学校的介绍或报刊,以及和许多校友交流来收集有关不同学校文化的数据。然后在高三学年的 10 月和 11 月,你就不再需要收集有关学校的数据了,这时你要决定具体申请哪几所大学。在申请大学时,往往需要回答这样的问题:"你为什么要来乔治城大学?"你不能把申请华盛顿大学和哈弗福德学院等其他大学的文章中的大学名字换成乔治城就算完事了,而应通过学习收集有关校园文化(校园生活)的数据,这样你就能了解各所学校的独特之处。大学招生办主任想知道你对这些独特之处的了解程度,以及在你认为最适合你的特定的校园文化中,什么最能让你充分利用他们提供的机会。

选择学校是一个决策过程。与许多其他决策过程不同,这是一个艰难的过程,因为每个人都能看见这个过程,每个人都想知道、比较、判断以及提供建议和意见,今后没有哪个决定会得到如此大的社会关注度。你的父母、亲戚、邻居以及同学都会问你:"申请了哪所大学?""申请早录取了吗?""SAT 考了多少?""被录取了吗?"你和你的家人往往会觉得好像你的身份与你申请的学校息息相关,即使实际情况并非如此,你也会很容易感染上这种情绪,忘记自己的身份是建立在众多方面的,而不仅仅是所申请的大学。你的身份取决于你生活的地方,你的高中,你父母的职业和收入,你父母的教育背景,你的种族背景,你的态度、兴趣、价值观和理想。即便如此,也绝不会有什么决定看起来有申请大学这个决定这么重要,会牵扯到这么多人。然而这一社会关注度只是甄选学校过程中的另一种负担而已。

我们还是关注一下大学申请过程中所呈现的教育机会吧。在申请时,你必须学会如何使自己与众不同,以及如何凸显这些显著的特点。这些经验可以构建你的性格,并教会你一个终生都受用的技巧。这是一次学会了解自己、提高交流技能的机会,你将获得通过书面形式(申请表和申请文章)和口头形式(电话或个人面试)对自己进行评估和表达自己想法的经历。通过大学申请表和申请文章,你获得了以书面的形式个性化传达自我认知的机会。在家里或学校里作出决定,与家人或老师讨论你的自我评估,学会突出自己的优点,这些都将建立你的信心。因此,让我们一起来把这个承载着各种情感、让人忧心忡忡的申请体验,变成一个正面积极的教育体验。从这个体验中,我们能更加了解自己,能学会如何从美国 2 400 所已认证的 4 年制院校中选出约 5% 的院校进行调查研究,并学会如何传达新的自我意识,得到自己梦寐以求的东西——在大学里学有所成,过着最快乐的生活。

◆ 选择学校的日程安排 ★★★★

    无论你什么时候开始考虑你要去哪里上大学，你都可以迅速有效地进入下面选择大学的日程安排中。尽管你将获得很多关于大学入学考试的信息，但大多数人都不会有机会参加有关申请的相关课程。有些学生会在校外找留学顾问或留学中介公司，抑或参加私人课程。要想检验私人顾问或课程是否合格，一个好方法是给使用过这些私人咨询服务的在美学生发电子邮件，咨询他们的留学过程和当初的选择。高三的学生，请记住，任何时候着手申请都不晚。有一些学校在整个高三年级都录取学生，部分学校申请截止到高三学年的 3 月 1 日。因此，即使你发现自己错过了一些考试，而且只剩下很少的时间来评估自己和研究学校，你仍然来得及申请大学。对于那些早在初中和高中前两年就开始准备申请的学生来说，你的课程选择和在高难度课程上的分数将对你今后的大学申请产生最大的影响。

◆ 中国学生：欢迎来美国大学！ ★★★★

    美国的院校是学生梦想的摇篮。你很有可能就是招生办主任正在寻找的人选。美国拥有丰富的多样性，当我们获得来自世界各地更多的多样性时，我们就越喜欢这种多元化。

    你会发现美国大学的申请过程同申请中国、加拿大、英国、澳大利亚或新西兰的大学很不一样。主要的区别是，一旦你能够证明你拥有良好的英语水平（取得 IELTS 或 TOEFL 高分），美国大学就不会只关注你的成绩。事实上，你必须认识到，考试分数再高、奖项再高、证书再多都不能保证你能够被录取。一旦你的英语程度足够应付今后的学业，那么招生办就要考核你的方方面面，包括你的特殊才能和对社会的贡献。当你在课程、成绩、语言考试方面都达到了学校要求之后，招生办就想要知道你是什么样的学生以及这些数字背后真实的你。也就是说，学校关注的是你从考试高分中获得了什么，在获得音乐、体操或物理奖中你学到了什么。记住，当你申请一个学校时，决定你是否被成功录取的不是你获得过哪些成功，而是你从成功中学到了什么。有一点值得注意的是，中国学生常常不理解单单一个 SAT 成绩不能决定录取结果。有的学生 SAT 阅读成绩 500分就能获得录取，有的是 550 分，更多的是 650 分。一旦你有一个 650 分的阅读成绩，学校就不会因为你的语言成绩而直接拒绝你。当招生办主任看到你有符合学校要求的成绩时，他们就开始评估你在申请过程中展现的性格、写作能力以及你在运动、社会服务和艺术方面的投入与热情。本书描述了所有你在申请中需要特别注意的事项。招生办主任想知道你如何融入他们的校园社区，以及你将为他们大学特有的校园文化的兴旺发展作出怎样的贡献。

在申请美国大学时另一个不同点是，在美国，有超过 2 400 所已认证的 4 年制院校，其中至少有 350 所在学术方面很出色的美国高校你可能从没听说过，有些可能比你了解的学校更容易进入，有些可能更难。本书特别向你介绍 150 多所顶尖学校，你可以从中了解这些很特别的学院和大学。不要因为听到美国大学很难进的传言而害怕。除去 50 所竞争最激烈的美国大学（不一定是学术上最出色的大学，但肯定是最受欢迎的），你仍然有数百个更优秀、更有趣的院校可以选择。选择标准多样，包括热爱教学的高素质的教授、高升学率、高就业率、先进的设施、出色的体育和艺术课程、不同方式的学习互助、一流的图书馆、高科技，所有这些你可能都听说过。但是，你可能并不了解这些优秀的美国大学拥有的更深的文化教育底蕴，而且这些大学也广泛录取国际学生。事实上，很多美国大学招生办主任会去世界各地向大家介绍美国教育，邀请学生去美国留学。

通过了语言考试，你就需要密切关注第七章关于文书写作和第八章申请表格填写方面的内容。或许推荐信对你来说是件新鲜事，那么，当你阅读本书第五章时，要时刻谨记招生办主任希望通过这些推荐信了解你的哪些方面。记住，你必须向招生办人员展示一个独一无二的、有魅力的自己。

提供经济资助无疑也是美国与其他国家不同的地方。最大的不同是，美国大学也会为国际学生提供经济资助。另一个区别是，相对于发放奖学金而言，学校会更频繁地给那些无法负担学费的学生提供资助。基于需求而发放的助学金（need-based financial aid）不同于荣誉奖学金（merit scholarship），学校提供这些钱不是因为你突出的考试成绩，而是因为你需要用它来支付大学学费和生活费用。在申请前，请阅读第十一章，详细了解基于需求的助学金和荣誉奖学金的区别。如果你需要依赖美国大学的资助才能去美国上学，你需要在申请过程中尽早考虑如何筹措你的教育资金。例如，许多大学会竭尽所能给国际学生提供经济资助，而有些学校则不然。在过去的一年，国际学生的资助有了大幅改变。一些学校，如明德学院、曼荷莲女子学院和宾夕法尼亚大学等，第一次实现了在提供助学金时不再区别对待美国本土学生和国际学生；杜克大学则大大增加了对国际学生的经济资助。全球化冲击了美国的大学教育经费政策。你必须记住，得到学校录取结果后，你需要在正式录取之前提供文件证明自己可以支付学费，不管那是由谁资助的。你还必须记住,金融危机影响了美国,大学都在努力为美国本土学生和国际学生提供更多的经济资助。在全球经济平稳前,很难预测每年的经济资助情况。想要知道学校将能为你提供怎样的经济资助,唯一的办法是查阅学校的相关政策。请参考由布林莫尔学院招生和助学金办公室主任Jennifer Rickard 撰写的第十一章,了解有关助学金的更多最新信息。

　　美国签证法律与别的国家不同。自从奥巴马上任美国总统后,已经被美国大学录取的学生获得签证的难度大大降低了。但学生签证是不允许你在美国工作的。如果想要在美国工作,你需要一张绿卡(美国政府文件)证明有永久居留权,虽然大多数的人并不是常住居民。你还要了解有关你的国家的特定签证法。一旦被美国大学录取,大学会给你一些如何办理学生签证的建议。可以这样说:一个国际学生被美国大学录取了,但不能获得学生签证,这种情况是比较不寻常的。请参阅第十二章,详细了解如何获得签证。

　　考虑一下你需要的有关你所申请的学校的信息,这些信息对你将来在美国的成功大有益处。看看学校有没有以英语为第二语言授课(ESL)的课程。如果有的话,什么时候可以开始上这些课程?是否有专为国际学生提供的宿舍?你们中的大多数人在到校前要确保学校提供住宿。在学生宿舍里,你们每天都有机会在日常生活中结交其他学生。你们需要了解学校是否为国际学生提供特别的计划、俱乐部和咨询,还要了解学校是否有一个国际学生办事处主任,你可以向他(或她)咨询问题。

第一篇
美国本科院校选拔学生的程序

第一章

自我评估

你掌管着一切！可是这又意味着什么？"知道什么最适合你"对你意味着什么？它意味着，从现在起到你高三年级的第一天，你要搞清楚你是谁，你想要什么，有哪些大学可以申请，以及（在你决定要申请哪所大学之后）如何获得大学的录取资格。这是否重要呢？没有人能做好对自己不重要的事情。因此，你需要对自己负责，你需要明白每一个步骤的重要性，这样才能展示出你最好的一面。事实上，招生办主任会告诉你，你只展示最好的一面是远远不够的，你还需要全身心投入，把每一步都走好！

为了做到最好，你必须知道申请学校的 3 个步骤：自我评估、对大学进行调研和沟通。

第一步自我评估，也就是对你自己的学习情况、教育价值观、兴趣和抱负进行评价。你将使用这一评估结果与你的老师、父母和朋友讨论你的选择以及申请表的填写。不要自欺欺人地把你希望得到的成绩作为你的成绩记录，要根据你现有的成绩来评价自己。下面列举的这些问题可以帮助你开始自我评估。

▶ 目标和价值观

想一想你的目标和价值观。暂且不管老师给出的分数和评语，不管你父母或者姐姐对你的评价或建议，想想下面的问题：你最喜欢或不喜欢哪个科目？你是否想要去读一所比高中学习更轻松的大学？你还可以自己添加一些问题。

- 我是个什么样的学生？
- 我希望自己变成什么样的学生？
- 我最欣赏我高中的哪一方面？
- 我最不喜欢我高中的哪一方面？

● 我是如何定义"成功"的？

在我以前的学校里，学生必须非常努力。另一方面，学校倡导一种严格的学习道德，大多数学生都奉行并遵守。他们渐渐爱上努力学习。我告诉高二的学生："想想你想要的大学环境。你希望你周围的同学都是什么样的？哪类人是你所欣赏的呢？"上进的学生都喜欢周围有一些认真努力的同学。即使是一些学习较差的学生，他们也不希望自己所在大学的最大优势是聚会或体育。

另一方面，我向他们指出，他们可能不希望在大学里继续像在高中时那样努力学习。他们可能想花更多的时间与同龄人在一起，去参加文艺或体育活动，或只是外出逛逛以寻求改变。换句话说，不要认为你希望去的大学是你所熟悉的，或是父母、朋友希望你去的那所大学。

当第一次与我高二的学生见面时，我谈了以上这些事情，然后我要求他们每人写一份一页纸的自我介绍。我作为他们的升学顾问，将在他们申请大学的早申请、正常申请，或者进入候补名单并直到被录取整个过程中给他们建议。如果你想迈出这个决策过程的第一步，那就开始吧！写一页自我介绍，谈谈你是什么样的学生。不要谈你的成绩，只谈你喜欢什么学科，讨厌什么学科。你所写的一切都会对你的申请有帮助。大学申请过程与面试过程的目的就是要知道你的自我评价。了解你的目标和价值将有助于你填写大学申请表以及与招生办主任的沟通。

学术水平

在申请过程中，你必须知道你的学习情况。在最终确定要申请的大学名单时，你必须清楚地知道自己是什么样的学生以及你的那些"数字"。这些"数字"就是你在中学里修的课程及其分数，还有你的 SAT、ACT、IELTS 或 TOEFL 等成绩。如果一所大学在你的最终选校名单上，那是因为你的这些"数字"达到了他们的要求。也就是说，你的学习成绩达到了他们的要求。如果这些"数字"达不到大学的要求，就算是最好的申请策略也不能把你送进这所大学。此外，请记住，一些竞争激烈的大学常常拒绝很多成绩优秀的学生。常春藤盟校招生办主任常常吓唬学生们说，哥伦比亚大学、哈佛大学以及普林斯顿大学常常会拒绝 2/3 班级排名第一的申请者。所有的常春藤盟校都会拒绝超过半数的班级排名第一的申请者。

我们这里所讨论的是针对那些优秀的学生，他们中的 8% 或许能进入哈佛大学和普林斯顿大学,9%～15%或许能进入哥伦比亚、斯坦福、耶鲁、布朗大学及加州理工学院、麻省理工学院。如果你在那些"数字"上符合了某所大学的要求,你仍需要倾入你的全部时间和精力去获得该大学的录取,所以不要幻想进入那些不符合"数字"要求的大学。

总有一些学生认为,尽管他们在成绩排名和SAT分数上没有达到常春藤学校的要求,他们仍然会被录取,因为他们坚信自己在其他方面有卓越的才能。是的,你会很容易地找到一些浪费了你的时间和金钱之后同意你观点的人。毕竟,上大学在中国是一件非常重要的事。当有人愿意帮助你时,请注意这些人的背景和目的,并且要注意这些建议是来自营利组织还是非营利组织。在你的申请过程中,不管谁告诉你什么对你最有利,或诸如出国旅游、选择电影、购买CD等其他建议,始终要注意他们给你意见的背后是否有其他意图。我们需要始终牢记大学的招生办公室是学校的市场营销部门,他们在寻找尽可能多的学生。相反,你的高中教师和父母的关注点在于你。当然,学校的招生办主任都很友好,他们会为你提供帮助,他们希望你申请他们的学校,因为这是他们的工作!

显然,你需要不停地寻找院校并与你申请名单上的院校进行沟通。在4月收到高校录取决定时的感觉是你在秋天申请时难以想象的。在4月拥有选择会让你觉得很不错。

◆ 数字背后的学生

数字背后,招生办主任看重的是个性。大学招生办主任在寻找学生的优点。学生参加的活动以及他们的兴趣和愿望能体现出他们的人格和成熟程度。与那些数字相比,性格和人格就不那么容易判断了。大多数招生办主任认为最重要的衡量标准是你如何度过课余时间。他们问你的体育活动不只是为了想知道你能否进入他们的大学体育校队,他们还想知道什么事情对你很重要,比如:当你可以选择时,你将如何打发未来的一小时、周末或者寒暑假?

招生办主任提出的问题将发掘出申请人的个性。大多数招生办主任都在寻找相同的数据。我们十分了解竞争激烈的大学的选择程序,因为有非常多的申请问题可供我们参考。其中有一些大学非常有趣,他们会要求你谈论你最喜欢的词语、一天中你最喜欢的时间或是报纸上最喜欢的一个篇目。就是这些细微的日常琐事令这些经验丰富的招生办主任们感兴趣。他们已读过成千上万份出自17岁申请者之手的申请文章了,如果你的申请里没有有趣的问题,那么你就勇敢地给出一些非常有趣的答案吧! 他们阅读你的申请时会开心地笑的。

招生办主任总是在寻找数字背后的"你",如果你足够自信,那么,你可以让这一环节变得相当有趣。当然,如果你非常非常自信,你甚至可以让整个申请过程变得有趣。自信的条件之一是,你不是非得进入某一所大学不可。当你可以做你自己,并且好奇地去了解美国有可能录取你的院校,那么下面这些问题就不会带给你压力。例如,这是正确的答案吗? 这是他们想要的答案吗? 招生办主任更喜欢我这样回答还是那样回答? 试图猜测招生办主任喜欢什么会使申请过程变成一场噩梦,你也不再是你自己。表现出你的家人和朋友所认为的最好的那个你。值得注意的一点是,当这些大学在询问关于你的活动、兴趣和愿望时,他们的真正意图是想知道:在选择如何分配时间上,这个十几岁的孩子如何让自己显得与众不同?

◤ 活动、兴趣和志愿

大学想要知道你是谁。他们将对你进行深入了解,询问你如何支配你的时间、参与了哪些活动、你以什么形式参与这些活动、高中三年一共参与了多长时间、每周花费在这些活动中的时间有多长、课余时间你都做了些什么。招生办主任会给你的活动进行评级。

想想你如何回答下列问题:

● 我最喜欢的课外活动是什么?
● 为了这项活动,我失去了什么?
● 在大学里是否有时间和机会去参与这项活动?
● 父母对我的期望是什么?
● 朋友对我的期望是什么?
● 对我影响最大的人是谁?
● 什么样的环境对我的健康快乐最重要?

现在,你们中许多人在谈到活动时都走错了路。当你问学院的招生代表"什么是进入华盛顿大学最好的活动"、"我应该在暑假时做些什么才能进入威尔斯利"、"是棒球还是长曲棍球更有利于进入塔夫斯"时,我想让你知道的是,大学想知道你是谁,想了解一个真实的你。你最喜欢什么运动:篮球还是乒乓球? 你想在暑假做些什么? 你从你参加的活动中学到了什么以及如何通过文字把这些表达出来在很大程度上决定了你能否被大学录取。

　　当勇告诉我,他在高二时赢得了宁波外国语学校理科最高奖时,他肯定这会是他的一个优势,但是我不得不告诉他中国学生在理科方面都很优秀,这并不能使他脱颖而出。然而,如果他在历史或中国文学上赢得了最高奖,情况将完全不同,因为想要出国留学的中国学生很少获得社会科学和人文科学方面的奖项。因此,在申请过程中,要尽量打破民族的刻板形象。当你有意区别自己与他人时,需要意识到中国人在数学与理科方面的陈旧形象。如果一个美国学生以相同的数学成绩去申请大学,那么他的录取机会会高很多!

　　如果你想要学习文科,而不是商业、工程或医学院预科,那么你的录取机会也会大大提高。美国许多招生办主任告诉我,在某年的300名中国申请者当中,他们倾向于录取那些文科生,而不是那些专业预科的学生,因为文科生的生活更有趣,他们也将更多地参与到美国大学的课堂讨论中。

◆ 人格、性格以及人际关系

　　申请过程中的每个部分都是经过招生办主任深思熟虑的。他们想知道你的人格、性格,以及你是如何与人相处的。哈佛大学的招生办主任 William R. Fitzsimmons 说:"我们要看的是你的一切,一切!"毕竟,你要去他们的圈子里生活。另一位常春藤大学的招生办主任认为,现在大多数青少年都没有参加过性格测试。因此,他会根据学校推荐信、学生在暑假做了什么以及学生参与了哪些社会服务活动来判断他们的性格。

　　在思索你与学校文化是否匹配时,你可以从下列这些问题开始:

- 我用什么样的形容词形容我自己?
- 我最好的朋友会怎样形容我?
- 哪种关系对我最重要? 为什么?
- 我可以多自如地自己做决定?
- 我可以多自如地在朋友面前发表与众不同的决定与观点?
- 当我要去的那所大学里的学生都与我很不一样时,我会有什么感觉?

　　在熟悉的环境中,许多学生并不知道他们是怎样的人,因为他们从未被要求思考这个问题。你所面临的世界会比你的高中大得多。看看你的周围,思考下面这些问题:你习惯于什么? 你如何上学? 你对多元化的种族文化以及多元化的经济有什么经验和认识? 你的生活环境是什么样的? 如果你住在郊区,你所在的2 000人的高中就比大多数的文理学院大。你是想要安全,还是喜欢冒险?

你愿意挑战,还是更愿意观看别人争夺英语竞赛或羽毛球冠军?了解你自己的价值观可以帮助你选择最适合自己的大学文化。

你的高中有多么多元化?你的朋友和你的社团有多么多元化?许多高校要求学生写关于他们生活与成长的社区的文章。他们想知道,在所有这些方面,你的社区多元化程度对你有着怎样的影响。那么,多元化究竟意味着什么?为什么如此重要?为什么美国的顶尖学院为了这些少数群体所展示出的多元化如此激烈地竞争?首先,教育是紧跟着全球经济市场和全球通信技术的。教育工作者坚信,学生是相互学习的。因此,学院社区越多元化,学生也越能了解多元化,这是当今全球化时代的基础。

与多元化有关的现实问题是:(1)大学申请者每年都在增加,(2)但家长们认为他们的孩子应该去的那些有竞争力的高校及其数量是不变的,(3)高校新生录取人数也保持不变。因此,个性化的大学申请将会越来越重要,因为每年都有成千上万有才华和竞争力的学生从世界各地涌向美国的高等教育。

随着世界日益多元化和全球化,以及媒体对世界的掌控,学院市场变得更加紧张,大学入学过程变得更加商业化。要在申请上就多元化和国际问题进行阐述并不容易。如果你是属于人数众多的白种人、亚洲人或女性申请者,那么你需要在其他方面展现你的多样性。你的首要任务是描述你在以下方面的多样性:你的思维、风格、兴趣、创造力、文学背景和领导力,而不要认为自己是毕业于名校的亚洲人就具有了优势,这样的群体已不具有特殊性了。

第二章

申请大学所需的考试

◆ IELTS 和 TOEFL 考试

如果你是中国学校的学生并且没有机会参加 SAT 考试,部分美国大学可免除这些学生的 SAT 要求,有些学校会免除中国大陆学生的 SAT 要求。因为他们知道目前在中国大陆境内尚没有 SAT 考试中心。一些大学会要求学生参加大学先修课程(AP)考试取代 SAT 考试。不管有着怎样的入学考试要求,几乎所有美国大学都会要求 TOEFL 或 IELTS 考试成绩。TOEFL 考试以网考形式进行。IELTS 考试在中国大陆分 48 个不同日期在 37 个考点进行。两个测试的主要区别之一是 IELTS 考试是基于纸笔的考试,同时包括一个面对面的口语测试部分。可登录两个考试的官方网站:www. toefl. org(TOEFL 中国网考报名网站是:http://toefl. etest. net. cn)及 www. ielts. org 查找相关的注册信息及详细资料。每一所学院都有着不同的英语测试要求,所以申请人有必要自己确认每一所所要申请的学校的语言录取要求。

虽然 SAT 考试分数没有界限点,但是大部分大学对 IELTS 及 TOEFL 考试分数是有最低要求的。例如:申请哥伦比亚大学必须具备 TOEFL 100 分或者 IELTS 7 分,威斯康星大学则需要 TOEFL 80 分或 IELTS 6.5 分的成绩,而丹尼森大学则需要 TOEFL 80 分或 IELTS 6 分。以上是以 3 所大学为例来表明不同学校对语言测试的不同要求。

"2140 分的成绩能进入哈佛大学、耶鲁大学、加州理工大学吗?""我必须去布朗大学、伯克利或者布兰迪斯大学。我应该什么时候参加课程提高 SAT 考试成绩?"我给任何一个阅读在 650 分、数学在 700 分以上的申请者的答案是:"不,你的考试成绩不会让你进入阿默斯特学院或者得克萨斯州大学,但是最重要的是有了这些成绩,你不会直接被这些大学列在不予考虑的范围之内,而这就是你所需要知道的关于 SAT 考试成绩的情况,也是你必须关心的事情。当有大量有趣的、令人兴奋的学习经历需要你投入精力时,就不要浪费过多的时间和资源去担心你的 SAT 及 ACT 考试成绩!"无论你的成绩是 750—750 还是 550—550,可以肯定的是除了 SAT 及 ACT 考试成绩,还有其他更多的因素影响着学校的录取决定。

在学校录取的过程中,有什么事让你比参加 SAT、IELTS 或 TOEFL 考试并递送成绩更焦虑的? 最糟糕的是这些焦虑是没有意义的。实际上,考试成绩总让人失望(大家可能总觉得自己没有发挥好)。请记住有一半的满分达人不能进入普林斯顿大学及斯坦福大学,因为任何考试成绩都不能保证你被大学录取。用另一种更好的方式来考虑你的 SAT 成绩,就是怎样做到不被拒。如果你 SAT 考试取得了 650—700—650 的成绩,你将不会因为语言成绩而被任何一所美国大学直接拒绝。

如果我们以运动员的身高及体重来类比大学申请时的考试成绩,就能更容易了解这些数字的关系。例如,我们都会同意,虽然一个运动员的身高可以让他成为篮球运动员,或是体重达标而成为摔跤运动员,但我们非常清楚这些数字(如:身高 7 英尺,体重 275 磅)无法决定他能否胜任这两种运动! 虽然网球运动员的高速发球可以帮助她进入顶尖的比赛,但我们大部分人无法想象她会因为每小时百英里的发球入选美国公开赛。我们都知道是那些数字后面的个性和性格造就了冠军:动机、可塑性、自制和态度。SAT 成绩也是一样的道理。考试成绩不是你,招生办主任在寻找 SAT 成绩背后那个真实的你——那个富有吸引力、高品质、有学习潜力的十几岁的年轻人。

现在,我们来说说如何尽你的全力去完成这个你最不喜欢的任务——考试。

▶ SAT 和 ACT 考试

SAT 考试长达三个半小时,主要考核批判性阅读、数学推理能力及写作能力。批判性阅读部分测试你分析阅读段落、句子结构以及单词之间关系的能力。数学部分则测试你的算术、代数以及几何能力。SAT 科目考试是为时一小时的特定科目考试,主要测试你在特定科目上的知识水平,例如英国文学、外语、数学、科学或历史,你可以根据你在学术课程上的优势及成就来选择参加哪些科目考试。

由美国大学测试组织机构管理的 ACT 考试不同于 SAT 考试,其主要考核四个方面:英语、数学、阅读及科学。ACT 更像是 SAT 科目考试。ACT 考试不会因为答错而扣分,而 SAT 每个错误答案扣 1/4 分。同时,ACT 没有短文写作测试。

由于没有短文写作测试,许多大学要求采用 ACT 成绩申请的学生额外考 ACT 写作测试,但是家长及指导老师经常认为他们的孩子及学生 ACT 考试会取得比 SAT 考试更好的成绩,因为 ACT 考试的分数往往更高。一些学生更喜欢 ACT 考试,因为这两种考试的主要不同点在于 SAT 更强调词汇,而 ACT 则注重语法及标点符号。ACT 考试全部是多项选择,而 SAT 数学部分则包括问答题,学生需要自主给出答案。当然指导老师对这两个考试都喜欢,也可能鼓励你两个考试都参加,因为这样的话他们能赚更多的钱。

注册 SAT 及 ACT 考试

大部分学生从美国大学考试委员会及美国大学理事会的网页上下载注册表格,网址分别为 www. ACTstudent. org 和 www. collegeboard. com。请一定要在每次注册大学理事会的考试时使用同一姓名,因为大学理事会的计算机系统只有在你每次都提供完全一致的姓名和地址时才会发送这些成绩。

SAT 考试的准备

一些学生通过选择私人家庭教师或者参加 SAT 考试复习课程来提高他们的考试成绩。私人家庭教师及复习课程并不能保证任何成绩,因为考试是从来都没有奇迹的。但是如果你感到焦虑,并且有机会准备考试,那么不妨考虑制订一个最适合你自己的考试计划。你可以根据以往的考试经历、目前的成绩以及你对考试的信心等来制订这个考试计划。通过 TOEFL 及 IELTS 等考试衡量出来的英语语言水平也许是你 SAT 考试成绩(能否取得高分)最大的影响因素。你可以通过阅读英语报刊和书籍、收听英语电视节目、参加英语语言课程来提高你的英语语言能力,从而增强你的优势。

我们都知道 SAT 考试是一种推理性测验,临阵磨枪不会有什么帮助。与其折磨你的大脑,倒不如好好睡一觉,第二天再美美享用一顿早餐。像准备参加体育比赛一样准备 SAT 考试:在身体状况上、智力上、情绪上做好充分的准备!获得 SAT 高分的学生在整整三小时内都能高度集中精力,而其他人则"开始厌烦考试",然后慢下来,最后通常选择放弃。在考试过程中要注意时间,进入第三个小时时,吃一些你带的葡萄干或糖果。集中精神,告诉自己在第三个小时内的状态跟你刚进考场时一样鲜活。你是十六七岁的年轻人,在三个小时内集中精力实在太容易了。

参加 SAT 科目考试的时间

　　SAT 科目考试可在高中任何学年的 6 月参加。课程结束后,学生就可以参加该科目的 SAT 考试,例如在初三或高一去参加生物或者化学考试。一些准备考数学 I 的学生在学完代数 II 及几何学后就可以参加考试。大部分竞争激烈的大学在 SAT 考试基础上都需要再加两门 SAT 科目考试。高二的学生通常参加数学、外语、理科科目或第三个科目参加如历史、另外一种外语或理科科目。高三年级的学生只有在需要第三门考试或者需要一个更高的分数时,才会在 12 月参加科目考试。SAT 科目考试都以学科内容为基础,一共有 18 门不同的科目可供选择,主要测试考生对数学、英语、物理、法语或美国历史的了解程度。因此,这些都是学生能够而且应该学习的。每一门科目考试为时一个小时,每一个考试日最多可以参加三门考试。数学考试有两门,但许多大学只要求学生考其中的一门。有的大学还会指定考试科目。这需要你自己查出你的大学申请清单上哪些大学需要哪些 SAT 科目考试成绩。如何知道需要参加哪些科目考试呢?最好的方法是充分考虑相关科目的成绩、老师推荐的科目以及你在模拟考试上所取得的成绩,从而做出一个理智的决定(但数学是一定要考的)。

　　问:招生办主任需要几门 SAT 科目考试成绩?

　　答:每所大学有着不同的考试要求,为获得相关考试的官方信息,你一定要上网查找或者同学校的代表进行确认。哈佛及普林斯顿需要三门 SAT 科目考试成绩,威廉姆斯、珀莫纳、耶鲁以及其他很多竞争激烈的大学则需要两门 SAT 科目考试成绩。"大学需要什么"是一个错误的问题,正确的问题是"通过 SAT 科目考试我能在哪些方面表现出高中所取得的成绩"。你在高中时要尽全力取得优异的学习成绩。在每一门理科课程、外语、历史及英语课程结束后,参加相应的科目考试。如果你能在更多不同的学习领域表现出优势,你就能向学校展示出更好的成绩。那些申请顶尖大学的学生通常都会在四年内给学校提交六门以上的科目考试成绩。如果你在物理考试上不理想,那么就去考生物。有一点需要强调的是,你是在为自己参加这些考试,这是你的考试成绩,你要尽全力考出优异的成绩。不要去问学校他们需要什么,因为你不是在寻找进入该校的最低录取要求——你要看的是在全国申请者中你可以展现什么样的成绩。你要告诉自己的是:"尽最大的努力通过这些考试来证明我从高一到高三第一学期的学习成绩,然后看看以这样的成绩哪些学校会对我感兴趣。"

◆ 向大学提交分数

当你注册 SAT 或 ACT 考试时，你将有机会列出四所免费寄送成绩单的院校（通过代码进行选择）。寄送给其他学校的成绩单则要收取相关费用。你（而不是你的高中）需要负责向你所申请的大学寄送正式的 SAT 或 ACT 成绩。

需要特别注意的是：学生必须要求美国教育考试服务中心（ETS）寄送正式的 ACT 或 SAT 成绩给所申请的院校。你成绩单上的成绩不够权威。只有大学收到由 ETS 或 ACT 寄送的官方成绩，你的大学申请才算完成。

◆ 可任选的 SAT 和 ACT 考试

一些文理学院的招生办主任已经决定把 SAT 考试设为可选择的考试，而不是必需的；一些较大的州立大学认为如果设立可选择的考试，他们将会吸引更多的申请者。然而这些大学中的一些大学仍旧把 SAT 科目考试成绩作为申请的必要条件。目前大约有 75 所大学不需要 SAT 考试成绩，但在你的学校清单上至少有一所要求 SAT 考试成绩，所以不要幻想不去参加这些考试！这也就是说，即使鲍登学院和明德学院没要求必须提交 SAT 成绩，但在你的清单上可能还有科尔比学院、科尔盖特学院、克莱蒙麦肯纳学院以及其他一些学校都要求必须提供。因此，一定要参加 SAT 或 ACT 考试。你可以在拿到成绩后再决定是否把它们送交给可以选择提交成绩的大学。

我的建议是只要你的成绩达到 550—550—550，就可以提交，否则，学校会认为你的成绩远远低于 550。目前，下面这些学校把 SAT 定为可选择的考试（这个名单在不断增加）：巴德学院、贝茨学院、鲍登学院、圣十字学院、康涅狄格学院、丹尼森学院、迪肯森学院、富兰克林与马歇尔学院、盖茨堡学院、吉尔福德学院、汉密尔顿学院、罕布什尔学院、哈特威克学院、霍巴特和威廉史密斯学院、森林湖学院、劳伦斯学院、路易克拉克学院、明德学院、曼荷莲女子学院、默兰伯格学院、匹泽学院、罗琳斯学院、圣约翰学院（马里兰州和新墨西哥州）、圣劳伦斯学院、沙拉劳伦斯学院、联邦学院、乌尔辛纳斯学院、威顿（马萨诸塞）和伍斯特理工学院。

确认每所院校的考试要求，以确保你已符合条件。每所院校的要求各不相同，而且很多大学每年都更改考试要求，因此，你应该了解你所申请的大学的具体情况和信息。登录 www.fairtest.org 查询把 SAT 考试设为可选考试的最新大学名单。

第三章

院校调查

　　你怎样才能了解到美国所有的大学呢？你怎样才能找到最适合自己的学校呢？大型的还是小型的？文理学院还是职业预科学院？保守的还是自由的？学术的还是激进的？私立的还是公立的？东部还是西部？——有很多事情都需要考虑。调研学校的类别是有用的，例如学校的大小、学科的设置、哲学或宗教倾向、地理位置等等。但是学校分类和对学校的看法有时候具有欺骗性。在这一章我们来看看那些能够拓展分类并开阔思路的方法，从而帮助你找到最适合你的学校。

　　查找信息的技巧在择校过程中起着至关重要的作用，这包括从广泛的资料中提取信息、阅读信息、不带偏见地了解学校信息。我们很容易受他人意见的影响——有人曾经告诉我科罗拉多学院太小了，有人又说密歇根学院太大了，还有人说莱斯大学太热了而卡尔顿大学太冷了，等等。其实，每个大学都有一些特别的方面适合一些学生，每个大学对于某些学生来说都是非常好的，但没有一个学校是适合所有学生的，即使是常春藤院校。仅仅因为你曾经听说过某个学校的名字并不能说明这个学校就适合你，而你没有听说过某个学校的名字也并不说明那个学校就不适合你。有很多学校会让你的大学生活过得很快乐——和其他同学一起融洽地相处，找到需要的教育课程，有学习成效，在学校生活愉快。调研学校就是要找到一些你真正喜欢的学校。当然，你会对一些学校有偏好，而信息调查会让你找到新的选择和可能性。

　　怎样才能了解各个学校呢？要进入一所大学，你需要充分地了解它，并在入学申请中表述你为什么适合其校园文化。下面，你将会学到如何利用广泛的资料来调查学校信息。离美国如此遥远的你们了解院校信息的渠道一般包括院校指南、你所认识的在某些院校就读的人以及院校网站。各院校在其网站上都详细地描述了他们的课程设置、学生生活以及录取要求。你们很多人也有机会通过所在学校或者城市举办的院校展览来了解相关信息，有些人可能有机会见到在中国工作或者到中国出差或旅行的某些院校的毕业生，还有少数人能够在申请之前利用暑假时间参观一些院校。让别人帮你决定该去哪个大学或者给你一些学校名单——这并不能称为调研。任何人都能给你提供一些学校供你搜索。手中要调查的学校越多，你就会对为什么要选择这所学校、哪里才是学习和研究的最佳场所越了解。成功择校的一个重要因素是要对自己的调查结果有把握、有信心。当读到或者听到关于某个学校的信息时要注意信息的来源。信息来自学校？那么这些信息中可能夹杂的偏见是什么？抑或是来自学生？其偏见又是什么？还是来自院校指南？谁撰写的指南——教育工作者、学生，还是企业家？如果是的话，想想他们提供这些信息的背后，为什么他们会对某所学校有特别的看法呢？

你已经上过自然科学课程，至少做过两到三次实验，对吧？你已经学过社会学，至少上过历史课，对吧？我们要像科学家那样研究大学——准确地说，是像社会科学家或者人类学家一样。人类学家研究人类社会，包括不同的文化、人们的日常行为活动、仪式、语言、食物、家庭、社会关系，等等，所有这些内容合在一起被称为"人种学"。

你要成为人类学领域中的人种学家，用科学的数据采集方法去了解择校名单上各个学校的方方面面。你从科学中已经学到，没有数据采集就不可能得到答案，不完成实验就无法得出结论。有时候，你要进行团队工作，有时候你要去实地考察。我曾带着我的中学班级进行实地考察，参观校园，了解学校文化。即使你不能去走访一些院校，你也应该利用机会去了解美国的大学。通过阅读本书，你可以了解到许多顶尖的美国大学。阅读这本书不需要太长的时间。在你搜索到大约 20 所觉得不错的学校之后，你就可以开始在网上收集关于它们的信息了。当你发现某个学校很不错，你喜欢在那里学习，也喜欢那里的学生，这时你需要非常认真地阅读第二部分中学校介绍部分最后的几所类似院校，获取更确切的信息。和你一样，我的很多学生也都听说过那些名声显赫的院校，但这并不意味着你们会喜欢或适合这些学校。所以，你应该努力保持一个开放的心态，尝试把别人的意见放在一边，从一个网站到另一个网站认真收集学校的信息。你可以把收集到的信息记录在笔记本上——没有人能把 20 多所不同学校的特点都记在脑子里。记住，收集完所有备选院校的信息以后，你才能评判这些院校是不是适合你。

需要调查的问题

我们从四个需要调查的问题开始:学校是什么样的? 我能被录取吗? 学费及其他花销是多少? 学校能为我带来什么? 让我们来看看这几个问题。

1. 学校是什么样的?

下面是你需要关心的问题,是你选择学校所需要收集的信息。这个过程与人类学家的工作类似——这一切信息都是为了帮助你了解校园文化,包括学校的规模、地理位置、学生数量、亚裔美国学生的数量比、国际学生的比例、住校学生的比例、学校设备、学校环境、学科设置、体育活动以及你认识的人。你要寻找你想要的校园文化。你认为学院式的校园文化(包括体育活动、兄弟联谊会、学生在校园和宿舍里谈论体育)更适合你吗? 如威斯康星大学、印第安纳大学、杜克大学、西北大学、范德堡大学,还是小而精巧的大学,如科尔盖特大学、康涅狄格大学、戴维逊大学、丹尼森大学;还是学术氛围比较浓的校园文化(学生喜欢讨论自己读过的书、课堂讨论,在校园和宿舍里辩论)更适合你? 如加州大学伯克利分校、芝加哥大学、格林内尔大学、珀莫纳学院、斯沃斯莫尔学院、卫斯理安大学;还是艺术氛围比较浓的校园文化(学生喜欢在校园和宿舍里讨论各类艺术,练习表演课程以及即将进行的艺术表演)更适合你? 比如说艺术类院校,如朱利亚音乐学院、欧柏林音乐学院、罗德岛设计学院、萨凡纳艺术设计学院;还是企业型的校园文化(学生在校园和宿舍里喜欢讨论股票市场、创业公司、报纸上的经济板块)更适合你? 如巴布森大学、本特利大学、宾夕法尼亚大学沃顿商学院、凯斯西储大学,或州立大学的经济学院;又或是科研气氛很浓的、研究型的校园文化(学生喜欢在校园和宿舍里讨论 GPA、MCAT、GRE、LSAT 等考试以及研究生院和实习工作)最适合你? 如康奈尔大学、普渡大学、罗彻斯特大学、雪城大学、伍斯特理工学院。你需要了解大一新生的班容量以及有哪些授课老师,学校的图书馆、实验室和电脑如何使用,有哪些必修课程,学校提供哪些讨论课和实习项目,学生的留级率和毕业率,学生参加兄弟会和姐妹会的比例以及国际学生有没有指导老师等。

2. 我能被录取吗?

学校的淘汰率是多少? 新生的课业负担重不重? 我的成绩在新生中的位置是怎样的? 学校对 IELTS 和 TOEFL 分数的要求? 被录取新生的 SAT 分数范围是多少? 我所在的中学有没有学生曾经被这所大学录取? 如果有的话,他们的入学成绩是多少？永远不要发邮件向该大学的招生人员询问 SAT 的录取分数要求——他们最讨厌这样的问题。你应该问你的 SAT 成绩是否在该校的录取分数范围之内。

3. 学费及其他花销是多少？

绝大多数的美国私立大学需要花费 65 000 美元。大多数学生可以获得助学金来支付一部分费用。如果你申请了助学金，那么只有等到你被录取后学校发给你一份助学金说明，你才能知道助学金的数量以及你自己需要支付的花销。公立大学的费用是私立大学的一半。你需要和父母商量他们所要承担的费用。他们愿意并有能力支付多少钱来供你上大学？如果父母无法支付相关费用，请阅读第十一章，了解关于奖学金和助学金的更多信息。

4. 学校能为我带来什么？

如果你在学校或者院校展览见到了某大学的校方代表或者校友，问问他们学校毕业生的情况。对于招生代表来说，这是一个很好的问题。绝大多数学生只是专注于如何能进入某个大学，尤其是他们心仪的、迫不及待想进入的大学；他们很少询问他们能在学校学到什么，以及他们毕业以后的前景怎样。大学的招生人员喜欢这样的问题——这个问题能表现出你的自信。所以，你需要突破"我如何能被学校录取"这个层次。

下面这些问题或者其他你能想到的问题能帮助你探讨"学校能为我带来什么"：学校毕业生的发展方向是什么？多少人进了研究生院？他们去的是哪些研究生院？学生毕业以后找了什么样的工作？多少公司、企业到学校来招收毕业生？多少毕业生进入了创业公司？多少学生去了医学院、商学院、法学院、教育学院，甚至继续攻读博士学位？他们的专业领域有哪些？中国毕业生中有多少选择回国发展？又有多少选择留在美国或者去其他国家发展？

关于音乐和艺术学院的申请情况又是怎样的呢？如果你希望在艺术领域有所发展，如戏剧、音乐、电影、摄影或者视觉艺术，你还需要考虑一些额外的情况，比如说试演、你的 CD 作品和你的作品集（对于申请艺术类院校的学生来说，这些常常占到入学概率的 80%）。所修课程、在校成绩、SAT 分数，甚至是最有说服力的推荐信都不能完全作为评判学生艺术天赋的因素。接受过大量音乐训练的学生如果希望进入大学继续在音乐方面进行深造，有两种院校可以选择：音乐学院和四年制大学中的音乐院系。音乐学院一般比较小（200~900 人），学生的专业是表演和作曲。每种乐器都有专业老师教授,学生毕业后能拿到音乐学士学位(不同于文学学士和美术学士)。根据每年每种乐器课程所需要招生的人数,音乐学院的淘汰率一般都很高,试演是入学考试的首要环节,而通常不要求提供 SAT 成绩。奖学金一般是根据学生的专业才能而非财务状况来分配的。四年制大学中的音乐院系大小各异,学院提供的专业相对来说也比较丰富,如爵士乐、声效工程、音乐戏剧和音乐教育。学生同时学习文学知识和音乐,感受传统大学的校园生活和学习经历。这些音乐院系是根据学生的艺术水平和学术能力来综合进行录取的。网站 www. artschools. com 介绍了艺术院校的相关信息,为你提供更多选择。

◆ 保持开放的心态

　　大的还是小的,东部或者西部,炎热还是寒冷——你要从哪里开始搜索美国大学呢? 你要找的是你最希望去的大学。暂时忘掉地理。如果你想去西海岸的哈维姆德学院学习工程专业,那么你还可以看看其他地方! 看看东北部的麻省理工学院、康奈尔大学、伦斯勒理工学院、得州的莱斯大学、纽约的哥伦比亚大学,东部的斯沃斯莫尔学院、联邦大学以及布朗大学,还有位于俄亥俄州的凯斯西储大学和匹兹堡的卡耐基·梅隆大学,这些学校都有工程院系。既然你已经决定到那么远的地方去留学,就不要让院校信息的调查受到地理位置的限制。

　　考虑学校的规模时,不要因为学校的大小而轻易放弃一些备选院校。数字并不总能告诉你真相。有很多高中生都说"我希望去一个中等大小的学校,大约有 5 000～6 000 学生"。看看院校指南,你就会发现绝大多数美国大学都是比较小的文理学院或者规模很大的州立大学。固有观念有很大的欺骗性。对于规模很大的印第安纳大学、得州大学和北卡罗来纳大学教堂山分校,学生数量并不代表一切! 在这些大学里,学生之间、学生和教授之间都保持着良好的关系。学生因各自的喜好、住宿情况以及学习情况形成小的学生群体,如国际学生俱乐部、音乐和戏剧小组、宿舍楼友和室友、政治学课堂、实验搭档、新生讨论会,等等。你可以在各种团体中找到朋友,而不是一下子面对整个学校。你不应该根据高中学校的大小来决定你的理想大学的规模,而应该根据你自己的性格特点和你想要的大学生活来选择。的确,在一个大的学校里,你需要在师生关系中更加主动,但是许多像你一样 18 岁左右的中学生都有能力适应这样的校园。如果你喜欢家庭型校园,可以考虑2 000人以下的学校。如果你更注重多样化、充满活力的校园氛围、体育活动、联谊会、不同难度的课程以及大型活动,那么可以考虑15 000人以上的学校。

如果你想要查找开设计算机专业的学校,就不要考虑那些把绝大多数学生送到商学院、法学院和医学院的学校了。常春藤学校以及其他名校在本科阶段没有法学和医学专业。实际上,研究生院的招生人员已经厌倦了那些学习化学和生物学专业的申请者。他们往往更喜欢那些英语专业或者历史专业的学生,这些学生化学学得也很好,并且取得了不错的医学院入学考试(MCAT)成绩,可以轻松地申请到优秀的医学院课程。他们也喜欢那些取得了很好的法学院入学考试(LSAT)成绩,从众多学习管理、政治学或者历史专业的学生中脱颖而出的西班牙语或者宗教专业的学生申请顶尖的法学院。除此之外,通过专业来选择学校通常会被误导。学生离开学校是因为他们不适合那个大学,和其专业设置没有关系。"如果一所大学很重视学生的教育,"芝加哥大学招生负责人Theodore O'Neill 说,"你在大学第一年会有三次机会去选择你未来学习的专业。"下面具体介绍一下你能从哪些渠道获取学校的信息。

了解学校的文化

在收集具体的院校信息之前,你需要先了解一些基本信息。

互联网上的院校指南

互联网上可以买到所有的美国大学指南。下面介绍几本比较权威的参考资料:

《一举突破美国名校》(文汇出版社,上海,中国,2013),作者Joyce Slayton Mitchell。你可以购买、借阅或者在学校办公室、图书馆里找到这本书。这本书介绍了大学录取学生的流程,使你能够更好地准备申请材料,掌控申请过程。它介绍了美国顶尖大学的校园文化类型,包括学院型、学术型、职业类、艺术类以及企业型。它会告诉你学校的学生数量、亚裔学生的比率以及国际学生的数量等等。它还会告诉你专门针对中国学生的相关问题,如签证、助学金和奖学金。书中每个院校的介绍部分都给出了学校的网址和招生办的邮件地址。这是21世纪唯一一本专为中国学生量身打造的美国大学申请指南。

《院校申请指南》(*The Fiske Guide to Colleges*)(兰登书屋,最新版),作者Edward Fiske。这本散文形式的指导虽然没有介绍美国大学的录取流程,但它是一本关于美国 350 所学校信息和评估的权威指南。关于学校文化的阐述是这本书的亮点之一。通过阅读本书,你能够了解校园环境的差异。这本书能够帮助你在了解各个学校的同时收集相关数据和资料。书中 350 多所精选的学校代表了美国排名前 10% 的优秀大学。每所大学都很出色,你会发现你有很多选择的机会。

《大学手册》(*The College Handbook*)(美国大学理事会,最新版本)。这是提供最准确、最新信息的大学指南之一。美国大学理事会每年都会搜集大学的数据,而这本书则收集了全美所有大学的信息。笔者和 Fiske 的书描述了美国优秀的大学,而《大学手册》还能告诉你其他大学的信息。如果你在其他大学指南里找不到你想了解的大学,那么你将在这本书里找到。当你阅读《大学手册》的时候,要注意阅读"学生生活"部分,了解住在学生宿舍的学生比例、国际学生的比例、加入兄弟会的学生比例以及体育活动的情况。

◆ 学校的宣传册、学校分类手册和网站

当你咨询相关院校、参观校园或在院校展览上填表时,你拿到的第一份材料就是学校的宣传册。

学校宣传册

请记住,学校的宣传册、视频和学校的网站带有浓厚的市场宣传色彩。不要因为有些学校发给你宣传册或者对你发出邀请,你就申请这些学校。你可以了解学校的信息,但需要客观地审视这些信息,想想信息的来源以及信息背后的东西。学校的网页有的不是由学校招生办制作的,这其中还有学生团体办的报纸,因此你能够从这些网页上了解该校学生对学校的真实看法和学生活动的情况。

学校分类手册

学校分类手册一般被发布在网上,以文字形式提供学校的课程列表和师资队伍介绍。学校分类手册能够帮你回答如下几个问题:"你为什么想去巴德学院、乔治亚大学或者匹泽学院?"此手册能够加深你对学校的了解,同时也对你与负责招生人员的面试有所帮助。

当我和我的学生一起讨论院校调查时,我会利用手边的三个学校的手册来

和学生共同了解学校的相关信息。现在让我们来一起做吧！想象一下：我们在一个会议室里，坐在圆桌周围，还有一部分学生坐在窗台上。摆在我们面前的是盖茨堡学院、古彻学院和格林内尔学院三所学院的介绍。也许你并没有听说过上述任何一个学校，如果是这样的话，那太好了！这就是我现在要做的事情：带你去了解你从来没听过的美国顶尖大学。例如，你想学戏剧艺术。你知道雪城大学的音乐戏剧专业；卡耐基·梅隆大学的表演专业每年只收 20 名学生；而你还有一个在纽约大学悌西艺术学院上学的朋友邀请你去那里读书。

好的，首先让我们来看看古彻学院。我们知道它提供的戏剧专业有六个方向：戏剧学、表演、设计和制作、戏剧理论、导演和舞台管理以及艺术管理。然后我们了解到学校主管这个专业的有两个教授。通过浏览课程目录，我们知道专业课程一共有 24 门。接下来让我们来看看格林内尔学院的戏剧专业。这个专业设在人文学院里面，共有六位代课教授，其中的两位即将离开。此戏剧专业是一门跨学科专业，开设了 22 门专业课程，包括舞蹈。最后，让我们来看看盖茨堡学院。这个学校的戏剧专业包含表演、导演、舞台设计和戏剧发展史。通读阅读学校分类手册，你还可以了解到学校提供的课程数量以及与商务相关的课程。这些你都在手册中看到了吗？

《一举突破美国名校》是帮你筛选院校信息的最佳资源。在浏览《一举突破美国名校》获取信息前，你并不一定要知道自己想选的专业是什么。找到你感兴趣的专业，看看所开设的课程，例如亚洲研究、环境研究、全球发展研究，等等。全球发展研究是什么？哦，明白了。格林内尔学院开设的这门课程是指将人类学（这个我们以前说过）、汉语、英语、法语、南非历史、政治学、宗教、西班牙语以及经济学这些专业课程都相互结合起来的综合课程。嗯，感觉很不错。可见，虽然懂得利用它的人仍然不多，但《一举突破美国名校》十分有用。因此，建议你仔细阅读。

网络

下面，让我们来看看网络上的信息。你能在网络上找到各类信息，如注册考试、院校名单、奖学金、在线院校参观以及国际留学申请等等。如果你没有某个学院的网址，而本书也没有提及，你可以求助 Google。在搜索栏里输入学校的名称，你就能迅速链接到这个学校的主页。进入主页后，了解本科学习的相关信息。很多学校的主页上都有国际学生导航选项，还有些学校将国际学生选项放在招生选项的下面。先看看关于本科生的国际学生和录取选项。由于选项之间互相链接,因此你能在学校的网站上了解到很多信息。大多数情况下,学校招生办的邮件地址也会公布在学校的网站里。认真了解学校网站上的所有信息以后,仔细想想需要解答的问题,然后再发邮件。

不要被申请前的焦虑情绪所影响,急于向招生办公室提问,这样很可能会使招生人员感到厌烦。我曾经遇到过很多中国学生因为非常想进入某大学而不断地给招生办发送邮件,从而失掉了被录取的机会。如果你没有某学校的网址,可以试试登录这个网站:www. nameofcollege. edu,你会找到搜索学校所必备的信息。如果你想申请的学校不在列表之内,试试用学校搜索组来寻找信息。

有些高中学生喜欢普林斯顿评论网站。在 Google 的搜索栏中输入普林斯顿评论(Princeton Review),进入后选择"最适合学校搜索(Best Fit School Search)"功能。你可以选择爱好、课程、在校成绩、SAT 成绩,然后网页会自动生成一份适合你的学校列表。下面列举几个网站:普林斯顿评论网(www. review. com)提供最简单快捷的网上申请系统,为学生提供列表上每所学校的详细信息;美国新闻和世界报告(U. S. News&World Report)网站(www. usnews. com)提供最新的美国大学排名和信息公告;最大、最新的资料库就是美国大学理事会(the College Board)网站(www. collegeboard. com),上面提供了你想知道的所有基本信息、网上申请以及院校搜索。

◆ 校方代表团访问你所在的中学或者城市 ★★★★

每年,美国大学的校方代表团都会到中国访问,其中一部分校方代表可能就会出现在你就读的高中或者你所在城市的教育展上。他们来宣传自己的学校并了解潜在的招生对象。如果可能的话,你应该好好把握这些机会!曾经有一位中国大陆的学生通过《21世纪学生英文报》给我写了一封信,他说美国大学校方代表去他的学校时,学校只允许几个学生和校方代表见面。他的问题是:"如果我没有被学校选中,我怎样才能见到校方代表?"我给他的回答是这样的:如果你听说塔夫斯大学或者乔治·华盛顿大学的校方代表要来你的学校,但是你没有被学校选中,那么你可以给那所学校的招生办公室发邮件问问有没有校方代表来你所在的城市与学生见面。如果对方答复有,那么可以询问校方代表的邮件地址。然后,给这位校方代表发邮件,问他(或她)能不能在校外与你见面,并表明你对他们学校很感兴趣。你会发现他们非常想见你。他们为了和学生见面花了很多钱,却只能去少数几个地方。因此,他们非常乐于找时间在学校外与学生见面!

◆ 走访学校

有些高二的中国学生有机会和家人一起利用寒暑假时间去走访美国大学。你不需要走访名单上的所有备选学校,只要了解一些不同类型、不同规模的学校为你进一步调查其他的学校作参考就可以了。在 8 月的最后一周和 9 月的第一周,校园里通常会有很多学生,如果你的学校还没有开学,这是你走访学校的最佳时间。

下一章,我们会重点来讲一下如何走访学校。

在你开始之前,请先做以下的小测试:寻找合适我的大学!

招生官想要知道,在他看到的 SAT 和高中成绩背后,是一个什么样的孩子?你也想要知道!

寻找适合我的大学!

我曾经和一个马里兰大学的大三学生聊天,这个年轻的男孩说:我从其他大学转到马里兰大学的建筑系,但是在我转来这个大学的第一个学期,建筑系因为经费不足而关闭了。我问他:你为什么不转学去其他学校呢?

他说:我非常喜欢这个大学! 同学们转学是因为他们不适合原来的环境,但是一旦你找到了合适的大学,你会在很轻松的环境下感到自信,并且在生活和学习中展现最好的自我。

你适合什么样的大学? 什么样的大学文化适合你? 并且可以帮助你达到既定的目标?

请做以下测试

1. 你最喜欢的学校社团和活动是什么？
   a. SAT 培训小组
   b. 环保社团
   c. 体育运动
   d. 哲学社
   e. 音乐或戏剧社团

2. 你正在计划你的周五晚间活动,你会和怎样的朋友们在一起？
   a. 玩乐队
   b. 中美学生交流项目
   c. 高中艺术节
   d. 科学研讨活动
   e. 有关气候转换的纪录片

3. 你高二那年最喜欢的科目是什么？
   a. 美术、音乐或舞蹈
   b. 化学或物理
   c. 社会科学
   d. 历史
   e. 英语、文学

4. 你是什么类型的学生？
   a. 我喜欢阅读,然后和同学们小组讨论某一个作家的作品
   b. 我喜欢有足够的时间和空间,尝试不同的材料来完成我的设计和创意
   c. 我喜欢在图书馆学习,一直到我完全了解我的功课,我才能放松
   d. 我喜欢尽快完成我的作业,这样我才能够有足够的时间参加社区服务等活动
   e. 我喜欢学习我最喜欢的科目,而且我不在乎偶尔放弃其他的科目

5. 你最喜欢的运动和娱乐活动是什么？
   a. 健身中心:跑步机、划船机和举重
   b. 骑自行车、划船和野外露营
   c. 团体运动:足球、篮球和棒球

    d. 网球、游泳和体操

    e. 瑜伽、舞蹈

6. 你觉得你的哪一项特质在大学申请里面是值得特别强调的？

    a. 好奇心

    b. 想象力

    c. 道德标准

    d. 同情心

    e. 忠诚度

7. 如果你星期六的晚上在大学校园里面，你想你会做什么？

    a. 为水源净化的团体筹款

    b. 为学校的校队加油打气

    c. 参加文学讲座

    d. 参加市里面的慈善音乐会

    e. 参加医疗研究实习的活动

8. 你正在填写大学的住宿申请表，你希望选择怎样的住宿安排？

    a. 学校附近的公寓

    b. 校园里面的住房

    c. 兄弟会和姐妹会的宿舍

    d. 校园里的生活和学习中心

    e. 市中心的公寓

9. 请想象你正走在校园里，忽然开始下雪，你谈话的内容将会是？

    a. 周六的度假滑雪计划

    b. 法国哲学家的电影

    c. 冬季摄影展

    d. 周末可以在宿舍里面卖 pizza

    e. 慈善救济中心本周末可能需要帮手

10. 你上大学过程中希望结交什么样的朋友？

    a. 有创意的朋友，也喜欢欣赏艺术表演和画廊

    b. 认真严肃的朋友，他们喜欢走在世界的最前端

    c. 喜欢打抱不平的朋友

    d. 喜欢参加各种比赛，并且知道怎么样享受人生的朋友

    e. 喜欢和几个熟识的好友小聚，而不喜欢一大群人在一起吵闹的派对

▶ 你的答案

将以上 10 个问题里你所选择的答案打圈,根据以下的颜色给自己一个分数。每一个答案你都可以得到十分。将你所有的颜色和答案加起来,比如说,你有七个红色、两个金色和一个蓝色,那么你的结果就是 70% 的学术类、20% 的专业类和 10% 的创意类。接下来请将你所得到的分数,参照以下的大学文化描述。

	红	紫	蓝	金	绿
1	c	d	e	a	b
2	a	b	c	d	e
3	d	e	a	b	c
4	e	a	b	c	d
5	c	d	e	a	b
6	e	a	b	c	d
7	b	c	d	e	a
8	c	d	e	a	b
9	a	b	c	d	e
10	d	e	a	b	c

结果:
红 _____ 个
紫 _____ 个
蓝 _____ 个
金 _____ 个
绿 _____ 个

按大学文化分类

红色：学术类大学，这类大学包括得克萨斯大学、杜克大学、西北大学、乔治城大学、宾州州立大学、范德堡大学，或是一些小型的学术类大学，如科尔盖特大学、丹尼森大学和维克森林大学等。在这一类的大学里你往往可以看到很多的运动员、兄弟会，而且同学之间喜欢谈论球队、派对，在宿舍和课堂间也有很多的朋友。

紫色：知识类大学，包括卡尔顿学院、芝加哥大学、格林内尔学院、珀莫纳学院和斯沃斯莫尔学院等。在这一类的大学里，你和你的朋友将谈论你们所读过的书，很有可能你们将课堂里的讨论带入校园，你们会为了学术、政治和经济等话题争执、辩论。

蓝色：创意类大学，设计和表演艺术专业的大学，包括朱丽亚音乐学院、欧柏林学院，或是设计类大学，如罗德岛设计学院、萨瓦纳艺术设计学院等。在这一类大学，你和你的朋友们在学校里喜欢谈论的话题，通常与艺术、表演练习、画廊开幕、时尚、近期的艺术演出等有关。

金色：专业预科类大学，在这一类的大学，无论是课堂或宿舍，你和你的朋友喜欢谈论的话题，有关学习成绩、MCAT—医学院入学考试、GRE—研究生院入学考试、LSAT—法学院入学考试、MBA—工商管理硕士、创业、乔布斯、国际经济、医学院、法学院、商学院、工学院和建筑学院等等。这类大学包括康奈尔大学、普渡大学、北卡大学、斯坦福大学、沃顿商学院、麻省理工学院、加州大学伯克利分校、伊利诺伊大学和卡内基·梅隆大学等等。

绿色：激进类大学，在这一类大学里你和你的朋友们喜欢谈论的话题包括组织抗议活动、人权、保护动物、环保和气候问题等，这类大学包括格林内尔学院、哈弗福德学院、欧柏林学院、匹泽学院和卫斯理安大学等。

如何？你的测试结果告诉你最适合哪一类大学？第二呢，激进类的大学文化是否对你特别重要？请记住，这些类别取决于学生在课堂外喜欢讨论的话题。你知道吗？在早餐、午餐和晚餐，在课堂间，在宿舍里、换衣间、学生会、体育竞赛、咖啡厅、图书馆等，这些话题无所不在，大学的文化体现在校园里每一个大学生的生活中！

请仔细想想，有道理吗？你心里可能已经有了适合你的大学类别，你自己，将会是你选择大学的最重要因素。对适合你的大学多些了解，你能准备一个最适合你自己的大学名单。大学的招生官也会想要知道为什么你选择他们的大学，清楚知道每一所大学的文化将会是你最好的选择！

第四章

走访学校

　　了解学校情况会帮助你决定将自己最具吸引力、最独特、最富有个性的申请书投递给2 400多所美国大学中的哪几所。如果你很幸运地有机会参观美国学校，一定要选择多所不同类型的学校——大的州立大学，小的文理学院，保守的、开放的、有宗教性质的以及女子学院等等。参观期间，请忘掉你先前所了解到的关于各大学的排名和评价，用开放的心态，根据自己的需要来判断哪所学校适合你。参观学校，参加说明会；如果是规模比较小的学校，你也可以申请面试机会。

预约学校参观

　　如果你打算走访美国的学校，你需要提前发邮件给校方以便对方安排你的参观行程与面谈时间，并且一定要向他们说明你是去美国参观学校的中国学生。如果你在美国，也可以拨打800（对方付费的号码）进行电话预约。记住，很多学校是有免费咨询电话的。

如何走访学校

　　得到参观机会后，还要明确你准备在参观中了解什么信息。你要了解的是从排名、指南、网上以及院校展览中无法得知的信息。你需要一个开放的心态、一个有准备的头脑，可以自由地、不受任何影响地、不妄加判断地、公正地收集学校的信息。只有在收集完所有信息之后，才能有所发现，得出准确的结论。你需要成为一个人类学家，去寻找真相。人类学家不会在收集资料前下结论，不会只凭排名、评分来判断一个学校，也不会带着这样的判断去参观学校。人类学家是怎样工作的呢？他们研究人类社会是如何运作的。他们观察一个群体与另一个群体之间的关系（如学生与教师之间的关系）以及饮食状况如何。他们细化人们的日常生活,分析工作(如学科课程)、活动(如体育运动和兄弟会)、团体管理(如学生管理),观察群体文化(如校园文化,人文的、科学的、宗教的、企业的、体育的、艺术的、娱乐的、服务他人的)、建筑(如校园建设)、人们的穿着(如学生们穿着的 T-shirts 上都写了什么? 学生都穿什么去上课? 他们出去聚会时的穿着会不同吗?)。人类学家还研究家庭结构、恋爱、婚姻义务、性行为(如,学生们约会吗? 他们结伴出去吗? 他们一起在校外生活吗? 同性恋在校内受到尊重吗? 结婚的本科生多吗?)。

在观察校园生活时,别忘了找一些你喜欢或不喜欢这个学校文化的线索,以便对这个学校作出最终的判断。有让你非常喜欢与之交谈的学生吗? 有能让你受到启发的学生吗? 有与你志趣相投的学生吗? 其他国际学生呢? 这个学校是否给你一种想留在那里的冲动? 你进入学校教学楼时的感觉如何? 学生们在学生会中的关系如何? 午饭时大家都在讨论些什么? 吃饭的时候是不是所有的亚洲学生都坐在一起? 我的一个学生 Michael 曾在哈弗福德学院食堂外的宣传板上浏览,当他看到上面贴着一张五元的钞票并且旁边写着"在图书馆三楼找到"时,他立刻决定这就是他想去的大学。因为他非常看重诚实与荣誉感,当他在学校的说明会上听到这些宣传并且亲眼看到这个事实的时候,这一切对他来说就非常有说服力。Michael 对哈弗福德的参观也是卓有成效的。他与该校学生在一次小组讨论中进行了充分的交流。他说:"我从没有听到过对一个地方如此真实的说明,并且从来没有因热衷于学术问题而感觉如此轻松。"哈弗福德学院的招生办主任鼓励学生去寻找无形的价值——学校里人与人之间的友谊以及对学术的热情——这些都是学生大学生活中十分宝贵的资产。Michael 就像人类学家一样进行学校调研。他收集了众多学校的信息,申请了八所,被其中四所录取,最后在两所学校之间斟酌比较。在高中毕业前的 4 月末,他走访了那两所学校,在 5 月份作出了最后的决定。事实上,他在高中低年级时就去过其中一个大学,即上面叙述的那段经历,而正是那次走访给他留下的印象让他作出了最终的选择。

收集信息

你能记住每件事吗? 当然不能。因此,你需要一个成熟的系统帮你评估学校。你需要一份简单的评估表,填写起来不是很繁琐(当然,如果你是一位习惯于把所有事情都详细记录下来的人,那就去写一份详尽的表格吧)。在评估表中加入任何你所读到的对学校的描述,同时还要简短地列出一些对你来说比较重要的事项,以帮助你在评价每一个学校时保持一致的标准。

◢ 将自己训练成为人类学家:观察在校学生的生活情况

如果你生活在一个理想化的世界里,能够收集到所有你需要的数据来帮助做决定,那么,你可以在每个走访的校园里住上一晚,这将给你提供一个绝佳的机会。你可以看到学生在周末的晚上和平时的晚上都分别在做什么。你可以在傍晚参加有导游陪同的校园之旅,在校园里吃饭,也可以和大二学生一起过夜。你可以参加一些社交活动、体育活动或者文化活动。之后,当你住的宿舍里每一位同学都回来时,仔细观察一下他们都在做什么——睡觉? 坐下来聊天、讨论,上网发邮件,辩论,还是打电话? 第二天早上,你可以去听听课,然后在校园里转转。你可以找机会和学校的教授攀谈,见见校队的教练,和学生吃午饭、聊天,参加预约好的面试,记笔记。下午的时候你就可以离开,准备去走访附近的另一所学校了。

但是,上述所说的情况太过理想化,几乎没有高中学生能够通过这种途径来了解大学生活。大多数国际学生在他们入学之前都没有机会去美国走访学校。如果有机会,那么你一定要选择不同类型的大学,最好一天不要走访超过两所。记住,在走访的时候一定要记笔记,否则你根本无法完全记住你在学校的所见所闻。如果你只有很短的时间,你至少也要参加一次学生校园之旅、一场学校说明会,如果你提前安排好了,可以参加一个面试。

留一些时间给学生会,尽量向学生会里那些没有被学校雇用的学生多了解一些学校的信息。看看哪些学生在学校的图书馆学习。在我这些年来走访上百所学校的过程中,我总是最先去学校的图书馆,去看看图书馆中摆放每日报纸的参考书区。很多学校都有舒适的椅子、沙发和一个非常适合阅读的地方。你可以跷起脚,看看那些报纸。不同的学校摆放的报纸种类不同,有些只有《纽约时报》和《华尔街日报》,而有些则有50多种美国报纸,有些还有《人民日报》、《泰晤士报》、法国的《费加罗》和《世界报》、罗马的《共和报》,以及来自东京、北京和悉尼的经济报道类报纸。看看这些名目繁多的报纸吧! 看看你打算在那里学习四年的学校的图书馆都订阅了什么样的报纸,再看看谁在阅读那些报纸。当你在图书馆的时候,别忘了看看图书馆的借阅规定(如果在校学生能够很好地爱惜图书馆藏书的话,他们会被允许无限制地借阅图书)。你还要注意一下开馆时间,一般是一天 24 小时,一周 7 天,或者周六晚上和周日早上闭馆。不要立刻下结论,记录下你的所见所闻,当你几个月以后回顾这些笔记的时候,参观图书馆的经历也许能帮助你做选校决定。

走访校园,准备很多问题

当你走访学校的时候,参加一次校园之旅,并且一定要问学生导游尽可能多的问题。在校学生是你了解学校文化的最好渠道。

下面是一些你可以提的问题:

- 你的班级有多大?
- 谁教你? 你能从教授那里得到帮助吗?
- 谁教实验课?
- 你在哪里学习? 在图书馆学习过吗?
- 谁给你的考试评分?
- 学生们经常讨论学习成绩吗?
- 你曾经去过教授家吗? 多长时间去一次?
- 你们经常讨论国家政治和社会事件吗?
- 你参加兄弟/姐妹联谊会了吗? 你的同学们呢?
- 我从哪里能拿到一份校园报纸?
- 作为这所学校的学生,你最喜欢学校的哪些方面? 最不喜欢学校哪些方面?
- 学生下课后都去哪里活动呢?
- 如果可以的话,你最希望改变学校的哪些地方?
- 学生最关心的事情是什么?

当你开始计划校园之旅时,不要错误地认为走访越多的学校越好。记住:一定要走访不同类型的学校——这样才能帮助你在做决定的时候理清思路。

第五章

沟通：个性化，个性化，再个性化

◆ 个性化

现在你处于大学筛选过程的第三步：与你要申请的大学招生办主任进行沟通，向他们展示一个真实、独特的你。你首先要考虑的是，你需要一个团队帮助你做到效果最好的沟通。当然，也有学生能仅仅依靠他们自己进入那些竞争非常激烈的大学。要找到你的支持者，例如来自你就读的高中或者你将要申请的大学里的朋友，这是一个很重要的策略，你必须将这些因素纳入你的计划之内。你的老师、父母、学校领导、教练、戏剧和音乐老师以及大学招生代表都应该在你的考虑范围之内。

◆ 沟通意味着个性化

让你的申请个性化会最大限度地帮助你从众多申请者中脱颖而出。个性化的策略就是要在申请过程中向招生办主任介绍你是谁，充分展现你自己的特点。当然，为了获得录取机会，你首先必须具备你所申请的大学需要的一些数字，其中包括：你学过的课程、你的课程成绩、你的英语考试成绩以及 SAT成绩等。

◆ 招生办主任看重什么

当你沟通的时候，当你填申请表的时候，当你写申请文书的时候，当你到校园参加面试的时候，想想招生办主任在招新生的时候最看重什么。他们可能在录取谁的问题上有不同的意见，但是他们在评估众多申请者的时候，都采用了一个相似的基本尺度。

◆　整体评估

　　每一位申请者都会被招生办公室的数位审核者评估,然后被划分到一个等级。这些评级会在招生委员会的会议上进行审核,由全体招生委员作出决定(他们是大学的代表,去过各个高中、参加院校展览以及在大学里组织招生信息说明会)。在录取决定作出之前,委员们通常从以下六个方面对申请者进行评估:

1. 成绩单
2. SAT 等考试成绩
3. 申请文书
4. 老师推荐信
5. 校方推荐信
6. 其他:面试、特长、其他推荐

　　让我们弄清楚这些材料是如何进行评估的。杜克大学的招生办主任和我说过,这六个部分所占的比重是不相同的。其中成绩单是最重要的,包括你学过的课程及其成绩。大学将学业成果放在他们评估的第一位。接下来就是你的标准化考试成绩,也就是 SAT 或者 ACT 成绩。通常 SAT 科目考试成绩也占了一定比重,它将作为一个可靠的评估标准,预测学生进入大学后的学习能力。你的申请文书在评估过程中也很重要,它可以展示出你的写作能力以及思路的清晰度。一篇有创造性的文书会让你从众多申请者中脱颖而出。推荐信是非常重要的,因为只有老师在你的学习阶段和你有最直接的联系。他们对你有一定的了解,能在信中介绍你的兴趣、动机、投入、努力,而这些是招生办主任渴望知道的。因此,你要选择那些能够给你写出最有说服力的推荐信的老师。你所在高中的校领导将代表你的学校写一封推荐信,信里会总结你的学习情况、性格、品质,还会强调你的特长。面试、参加的活动、特长等方面通常也很重要;不过,除非你在写作、表演、游泳或者大提琴等领域获得过全国性比赛的冠军,否则你的特长将永远无法取代学习的重要性,后者才是大学最关注的。

◆　展示你的与众不同

　　在美国特长是非常重要的。我们首先会想到体育特长,因为它是最常被人们谈到的。但是事实上每个人都有一些独特的方面,都可以在申请学校时着重强调一下。有些同学有成为音乐家、作家、演员、诗人、编辑、发明家、摄影师、领导者的潜质；而有些同学则具有很强的社会责任感、独特的爱好，或者不平凡的背景。你或许致力于社会服务，或者出生于中国西部的农民家庭但却具有很强的英语能力，这些都可以成为你独特的地方。招生委员会总试图寻找你材料中最闪亮的部分——你不同于其他申请者的方面，以及你在班级中与众不同的地方。你的特殊才能使你更具有吸引力。大学要组建全能的班级群体，而不是只有很高考分的班级。让你自己与众不同起来！

怎样在众多申请者中突出自己呢？宾夕法尼亚大学前招生办主任 Eric J. Kaplan 说："在诸多评估因素中，我们这些行使决定权的招生委员们最看重申请者的哪些方面呢？首先，我们希望看到申请者学业上的努力和主动性、优秀的学科成绩以及在课外活动中的出色表现。"在申请普林斯顿、哈佛、耶鲁、哥伦比亚及斯坦福这些美国最优秀的大学时，要想在它们的课外活动评估中崭露头角，你确实需要做一些与众不同的事情，诸如参加青少年奥林匹克团体，着手创建一个即将面市的公司，获得一个发明专利，或者出版一本书，等等。这些才称得上出色，这才是国际水平的竞争。

此外，要成为最优秀的人才，还需要获得省级或者地区级的奖项，如进入《中国日报》英语演讲比赛决赛，拥有马术级别，获得地区乒乓球比赛冠军，加入省级管弦乐队，是奥林匹克体操选手，东北部地区的小提琴优秀演奏者等等。

如果你来自一所重点高中，你就会知道要成为一个学生干部需要付出多少智慧、时间和精力。地方性的学生干部不如地区级和国家级的学生干部，但仍旧可以把你和你的同学区别开来。

你需要用全球性的眼光看待大学录取竞争，并为之做准备。毕竟，评估过程依照的是全球化的标准，而不是你的老师和学校的标准。但是也不要被这种想法吓倒。你的责任是在你的兴趣、能力以及价值取向范围内做出最大的努力、做到最好。能够倾听到 17 岁年轻人真实的心声是招生办公室主任最期望的。

第六章
最终选校名单：十大首选院校

　　你已经对你的课程、在校成绩、SAT 等考试成绩和价值观做了测评，你研究了大学的情况，你也知道了父母愿意支付多少学费。转眼间已经到了 10 月，也就是到了列出最终选校名单的时候了。在 10 月和 11 月里，你必须决定你将要申请哪些学校。在高三上学期，你要制订申请策略，使出浑身解数写出最好的申请文书，只有这样，你才能保证在第二年 4 月拿到最多的录取通知书。你明白了自己希望在一个学校里面得到什么，选择了符合你要求的一些学校，并且对它们进行了调研，但这并不意味着你现在就能确认哪些学校是你最喜欢的。你可以花更多的时间来继续研究你自己和那些学校。但选校的决定必须在一段时间内做出。现在，不论你是否已经准备好了，你都必须停止收集信息并做出一些决定。

　　在高二和高三之间，你可以研究大约 20 所你认为适合你的学校，这些学校的教育氛围和校园环境能够让你快乐，让你获得更大的成长和进步。此后，你要从中选择出一些学校来缩小这个学校名单的范围，选择的标准是录取的难度。只有选择你可能被录取的院校才有意义。

　　现在是你确定最终选校名单的时间了，这样才能在第二年 4 月拿到学校的录取通知并进行选择（若是早申请的话，在本年 12 月）。假如说你在最终选校名单上决定了大约 10～12 所大学，你下面应该做什么？你很快会发现，和其他所有科学家在收集信息时一样，你的研究永远算不上完整。人类学家知道研究一种文化时，总还有更多的问题需要了解。所以，你从这段时间一直到第二年 5 月 1 日缴纳学费定金之前，你还可以不断地对自己和学校进行了解。但是在高三的 10 月和 11 月，你必须缩小选校范围，并列出你最终的选校名单。

你最喜欢什么

当你看着 20 所学校的名单时,第一个要问自己的问题并不是"我能被录取吗",而是"我喜欢这所学校吗"。你对这所学校的校园文化有多少了解? 在这个环境中,你会最开心、也最有收获吗? 下一个问题才是"我能被录取吗"。以你的高中成绩来讲,你有机会进入这些学校吗? 你如何确保在第二年 4 月获得 2~3 个学校的录取通知? 你不能完全根据那些指南书上列举的录取分数和 SAT 考试要求来做出决定。那些数字是"大概分数",是由美国高中的"平均分数"统计而来。大学招生办主任会接收某个范围内的 SAT 或 ACT 分数。请记住,分数不能决定录取与否,但取得好的分数是申请任何一所学校的必要条件。同时,你所在中学的升学辅导老师可以帮助你确定以你的成绩可以被哪些学校录取。这就意味着他们可以告诉你,你从现在的中学进入大学的概率是多少;在过去几年中,和你同样分数水平的校友能够被哪些大学所录取。你可以将录取率作为你确定最终选校名单的重要参考依据。名单中的大学应该符合你各方面的要求,它们之间的区别只在于录取率不一样。而名单上同时列出八所常春藤大学无法构成录取率的差别。另外,你听说过的大学并不一定是好大学。有很多学校你并没有听说过,但是都非常优秀。你的选择范围是 2 400 多所四年制并已经获得认证的大学。制订选校名单的目的是为了最后选出 2~3 所你真正想去就读的学校。你就像在打一场艰难的球赛,你希望每一击都是有意义的。不要因为有些学校名称读起来不好听,就不予考虑。

十所最合适的大学:最终选校名单

现在让我们明确制订最终选校名单的目的:你不是在决定要去哪里上大学,而是要确保在第二年 4 月份能够拿到尽可能多的学校录取通知。看看你的选校名单,上面的学校可能都将在第二年 4 月份给你寄录取通知,那么你就需要更多地了解它们中的每一所。你了解得最多的学校也就是你最喜欢的。如果你的哥哥在约翰霍普金斯,你就会认为它是最好的。如果你最爱的大学球队在杜克或者圣母大学,它们就是最好的。不要只了解一两所学校,并想着你只能去比洛特学院或者维克森林大学。你需要最大可能地了解选校名单上十所大学中的每一所。

为了最好地了解名单上的所有大学,最好不要把它们进行优劣排序。如果

你想的是十所学校都是你最想去的学校,而不是第一想去、第二想去、第五想去和最后想去的学校,那么你在进行每所学校申请文书的写作时都会倾入最大的热情和最多的想法。很多高三学生惊奇地发现,他们并没有被他们感觉是第四、第五、第七或者最后的学校所录取。之后,他们了解到这些学校发现他们的申请比较马虎,也没有体现出他们对学校的兴趣。这个"不进行优劣排序"的策略会让你以最大的热情去写每一份申请,仔细地回答选校名单上每一所学校的问题。

热爱所有这十所学校,并让每一所学校的招生办主任都了解你对他们学校的巨大兴趣,这是你在高三4月份时能拿到最多录取通知的秘诀。4月份录取通知书纷至沓来的时候你会感到非常高兴——你赢得了数位招生办主任的心。如果在4月份以后甚至是已经拿到录取通知书以后,仍然以开放的心态继续收集信息,那么,你们中很多人将会为自己最终所做的决定而感到惊讶。

◆ 第一个要做的决定:早决定,早行动

大学和学院会以各种名义来吸引焦急等待的学生们早点申请,如"VIP申请"、"个人申请"、"及时申请"、"单一申请"、"有限申请"等。这是学校的营销手段。不要沉浸在"你必须早点申请"的口号里。对于刚开始申请的学生们,在你没有确定最终选校名单之前,不要考虑早申请。让我们想想,早申请对学校是很有利的。他们可以提前锁定能够缴纳全部费用的高分学生。但是,让我们来看看早申请不利的一面。你一定会问,我能有什么损失呢?你可以从另一个角度来考虑:早申请最明显的劣势在于,由于你无法提供高三的成绩和更好的SAT成绩,学校的评估只能基于你高二的成绩,并且学生决定学校和做出申请的时间减少了一半。

还有,如果你在12月底被学校拒绝或者延期,那么剩下来供你申请其他学校的时间就不够了。早申请最不利的一点是使学生的想法受到限制。学生的首要任务应该是调查大学的情况,了解不同校园文化的差异,像人类学家或科学家那样收集信息,进行研究,并在最后选出十所最合适的学校,而早申请的学生将没有时间去了解在他们心目中排第六位、第七位、第八位的学校。

第七章

申请短文

当你开始填写申请时,你会发现最耗费时间的是短文写作。申请中的大部分内容都可以在很短的时间内完成,甚至在做作业和进行课外活动之余就可以填完。但是短文却要花很多时间,需要反复修改润色,直到符合要求为止。一旦你的分数达到了学校的要求,短文就可能变成你申请里最重要的部分。我们需要时刻谨记,常春藤盟校院长最先承认他们在录取学生的同时拒绝了许多同样符合要求并且非常优秀的学生。招生委员会需要有一个依据来区别所有在分数上符合要求的学生,那就是短文,也就是在短文写作中所展现出的写作能力。

◆ 你是谁

你的申请短文顺理成章地就能把你和你的同学区别开来。招生办主任往往先阅读你的申请短文,然后才看你的成绩,在看你的成绩和所选修的中学课程的难易程度时,短文中所展现出的"你"会一直留在他们的脑海里。仔细思考学校提出的问题,并花上必要的时间来组织答案——这是你与招生委员会沟通的机会,利用这个机会展现数字背后的自己——一个真正的你。试想一下,这可能是唯一一个招生办主任没有特定期望值的文件,这是你大学申请中唯一还没有被记录在案的部分。从今天起,你可以开始准备这部分内容,写出一个独特的自己,就像你展现过去 12 年所取得的学习成绩一样。

◆ 短文写作

你的短文是区分你自己和他人的最佳机会。这是你展示自己思考能力和写作能力的契机,同时也是体现你性格、价值观、信念和抱负的机会。你的写作主题并不重要,当然你不能只是写一堆流水账。以下是哈佛大学的招生办主任

William R. Fitzsimmons 想要在你的短文中寻找的东西：你的思想深度、探索精神、开放式思维和你表达想法的独特方式。如果 William R. Fitzsimmons 是在你的短文中寻找这些内容，那么你可以确定，只要按照他的这些衡量标准去写，你就没有偏离大学招生办主任所要求的书写短文的正确思路。你不能只在短文里对事件或活动进行描述，还必须写出你从这个经历中学到的经验教训。无论你的短文从技术层面来看是否正确，你的创造性智慧与思维才是大学真正想要了解的。毕竟，他们已经知道你的英语成绩和考试分数，所以他们还想了解你用英语组织以及表达个人想法的能力。哈佛大学的 Fitzsimmons 建议说："你的想法、你把想法和事件结合起来的独特方式、你独特的文学学习方式以及你的精神生活是使你自己从众多申请者中脱颖而出的根本因素。"

你要从写作课堂上的短文写作过渡到具有个人风格的大学短文写作。我阅读过数百篇高三学生的短文初稿，我常常这样回答他们："英语老师会喜欢这篇文章。这篇文章写得很好，但我还是不了解你是谁。这是个非常普通的中国年轻人——'一切都会很顺利的，因为我如此努力地学习并且取得了很高的分数。'但实际上，你现在需要关注的是发生在你身上的事情：你如何与化学进行斗争，你怎样克服对考试成绩的失望，你怎样解决与好朋友之间的争执，你对中国诗歌的热爱。通过所有这些问题，你能表现出怎样的一个自己？在关于你自己的问题上，没有其他申请者会跟你有同样的观点！"

◆ 招生办主任在寻找什么

高三的同学们，请不要再写其他所有高三学生都会写的新闻热门话题或畅销书话题了！当发生重大的国内或全球事件时，比如地震或金融危机，成千上万的学生都会写这类事件。如果你选择写一件重大事件，请确保你要写出你从中学到了什么，而不是像其他所有关于这一主题的文章一样，只写发生了什么。我们要跟着招生委员的想法走，去看看一个典型的招生委员是如何审阅短文的。

想象一下：现在是下午 6 点 55 分，天黑了，而且下着雨。地板上放着半杯凉了的茶，边上落着一堆短文。主任刚刚在一天里阅读完 78 篇短文，并把它们放到了另一堆短文中。她周五晚上 7 点的约会已经迟到了。她强烈要求自己，"走之前再读一篇短文"，于是，她快速地浏览了你的短文。

如果是关于环境、社区服务或经济危机的短文，她甚至在不知道作者是谁时就已经开始厌烦了。想想看，招生办主任看过多少有关经济危机、全球变暖或者美国第一位黑人总统——巴拉克·奥巴马具有历史意义的选举的文章。如果你写了以上主题,她会很苦恼。但如果这篇"走之前再读一篇"的短文是关于电视剧《人人都爱雷蒙德》或《老友记》的,结果就会完全不同! 如果你的短文是关于国家、家庭、不公正或生命的目的的,那么最好要写得趣味横生! 因此,在你尚未开始写短文前,认真考虑一下最流行的话题,并尽可能回避这些话题。无论你是如何不确定,都要努力相信自己关于短文主题的想法。

短文中展现出的你

如何最大限度地利用好短文这个机会可以反映出你把握时机的能力,同时也展示了你在高中生涯中如何学会把握机会。此外,这也是一个表达自己的态度和对向往的校园环境的了解程度的契机。

你将有机会表达最熟悉、最值得骄傲的"自己"。短文所问的问题或你的短文主题并不重要。所有的大学都想知道相同的东西:这个 17 岁的孩子在想些什么? 他对自己了解多少? 他从这个给他提供了无限机会的社会里学到了什么? 他有着怎样的学习习惯? 他对知识的好奇心怎样? 他有多自信? 所有这些汇集在一个 17 岁的孩子身上,那他会是一个怎样的个体? 这些问题的答案可以从任何主题中体现出来。除了对事件的描述,你的短文必须写出你对这件事或活动的感想以及你从中得到的经验教训。换句话说,如果你要写你的父亲或祖母、你去年夏天环中国自行车之旅,或是你在金融危机期间所参与的社区服务工作,无论这一切多么富有戏剧性,都只能用一小段文字描述相关的人或事件,然后详细陈述你从这个人身上或这段经历中学到了什么,你因此有什么改变,写出你对自己、对世界、对其他人的看法。无论是什么问题,比如,对你影响最大的人或事,不是要求你写"谁"或"什么",学院招生办主任想知道这个"谁"或"什么"有哪些地方吸引你。你的申请短文可以证明你如何不同于你的朋友以及其他申请者!

大学短文的内容与写作技巧

- 定稿前需要打几遍草稿。
- 应用优秀写作应具备的所有准则。要简明扼要,富有趣味,第一句或第一段要引人入胜。请记住,"读者"将会阅读数千篇高三学生的申请短文。
- 字号大小适中,便于招生人员阅读。

● 缩短文章,不是缩短行间距,而是要按照学校规定的篇幅来缩短文章内容。大多数学生都觉得精简文章很难,你可以向英语老师求助。

● 不要尝试写你认为招生委员会希望看到的内容。他们不会去刻意寻找某些特别的东西,而是希望对你有进一步的了解。

● 主题不是非得富有戏剧性、怪异或不同寻常。你可以描写一项最普通的日常活动,或是你读到的一个故事。你所学到的、观察到的或是如何因此而产生了改变才是最重要的!

● 绝对不要在短文里解释为什么考试成绩很差,或你怎么知道下一次会考得更好。一篇试图为自己找借口的文章,无论多么有理有据,其实都只能突出自己的弱点。你的短文要始终描述自己的优势。

● 竞争越激烈的学校,通常就越注重短文。顶尖的高校都希望录取到文笔极佳的学生。

● 最重要的是,要时刻谨记英文不只用来应付英语语言课程! 要更好地运用你在课堂上学到的写作技能,实现从课堂写作作业到短文写作的过渡。要善于引用文学作品中你所阅读过的人物或事件。把个人陈述与文学作品融为一体是一种有趣的写作短文的方法。

运用以上技巧进行写作展现出的是一个独特的你——这个年轻人富有趣味,兴奋地期待着明年进入大学。不要让别人帮你写短文!专门从事短文写作的人,无论他们怎么写,写出来的东西都是他们认为学校希望看到的,而不是你的真实想法,而你的思想才是学校真正想了解的。要做好重写五六遍的准备。语法上没有错误不代表短文就能获得成功,记住,你的短文可能就是前面提到的在冗长沉闷的一天里招生办人员读到的第 79 篇短文。我知道你并不是个无趣的人。只是当你感到害怕或焦虑,或是听从别人的指示去写短文时,才会在字里行间显得过于焦虑不安。你发送的申请短文应该体现出真正的自己。做你自己吧,写出最真实的你,而并不一定要显得学术上最正确或最有道理。相信我,不——更好的是相信你自己!

第八章

申请材料

　　申请表是你与大学招生办主任的首次书面交流。在所有申请材料中,申请表处于最前线,所以要让招生办主任确定这是你的申请。因此,要确保你的申请表看起来足够出色,确保无拼写及语法错误,且书写工整。申请表的填写是表现自己的一个重要机会:证明你的思路清晰,富有创造力,而且能力出众。让我告诉你为什么申请表的填写如此重要。每个人都会告诉你,要赢得招生办主任的青睐,大学申请短文(即平时中国学生说的"自我陈述")的写作至关重要。确实如此,每个人都知道这一点。但很多人还没有意识到,申请表可以像短文一样富有创造力。招生办主任要读成千上万份申请,因此,你的申请必须引人注目。我并不是说你们要以奇怪的方式表现自己,而是要通过展现"你是谁"来吸引人的注意。我告诉我的学生填写申请的策略是:不要写大学能为你做什么(例如,为你提供优秀的生物课程,因为你和其他人一样,希望进入医学院),而要写你能为大学做些什么。学校寻找的是一个强大的新生团体,是全球每个高三学生都希望进入的团体。招生办主任想要的是一个能在求知欲、出版、音乐、学生管理、运动、创造性思维以及艺术等方面为大学提供高效领导力的新生团体。招生办主任阅读你的申请是为了对你进行评估,看看你是不是大学的合适人选,具不具备他所寻找的上述领导力。如果你在高中阶段曾组织学生参与省级或地区级社区服务,那么一定要突出这一点。让我们进一步看看准备十个有望让你进入大学的申请表的必备步骤。

◆ 整理申请材料

　　在高三学年的 10 月前,登录大学的官方网站,下载所有能找到的申请表。这样可以确保你知道每所大学的最新官方的截止日期。登录 www. nameofcollege.edu，能找到大多数大学的信息。

现在该组织申请了。你已经做了决定。在经过充分的研究并收集了资料后，你已经有了最终的选校名单。写下每所大学的录取要求和截止时间，包括考试要求、申请截止时间和助学金申请表。截止时间包括每所大学要求的中学成绩单（SSR）、申请短文、面试以及教师推荐信等材料的截止时间。整理一个申请文件夹，把你的 SAT、IELTS 或 TOEFL 成绩以及相应的考试注册号放入该文件夹，之后，在相应的文件夹上写下给大学寄送这些材料的负责人的名字，包括寄出中学成绩单的老师、负责寄送推荐信的老师，并标明由自己寄送的材料——申请表、ETS（美国教育考试服务中心）提供的考试成绩单以及助学金申请表。确保把所有寄给校方的信函以及与招生办主任交流的邮件副本放在相应的文件夹里。每个大学所对应的文件夹中还应放入你对该大学的调研结果。

通用申请表

通用申请表可用于 350 多所大学。使用通用申请表，一定要保存原件且保证副本清晰易读。

申请数量

如果你要申请的学校大多数是美国前 150 所名牌大学，那么，你应该计划申请十所你在录取上具有竞争实力的学校。

填写申请表

当你看到各种各样不得不填写的申请表时，可能会认为一遍遍地填写那些问题既浪费时间又很枯燥。当然，它们看上去并不像是能轻易让你获得录取的文件，而这正是我要表达的观点。要想你的申请不同于那成千上万份枯燥无味、看上去一模一样、读起来让人昏昏欲睡的申请，有一个方法：那就是将枯燥的申请表变得有创意。你可以在申请表的很多地方凸显自己。其中一个原则就是不要在申请表里留下任何空白。如果要求你填写学术荣誉而你又没有，怎么办？如果你实在没有东西可填，就在空白处画一条短线，这样招生办主任就会知道，你已经看过这个问题。

申请表中课外活动部分为你提供了很多展现自己的空间。记住：不要反复强调你在初中参加过的、但现在已经很久不做的活动。迪肯森学院招生办主任 Stephanie Balmer 指出，大学希望申请者能长期参加两三种课外活动。招生办主任试图从你的课外活动情况中了解你是怎样利用课余时间的。他想知道你的领导能力、参与性以及你在活动中所投入的时间。花点时间考虑考虑这些问题。美国大学招生办主任们总是试图测试你的性格，通过你分配时间的方式和你的价值观，他们能对你的性格有个大致的了解和掌握。如果你热爱跳舞和舞蹈设计，就不需要花大量时间填写申请表的所有空栏，而要着重描述你花在跳舞上的时间以及在这方面的领导能力。

当填写你的课外活动时，考虑一下应该写些什么。想想下面这些问题：你很出色吗？有多出色呢？你跑步吗？跑得有多快？你演奏音乐吗？你能演奏哪个级别的音乐？你演戏吗？是什么样的剧本？演什么角色？你在运动、出版、艺术表演上各花了多少时间？你喜欢写作吗？在哪里发表过文章？你的文章获过国家级奖项吗？你需要填写所有细节，比如演出了什么角色以及你们的小组有多优秀、你实现了多少目标等等。要让你从其他合格的申请者中脱颖而出，细节是关键，因为它可以让大学对你有一个清晰、全面的认识。没有细节描写，大学是不会录取你的。

在申请表中写下令你着迷的、你在短文中没有提到的事情。换句话说，把申请问题当作一种引导，而不是严格按照他们的要求来精确地回答某些问题。

创造性地回答简短问题

申请表中通常有简短问题这一项，要求用一个段落或者更短的篇幅来进行回答。大多数学生忽略了这些问题，其实这是另一个让你突出自己并提高录取可能性的机会。

你为什么要申请巴德学院？或巴布森学院？或鲍登学院？这类问题是要知道你对大学有多深的了解，以及你对大学做了多少研究。作为一直对该校园文化进行数据收集的"人类学家"，你将能很好地回答这些问题。有时候会有这样的问题：你期望你的专业是什么？你有什么样的职业规划？绝对不要选"还没决定"或"你不知道"选项。那么，你可能会有这样的疑问，如果我还没有决定，也不知道，该怎么办呢？与中国学生不一样，大多数美国学生不能决定或不知道是因为他们要到大学二年级末才选择专业。

记住，你并非一定要知道将学什么专业，但是，你要让招生办主任深入了解真正的你。打个比方，如果你不知道选择什么专业，那就说说你知道的与其相关的东西，例如，目前外语是我最喜欢的学科，也是我最享受于其中的一门学科，虽然我不知道选了这门专业以后会是什么样的。家里的每个人都说我应该当医生，因为我热爱生物和化学，但我只知道我想学习更多的自然科学知识，我不清楚在大学里我会最喜欢哪一门自然科学。我喜欢学术性的学科，但是我不得不承认，目前我对音乐最感兴趣。我不想去音乐学院或音乐专科学校，但我希望在大学里能够有很多接触音乐的机会。明白我的意思了吗？如果你选择"还没决定"选项，那就等于失去了机会。相反，招生办主任可以从你对自己的了解当中更深入地了解你。

　　总之，申请表是你展现自身亮点、确立自我特质的机会。通过申请表，你能表明自己重视什么、如何支配时间、最喜欢什么学科，以及如何能在简短的篇幅里很好地表达自己。很多学生会错失这个让他们与众不同的机会。如果你能像重视短文写作那样重视你的申请表，那么你一定会给招生办主任留下深刻的印象。他们非常害怕阅读某些高三学生寄送的乏味的申请，他们对那些富有创意的申请情有独钟。所以，像写申请短文那样，在申请表里体现出你自己的声音和个性。

补充材料

　　大学申请包括你填写的材料以及由别人寄送的材料。补充材料包括考试成绩、中学成绩单、期中考试成绩单（高三第一学期分数）、期末考试成绩单以及推荐信。你要负责把这些材料寄给招生办主任。下面看看寄送这些材料的相关事宜：

考试成绩

　　你负责向大学提交你的SAT成绩、SAT科目考试成绩以及你从ETS（美国教育考试服务中心）得到的官方成绩，如IELTS或TOEFL成绩。如果你没有在SAT或ACT注册表上列出你的大学名单（成绩将被免费寄到你所指定的四所大学），那么你必须打电话或在线获得成绩单、注册号（可以在你邮件里收到的蓝色学生副本里找到，里面包括你的成绩）以及你所申请的大学的学校代码（可以上网查找，也可以在SAT注册公告上找到）。

中学成绩单

　　大多数申请者要提供中学成绩单、期中以及期末考试成绩单。在这些表格的最上面填上你的姓名、地址、高中所学课程,然后把它交给你中学的工作人员。这些材料将由你的中学在截止日期前邮寄到你申请的大学,其中包括以下内容:

1. 成绩单(包括课程和分数)

2. 考试数据(非官方的),由于只有来自 ETS 或 ACT 的成绩才是官方的,所以许多中学就不再寄送 SAT 和 ACT 成绩

3. 带有你中学负责人正式签名的中学推荐信

4. 中学简介(学校描述、班级考试成绩信息、平均成绩、班级分数分布,以及以往班级里的学生被哪些大学录取)

5. 有些中学把教师推荐信和成绩单一起寄送给大学,或者老师会通过在线提交的方式单独寄送教师推荐信

教师推荐信

多数大学要求一封教师推荐信,有些要求两封。你一定要找最了解你的老师为你写推荐信。有时大学会明确指定某位老师为你写推荐信。尽量找两位来自不同学术领域的老师为你写推荐信。下面是你需要做的:

1. 问问老师能否为你写推荐信。

2. 给老师一份表格,让他们按照大学的要求来填写。你还需要提供每所大学的邮箱地址和截止日期,同时要保证老师有充足的时间为你写推荐信。通常情况下,老师只写一封推荐信,然后把它寄给每所大学。或者,他会针对每所大学各写一封。所以要询问清楚,因为他们期望你能在所有申请中使用这些推荐信。记住:老师有很多推荐信要写,如果你不提前请他们写(比如提前三个星期),那么他们到时就很有可能无法抽出时间来写你的推荐信了。

3. 你被学校录取后,要告知老师,并感谢他们为你写推荐信。千万不要忘记这一点! 他们很乐意为你写推荐信,同时他们也想知道你的录取结果。

其他推荐信

如果有些地位高且喜欢你的人,比如政府官员、你妈妈的老板、你爸爸的同事、学校实验室里负责监督你夏季科学项目的带头人等为你写推荐信,这会使你备受瞩目。但是不要寄没有价值的推荐信,除非推荐人和学校有某种特殊的联系。大多数情况下,读这些"情书"仅仅是在浪费宝贵时间。他们本可以利用这些时间来更好地阅读你写了什么、你的班主任写了什么,以及你的中学为你写了什么。另一方面,请地位高且与某所大学有着牢固联系的人为你写推荐信,将使

你在很多合格的申请者中"鹤立鸡群"。牢固的联系,包括大学董事、大学校长的朋友以及给大学捐献了很多钱的校友等。如果你的父母曾经就读于你所申请的大学,这也是一个牢固的联系。如果你姐姐目前就读于西北大学,那么你可以让她在2月中旬去招生办公室说明你的情况并告诉他们你是西北大学的合适人选。如果你妈妈毕业于布朗大学,或者你爸爸毕业于威斯康星大学,那他们的推荐信就能起到不同凡响的作用。推荐信要简短,一页就够了。寄送推荐信比打电话要好,因为推荐信将被放入你的申请文件夹里,供多位招生人员阅读。在2月,招生人员忙于阅读成千上万份申请文件,电话很容易被忽视。你曾经就读于该大学的父母应该写写你的事情以及他们对该校园文化的了解,换句话说,他们要说明你是学校的合适人选。他们最了解你,所写的关于你的情况都是大学无法从其他人那里了解到的。所有这类关系信件应该在情人节左右寄到(2月14日,另一个"赢得芳心"的方法),这离录取时间比较近,所以招生委员不会忘记,但是也不能太晚,因为那时他们有太多工作要做,是记不住去整理那些信件的。

中国申请者常犯的错误

1. 如果要每位招生办主任谈谈中国申请者常犯的一个错误,那就是寄了太多的补充材料。招生办主任一再强调不要寄证明书、荣誉证书、证书复印件以及中文成绩单复印件等材料,这些中文字对他们来说无异于天书。学生为他们所取得的成就感到骄傲,他们一路过五关斩六将努力学习才取得这些成就。但问题是,如果申请人都寄送了大学不需要的补充材料,就会妨碍评估工作的顺利进行。不寄多余的材料反而会让你显得与众不同,而这正是你所希望的。

2. 很多中国的同学和家长都难以相信的一个事实,就是光靠考高分并不代表会被美国大学录取。很多人宁愿错误地相信,不断地参加考试培训,就可以增加自己被名校录取的机会。如果你的SAT考试三项分数都达到700以上,接下来大学在乎的就是:你是谁? 你的个性、你的兴趣、你的特长。大学的招生官可以从你说的话和你大学申请材料的文书里,判断出你的种种特点。

3. 也有中国家长相信,随着来自中国申请美国大学的人数增多,美国大学也会随之扩招。这个想法是错误的,因为美国大学喜欢来自不同背景的学生,没有一个大学喜欢课堂上充满了同一个国家的学生,当然也包括了美国人!

申请截止日期：早期申请、滚动申请、正常申请

过去大多数学生都在同一时间申请大学，这就是正常申请。时代已经发生了变化，现在大多数学生要么进行早期申请，要么进行晚期申请，也就是说，或者尽早申请，或者在 5 月 1 日候补名单有了结果之后再进行晚期申请。许多公立学校有滚动招生计划，一年中任何时间都可以录取。你不需要知道其他人怎么做，你只要选择一个最适合你的策略就可以了。

早期行动（EA）

首先，早期行动是指 11 月上旬或者中旬进行申请，你将在 12 月中旬收到早期决定，但是如果你被录取了，不一定要去注册（当然，你也可能被拒绝或者延迟）。比较著名采用 EA 的大学包括波士顿学院、芝加哥大学、乔治城大学、麻省理工学院、圣母大学等。

限制性早期行动（REA）

哈佛大学、普林斯顿大学、斯坦福大学、卫斯理安大学和耶鲁大学等，都曾经采用（EA）早期行动录取方式招生。现在他们改成早期行动单一选择，也就是REA。一旦同学们参加了 REA 计划，就不能够同时申请其他大学的早期行动录取（EA）。波士顿学院、乔治城大学，还有其他几个大学都采用类似 REA 的做法，所以你必须随时和大学联系确定他们对早期行动录取的最新规定。申请早期行动录取的风险，就是你有可能因十一年级的成绩而被拒绝，大学看不到你十二年级的成绩，来决定是否再度录取你。

早期决定（ED）

早期计划中你听说得最多的就是早期决定。你在 11 月上旬或者中旬申请并在 12 月中旬收到早期决定。如果你被录取了，你就必须进行注册并且撤回其他所有学校的申请。当然，你也有可能被拒绝或延迟。越来越多的大学提供第二次或者"晚期的"早期决定，也就是 1 月进行申请，2 月得到录取结果。

让我们思考一下早期决定计划。近年来，有更多早期计划，名称各不相同，比如"Priority"、"VIP"、"Snap Aps"、"即时决定"、"申请人选择"计划，还有某些特殊计划和各种你能想得出来的计划。有这样一种说法，进行早期申请能降低录取难度。未必！顶尖大学的早期计划申请比正常申请的竞争要激烈得多。很少国际学生提早被录取。无论是 ED、EA，或是 REA，都不是国际学生的优势。因为除了可能来不及准备好所有的成绩之外，你需要更多时间来选择合适

的大学。另外一个原因就是,如果你没有被提早录取,你被这一所大学正式录取的概率,将由75%降到只剩下5%。因为他们已经阅读过你的申请材料,并且知道你没有被录取。

滚动招生

滚动招生是指只要申请人的申请文件完整,招生办主任就开始评阅申请人的材料并作出决定。这个过程一直持续到班级的学生招满为止。采用滚动招生政策的大学通常在六个星期内作出决定。公立大学通常采用滚动招生,但通常会将国际学生的录取决定留到春季公布,且每年的具体时间不一样。一些大学认为完整的申请文件应该截止到高二结束,但也有的大学需要高三第一学期的成绩单。许多州立大学有滚动招生计划,而且学生趋向于早申请,因此一些大学的宿舍可能在1月的时候就开始入住了。对于滚动招生来说,越早越好。如果你已经决定了最终要申请的大学名单,比如印第安纳大学、密歇根大学、宾夕法尼亚州立大学和威斯康星大学,那么,就应该在11月1日前完成申请。应该像对待早期决定的截止日期那样对待滚动招生。

◆ 寄送申请

完成申请表后,你要以邮寄或邮件的形式将它们发送到你申请的大学。你的中学将为你寄送成绩单,但是你要告诉中学每所大学接收分数和成绩单的截止日期。不管你的中学什么时候寄出你的成绩单,你一填完申请材料就要第一时间寄出。确保学校能在截止日期前收到你的申请材料,并记住在寄出之前复印一份以作备份。当然也存在例外情况:一些大学要求你的中学为你寄送申请材料。一些大学会寄给你一个大信封并要求同时寄出你的申请材料和中学成绩单。那样的话,你的中学将为你寄出你的部分申请材料和中学成绩单。

第九章

面 试

大多数中国学生将不会在大学校园里被面试,只有很少一部分人会得到被大学驻中国代表或大学在中国的校友面试的机会。如果你没有面试,请不用担心! 学校并没有期望中国学生来大学面试。事实上,如果从家到学校的路程超过三个小时,大多数美国学生也不会去参加面试。针对那些参加面试的学生,无论是在中国、在大学校园还是通过电话面试,都可参考以下技巧。

◆ 口语

当你同招生办主任或学校代表面试或交谈时(通过面谈或电话的形式),口语都很重要。面试或交谈通常会出现在以下场合:大学展览会、大学接待会或大学信息交流会,抑或是招生办主任访问你所在的城市或你去大学校园参观时。如果你得到和你所申请的大学面谈的机会 CAI(College Application Interview),无论如何你要把握机会! 美国大学近年来收到很多来自中国学生的假材料,通过CAI 的面谈,可以认证你的材料是否和你的真实情况匹配,而不是透过第三方作假。有关 CAI 的信息你可以通过以下网站了解:www.ciee.org/cai。

◆ 面试是否重要

每个大学的面试政策不尽相同,所以你必须和招生办主任确认如下问题:(1)国际学生需要面试吗? (2)我需要到哪里参加面试? (3)面试结果会被评估吗? (4)是否大多数国际学生都要参加面试?

如果你需要参加面试,请不要害怕。把它当成是一次交谈。这不是一次拷问或是在寻求什么正确答案。你在面试中所说的一切对你来讲都必须有意义。如果某个问题让你感到非常不舒服,那么就说一些你所了解的与它相关的东西。

如果你不愿意谈某本书的读后感,而愿意讨论你通过阅读日报而熟知的时事,那就把话题转到你最了解的事情上吧。无论面对的是什么类型的面试,你的目标总是相同的:(1)使自己与众不同,(2)表明你对这所大学的热衷。

要准备一些有关学术界的事实材料,还要能列举出事实,从而展现你对音乐、戏剧、运动或出版等领域的特殊爱好。准备一些在网上找不到答案的难题去询问面试官。在竞争激烈的学校里,申请者是否表现出对大学的强烈兴趣是他们在录取过程中越来越看重的一点。

◆ 面试技巧

提前研究一下学校的网站,以便在面试前能了解学校的主要方面。准备一些有关该学校的细节问题。做好准备谈论你的优势和特点及有待改进的地方,以及你的兴趣和特殊才能。请记住,面试是一次双向的交流。努力把面试当成一次谈话,而非问答环节。下面有一些提示供你参考:

● 不要嚼口香糖,应表现出你对面试人员的尊重。

● 注意你的语言。尽量使用正确的语法,但不必担心每处措辞的恰当与否。请记住,如果面试官说中文,他们也同样会犯很多错误!

● 你父母会比面试官更重视你的着装。你不必为面试盛装打扮。只需记住,一个好印象总会大有益处。一身干净休闲的学生装就很好了,但不要穿有裂口的破牛仔裤,看起来要沉稳。准时到达,并紧紧地握手(中国学生一般不习惯紧紧握手,所以请事前练习看看!)。不管坐着还是站着,都要挺直身板,充满自信和快乐。尽量不要表现出忧虑和不快,等到情绪放松下来再向面试官提问。

● 面试是你向大学推销自己的大好时机。要与面试官成为朋友,直视他的眼睛,在谈话中切忌拐弯抹角。保持放松。不要刻意地给出他们想要的答案,要确信面试中没有"正确的"答案,面试也没有什么"正确的"方向,他们只是想通过面试对你有更深的了解,而他们最想知道的就是你的学习态度。下面这些问题,是面试官所关注的:你有没有幽默感?你能不能克服困境?在得到糟糕的成绩后你是否能够很快振作起来,还是会对老师极度不满并放弃学习?你对这所学校了解多少?你能利用这所学校的各种学习机会吗?你对入读这所学校有多大的兴趣?你将如何融入校园文化?当你离家独自生活时,将如何处理你的时间和生活?你将如何管理自己的课余时间?你有着怎样的价值观?你可以对学校作出什么贡献?你越喜欢自己,面试官(以及其他人)也就越喜欢你!

● 谈话中你必须做到诚恳、目标明确。他们可能会问到下面这些常见的问题:这所学校有什么吸引你的地方? 你想要在大学里得到什么? 你有着怎样的学习目标? 我们为什么要录取你? 你希望对我们的大学有什么贡献?

● 不要为自己不好的成绩找借口,或告诉他们下学期你将如何去做得更好,这只是一厢情愿的想法。从你的强项入手。例如,谈谈你对阅读、运动的爱好,对一个美丽校园的向往,对经典名著、网络(不包括游戏)、政治活动的热衷,谈谈你家人让你引以为豪的地方、你的成就、你的驯狗技术、你的暑期学校经历、你在运动方面的奖项,还可以谈谈你最喜爱的报纸及报纸中的版面,或者你的生意。

● 聆听问题并直接回答。这很困难,但尽量不要保持沉默。整理你的思路,告诉招生人员你非常渴望进入这所大学以及你喜欢这所大学的哪些方面。

去面试时一定要清晰地记住自己的目标:突出自己,并让招生办主任清楚地知道你非常想去这所大学。相信自己。大学想通过面试对你进行了解,如果与招生办主任的这次对话让你感到很舒服,那么你可以肯定自己做得很好。

第十章

被列入候补名单

　　高三学生听到和读到太多关于早行动、早决定、早通知、早优先、限制性早期行动等早这个早那个的谈论了。但是他们很少听过在5月、6月或7月,有时甚至晚至8月时自己被列入了候补名单。学校不愿意谈论这个问题,他们也不在信息交流会上向学生和家长介绍有关候补名单的信息。但是,你应该了解这个候补名单,因为新生班级里的很大一部分人都来自这个名单。在来年4月学校来信通知你被列入候补名单之前,你就应该了解这个名单的情况。在你决定留在候补名单上之前,请记住候补名单上的国际学生很少可以成功地被录取,而能得到助学金的就更少了。同时,你必须确定在5月1日前寄出押金,同时附信向学校表明你的想法和诚意。即使你在一所学校的候补名单上,如果你给它寄了押金,也可能会去这所学校就读。

　　假如你还不能肯定是否想去把你列入候补名单的学校,你可以想想如果被这些学校录取了,你想做些什么。你可以在这些学校和你已交了押金的学校之间做选择——所谓交了押金的学校就是指你已经被录取而且在5月1日前交了押金的学校。很多学生都问过这样一个问题,我在这里一并回答吧:如果你在候补名单中被某所学校录取,你也不是非去那里不可。

　　你有可能出现在两所学校的候补名单上。但假如你只留在一个候补名单上,你就要尽最大的努力争取被录取。尽最大的努力意味着你不仅要寄回回执卡表示接受候补资格,而且还要写一封信,连同那张回执卡一起寄回学校。在那封短信中,告诉招生办主任没有被录取很令人失望,并给出一个学术上的原因,说明你为什么依然对该校感兴趣(譬如卫斯理安,讲讲它在学术上吸引你的地方,而不是你热爱康涅狄格州或者你最好的朋友就读于此)。在信里添加一些学校不了解的新内容,包括提供最新的成绩(如果成绩提高了的话),寄送你在申请学校之后所写的一首诗、一个短故事或者发表在学校报刊上的一篇文章。最后，以你希望 9 月能进入该校结束这封短信。写这封信的时候，要假设你将从候补名单上被录取。最近几年，尽管大多数学校都会在 6 月 30 日前截止候补名单中的录取，但一些候补名单上的录取发放会延到 7 月。如果你最终决定要去把你列入候补名单的学校，那就坚持下去，每两周给他们寄一些东西（但不能过于频繁，不要疯狂地寄送过多材料），而且在给招生办主任写信时，保持热情高涨，为能从候补名单中被录取尽自己最大的努力。

如果你在开始时能高度重视申请，那么现在也不要松懈，更不要半途而废，要全力以赴，充分发挥你的创造力。学校在寻找各种理由决定要录取候补名单上的哪些学生，而给他们什么理由就取决于学生自己了。

从候补名单中被录取，就像是在加时赛中胜出，既充满极大的挑战，又充满乐趣。

第十一章

申请助学金

作者:Jenny Rickard 博士,布林莫尔学院招生和助学金办公室主任

在美国,大学教育可以说是一项重大的投资。如今许多最优秀、最有声望的美国学院和大学每年的花销都超过了 5 万美元。你可以计算一下——四年的总数超过 20 万美元！我们需要了解的一点是,虽然美国院校的助学金项目种类繁多,但是如果你是一个国际学生的话,要获得资助,竞争是非常激烈的。美国顶尖大学更愿意提供"基于需求"的助学金,即根据你的家庭能够给你支付教育费用的能力来判定是否向你提供资助;而不是"基于学术成绩"的助学金,即根据你的学习成绩来判定。要获得"基于需求"的助学金,你需要填写一份申请。当你看到这个申请表时,可能觉得很复杂,但其实填起来并不那么难,因为你和你的家人应该知道那里面所有问题的答案。在这一章中,我们把这一申请过程分成七个步骤,让你逐一了解。同时,还为你提供来自大学助学金办公室的一些内部建议,让你获得助学金申请的技巧。

◆ 如何申请助学金

1. 计算出你将能够为你在美国四年的教育学习付出多少钱。在美国学习的花销不仅仅是学费。在美国上学将要花多少钱呢？你和你的家庭能有多少经济来源呢？当你计算上学的花销时,要将所有费用都考虑到,包括入学申请的费用、学费、住宿费、从家里到学校的往返旅费,而且不要忘记还有个人的开销,如衣物、书籍、卫生用品、电话费等。最后,记住,你要把这一年的费用乘以四才是所有的开支。在美国许多好的学校中,四年的总费用如今已经超过了 20 万美元。如果你的家庭不能负担所有的开销,你可以申请助学金,那么你需要继续读完这个章节。

2. 通过到目前为止你从本书中获得的建议,给自己制订一张选校名单。如果你在美国读书时需要申请助学金,那么这张名单上就应该包含那些给国际学生提供助学金的学校。

3. 找出你所申请的学校要求国际学生填写哪种助学金申请表。许多学院和大学使用美国大学理事会国际学生助学金申请表(ISFAA),还有一些学校要求填写他们自己的助学金申请表,而另一些则要求两份申请表都填写。如果你采用的是书面申请,那么你不用支付任何申请费用,从大学的网站上就可以下载申请表格。确认你在网站上能找到那些他们需要的申请表格以及上交的最后期限。对每所学校来说,这些表格并不总是完全相同的,而且个别学校的要求每年都在变。美国大学理事会在 2010 年首次给国际学生提供了网上申请助学金的机会,但不是所有的院校都接受这些网上申请,因为这个过程是需要学校付费的。因此,再次强调,仔细查阅你所申请的学校网站。

4. 负责助学金申请的工作人员希望学生和他们的家庭能够准确地、按时地完成并提交申请表格。你和你的家人将共同完成这个表格。助学金申请表格中包含下面这些问题:

(1) 家庭成员的组成

(2) 家庭收入来源

(3) 你将如何支付来美国的交通费用

(4) 你的家庭财产,包括投资、房地产和储蓄

(5) 家庭的一切债务

(6) 每年在房租、食物、衣物、保险、教育、娱乐以及其他事项上的花销

(7) 你申请时的货币兑换率

(8) 你在美国学习的费用来源,包括你自己、你的家人、亲戚和朋友、政府、其他奖学金、机构和基金以及私人赞助

(9) 文件,诸如税单、雇主的信、银行证明或者其他信息,用来证明你在表格中提供信息的准确性

5. 在截止日期之前提交你的申请表以及其他辅助材料。在提交了助学金申请表之后,你通常会收到来自学校的一个通知,告诉你他们已经收到了申请并且告知你假如他们缺失了任何信息,会直接与你联系或者在网上发布一个列表单。有时候,工作人员会问你一些问题或者要求更多的辅助材料。确认你已经提交了你常用的电子邮件地址,因为电邮通常是用来沟通的最便捷的途径。当

工作人员给你写信时，一定要尽快回复。

6. 收到助学金授予通知。你实施了以上所有步骤，向适合你的学校提交了申请，学校录取了你，并向你提供了助学金。如果你有才华而且特别幸运，获得了好几份录取通知和助学金，那么你可能会发现不同院校所提供的助学金是不同的。这是因为不同的学校使用不同的公式和程序来计算助学金金额，而且各个学校的预算也是不同的。另外，一些学校建议国际学生进行一些贷款，有些则不会。因此，你需要弄明白你能获得多少助学金、多少奖学金、贷款部分是多少，以及校园工作的所得。你把所有的这些都加起来，把它从整个费用中减掉，你就知道你要支付学校多少钱了，而且你可以看到它与你在申请表格中所提供的数字是否接近。在大多数院校中，这笔奖金在这四年中将是同样的数量。假如你真的想去一所大学，但是另一所学校提供的助学金比它高，或者你所支付的费用不一样，那么你可以与你想去的这所院校的助学金工作人员联络，要求他们再次评审你的申请。这样做不会有任何不妥。但是，助学金工作人员通常会认为，为了到美国来学习，学生及其家人应该都愿意作出一些牺牲。

7. 接受你的助学金。一旦你决定了要到一所大学报到，你将需要接受学校提供的助学金，账单寄出后助学金额就会存入你的账户。这个一般视学校而定，有的要求你寄出一个表格，有的则需要你在线接收。

接收到了助学金之后，就完成了助学金申请过程，然后你将进入签证过程。当你在进行这七个步骤的时候，还要谨记来自助学金工作人员的一些内部提示。

◆ 来自助学金办公室的十大内部提示

每一所院校向国际学生发放助学金时是各不相同的。不过，虽然相关规定、截止日期以及申请程序不同，但是有些内部提示是所有助学金工作人员都认同的：

1. 做调查。记录下申请截止时间和申请需要填写的表格。这样，你就可以很清楚地知道不同的院校都分别需要什么表格及其关于申请时间的要求。

2. 如果你有足够的钱来支付在美国四年的大学学习并且能用文件来证明，建议你不要申请助学金。有时候，即使人们有足够的钱来支付学费，也还要申请助学金，因为他们不想花那么多钱。也许他们想买另一幢房子、一辆新车或者去度假。那些提供"基于需求"的助学金的学校是非常慷慨的，它们同时也期望学生和家属为了学习机会愿意牺牲一些奢侈的东西。

3. 如果你清楚地知道自己无法负担四年的学业费用，那么一定要申请助学金。有时候，那些真正需要助学金的学生认为他们不应该申请，因为他们不想毁掉进入学校读书的机会，毕竟申请助学金的竞争很激烈。不幸的是，对那些学生来说，如果他们真的被学校录取了却没有足够的费用，那么他们将很可能得不到签证，或者有时候学校会因此收回入学许可。大多数学校不允许在录取之后申请助学金，因为在那之前它们的助学金分配已经结束了。

4. 提供所有要求的信息和文件，并且要及时。申请截止时间是不能延长的。

5. 学校期望你为自己的教育作出贡献。助学金工作人员愿意看到，你有对自己的教育进行一些贡献的愿望，即便不是很多。如果你真的做不到的话，那么你在申请表提供的信息中应该表明。

6. 如果你有赞助者、朋友或亲戚资助，需要提供文件证明。有时候，学生会有一些慷慨的朋友、亲戚或赞助者愿意为他们的教育贡献一些钱，学生会将他们作为资助来源列入申请表格中。有人资助，却没有文件证明，这会让助学金工作人员很紧张。因此，确保提供文件证明，让他们明白所有的这些都是有根据的。

7. 你需要能够支付四年的大学费用。大多数学校仅允许国际学生在入学申请的时候申请助学金。所以，你第一年所得到的助学金和其他三年是一样的。

8. 如果你所在国家的货币汇率变化了，不要期望学校会因此改变你的助学金。大多数院校不会因为货币汇率的变化而改变他们提供的助学金。也就是说，学校不会因为你们国家货币对美元的汇率有所增长而减少你的助学金，也不会因为汇率有所减少而增加你的助学金。

9. 助学金工作人员不喜欢讨价还价。他们很乐意和你一起商量你的助学金额，并且当他们了解到你的更多情况，还可能会作出调整。但是他们不喜欢与那些不想支付费用的学生和家长讨价还价，因为这些学生和家长有收入和财产，但却不愿意多支付一些。美国大学期望你能够坦率、诚实地和他们交流，就像他们诚实地对待你一样。

10. 回答问题始终如一。一些学校的入学申请表格中需要你回答你能为你的大学教育支付多少费用。这个回答的数字应该和你在助学金申请表格中填写的数字一致。

根据以上七个简单的步骤以及这十条内部提示，你可以顺畅地开始你申请美国大学的助学金之路了。在你浏览关于助学金的相关网站（www.finaid.org）

或其他一些资源时,你会发现许多术语和条款,其中有一些本章中都提到了。以下的这些术语或条款对你进一步了解申请过程很有帮助。

入学和助学金申请的重要术语和条款

助学金相关术语

● Total Cost of Attendance:学费、住宿费、书费、车旅费以及生活费,这些就是助学金工作人员给学生制作预算的基础。他们还要计算需要提供给你多少助学金额,然后加上你和你的家人所能支付的那部分费用,才能达到总的开销。

● Need-Based Aid:此助学金是根据你和你的家庭要为你在美国学习支付多少钱来决定的。院校提供助学金用于补给你和你的家庭所能支付的费用,这通常被称为"家庭预期支付费用"。

● Merit-Based Aid:这种助学金是根据你的学术成绩以及你的个人才能来分配的。你的家庭财务状况不是其必要参考因素。

● Expected Family Contribution(EFC):这是院校在审阅了你的助学金申请信息后,计算出你和你的家庭所能支付的费用。EFC 加上你申请到的助学金应该等于你的全部开销。有的时候,你在申请表中陈述的可以支付的费用可能与学校得出的 EFC 是不同的。

● Grant Aid:这是"基于需求"的资助,它等同于一种奖学金,不需要你偿还。

● Scholarship Aid:这是"基于学术成绩"的资助,你不需要偿还。它由你所就读的院校或外部机构颁发。

● Loan:这是一种经济资助,可以从学院、大学或一个校外机构贷款。不管哪种来源,这种经济资助都是需要偿还的。如果你确实需要从校外贷款,那么通常你需要一个来自美国的担保人。

● Work or Campus Employment:这种经济资助是指在校园中打工来挣取学费,但这不能减少你的学费。学校为你提供工作,你要用挣来的钱支付相关费用。

● Financial Aid Package:这是一种组合形式的经济资助,包括津贴、奖学金、贷款以及学校提供给你的工作。从全部费用中扣除掉这一部分就应该等于你的家庭预期支付费用,即 EFC。

入学申请条款及相关术语

在大多数情况下,你的经济状况将对你申请美国学院和大学有一定的影响。

因为学校在助学金预算方面有限制，而且国际学生没有资格申请美国联邦贷款或津贴，因此资助国际学生是大学的一个重要财政支出和负担。所以，大多数学校所能分配给国际学生的助学金额是有限的，因此学校会把学生支付学习费用的能力作为一个考虑因素。事实上，大多数学校限定他们分配给学生的助学金额时并不考虑他们的国籍。当你向美国的学校提出申请时，有一点非常重要，那就是你需要了解你的申请材料将被如何审阅。下面的条款和术语描述了不同的录取惯例，指导助学金的分配。

● Need-blind Admission：执行这种惯例的学校在对学生进行评估时，只基于其学术成绩和申请材料。学生支付学习费用的能力并不被纳入考量范围。如果学生被这类学校录取，他们将获得足够的助学金进行大学学习。在美国仅有七所院校对国际学生实行"Need-blind Admission"：阿默斯特学院、达特茅斯学院、哈佛大学、麻省理工学院、普林斯顿大学、威廉姆斯学院和耶鲁大学。不要认为这些学校不考虑学生支付能力的因素，就认为它们比较容易进入。比起可能已经在你名单上的那些看重学生支付能力的学校来说，它们甚至更难进入，即使你不必直接与其他国际学生在助学金申请方面竞争。

● Need-sensitive，Need-conscious，或 Need-aware：在美国，非常多的学院和大学在国际学生（以及美国公民）入学时是要考虑其支付能力的。他们将审阅所有学生的入学申请，录取那些排在前面的学生。一旦他们给国际学生分配了他们全部的助学金预算，就将不再接受任何国际学生，即便学生是符合入学要求的。这样做的原因是，对学院和大学来说，资助国际学生是更加昂贵的，因为国际学生不能申请美国联邦贷款或津贴。最后，在助学金申请方面为你送上一句话：如果你确定自己没有助学金就不能在美国上学，那么你就要提出申请。

第十二章

签证办理程序

作者:Jenny Rickard 博士,布林莫尔学院招生和助学金办公室主任

现在你已经获得了学校的录取通知书,无论你是自己出资,还是拿到学校的助学金来完成学业,你的下一步都是:申请留学签证。如果你已经向学校提供了准确的信息并且按照下面的步骤来操作,那么签证的办理程序就会变得很简单。在提交入学押金以后,就到了申请签证的时间。

这一章节将通过九个部分来教你获得美国 F1(学生)签证。同时本章也会告诉你申请签证的一些小技巧,就像本书介绍的其他技巧一样,所有这些都取决于你的调研、及时有效地完成申请表格和一贯诚实谦逊的态度。本章的最后总结了一些在申请签证过程中的常见术语。

◆ 获得签证的九个步骤

下面的九个步骤可以帮助你获取 F1 签证。就像申请助学金一样,如果你按照每个步骤进行操作,签证申请的整个过程将变得清晰、明确。请注意,美国驻中国大使馆规定只有在美国大学开学的前 120 天才可以办理学生签证申请及面试。而且,多长时间可以申请到签证也是有一定限制的。在大使馆的网页上,可以查看到最近的签证申请时间和面试安排。

为了确保在最快的时间内申请到签证,很重要的一点就是要及时按照以下九个步骤进行申请,不要把时间推迟到最后一刻。

1. 从学校获取 I-20 表格(非移民学生签证申请表格:这是获取学生留学身份的有力证明)。一般只有在你提交了入学押金并完成了所有表格申请和资金证明后学校才会发放 I-20 表格。务必确保认真阅读学校国际学生项目办公室发给你的相关信息,因为不是所有的学校都用同样的方式发放 I-20 表格。

2. 缴纳 SEVIS(学生和交流学者信息系统)费用。这个系统将会及时地跟踪学生信息并更新学生的 F-1 签证信息。学生 F-1 签证的 SEVIS 费用是 200 美金。这笔费用涵盖了整个系统的支出和维护。在你去大使馆面谈前就要提交这笔费用。你可以上网在线缴纳这笔费用或者下载一份 I-901 表格,网址是: http://www.ice.gov/sevis/i901/index.htm。为了获得 F-1 学生签证,你必须要知道你的学院专业代码,同时也要从 I-20 表格中知道你的 SEVIS 号码。

3. 确保你的护照处于有效期。如果你的护照在进入美国后的六个月就会过期,那么你需要办理一个新的护照。如果你没有新的护照,你需要在进行下一步操作前办理一个。

4. 在线填写 DS-160 表格。登录网站 https://ceac.state.gov/genniv/务必按照要求填写确认页上的相关信息,填写完成后会生成一个带申请编号(application ID)的信息确认页,即 confirmation page。该确认页是去大使馆面签的时候必须携带的。

5. 注册登记申请信息。所有签证申请都必须从登录网站 http://www.ustraveldocs.com/进行在线登记,或通过预约中心进行登记而开始。在没有登记前,申请人无法支付申请费,也无法预约面谈。当申请人在 http://www.ustraveldocs.com/网上系统登记后(或通过预约中心),就能获得了一个 CGI 参考编号,该编号是网上支付或者现金支付签证申请费的前提条件。

6. 缴纳签证申请费。当申请人完成在线注册(或通过预约中心)并获得 CGI 参考编号,同时获得 DS-160 表格信息确认页的申请编号后,就可以缴纳签证申请费了。申请人可以通过在中国发放的任一借记卡在线支付,或者用银联借记卡在任一中信银行取款机上支付,或者在任一中信银行分行柜台现款支付。支付成功后,会产生一个收据号码(Receipt Number)发送到指定邮箱,凭该号码就可以在线预约签证面谈时间了。

7. 签证面试。至少提前半个小时到达大使馆。你将独自去面谈,不允许亲人和朋友陪同。根据以往获得签证的学生来看,你等待签证的时间有时需要三个小时,这是最难熬的部分。务必确认你已经进行了以上这些步骤并准备好了所有必需的表格和文件:

★ 在有效期内的护照

★ DS-160 签证申请确认页

★ 学校发的 I-20 表格

★ SEVIS 费收据

★ 签证申请费收据

★ 资金证明,包括助学金和其他资金来源。后者包括父母收入证明、存款证明、股票信息、亲属资助和银行账户证明。大使馆还有一个关于提交材料的书面陈述,它将会告诉你需要什么具体的材料。多带些签证的材料总是好的。

★ 学校的录取通知书、语言考试成绩(TOEFL、SAT)、学习成绩单和简历。美国大使馆的签证官希望看到能证明你英语能力的相关材料。再次强调,多准备些签证材料要比少准备好。

★ 在美国的学习计划

★ 提供有力的回国计划。在这部分,你要说明你的家庭和其他方面对你的影响,并要承诺在完成美国的学业后,将回到中国生活。

8. 开始面试。在你等待了近三个小时后,你将和签证官进行一个简短的面试。有的时候只有短短的 5 分钟。签证官要了解以下几个方面:你是否具备到你所申请的美国学校进行学习的资格,你是否能讲足够流利的英文,你是否有充足的费用完成四年的学习,以及你完成学业后是否会回到中国来发展。如果你准备好了所有的材料并很诚恳地回答问题,那么你就已经为签证做好了准备。现在你唯一需要做的就是听签证官的问题并认真回答。千万不要死记硬背你事先准备好的答案,签证官不希望浪费时间听这种回答。

9. 获得签证。你只要按照上面所有的要求和指示来操作,获得签证对于你来说就不是问题。你的签证和护照将会在五天内邮寄给你。现在你就要全力准备去美国学习了。

签证过程中的小技巧

希望以上内容能够使你的签证过程变得顺畅。就像入学申请和助学金申请一样,我能给你的最好建议是:要遵循签证政策的指导,及时完成签证表格的填写并始终保持诚实。在进行整个操作的过程中,要记住以下一些小技巧:

1. 登录 http://beijing. usembassy-china. org. cn/index. html,你可以随时随地查看到新的签证信息。伴随着形势的变化,签证政策是不断变化的。你可以从美国大使馆网站上看到最新的政策消息。你不需要花钱从其他人那里得知什么"内幕"消息,所有你需要知道的信息都可以从这个网站上查询到。

2. 要按照学校的国际学生项目工作人员的指示来进行每个步骤的操作。

在这个过程中有任何问题,你随时可以向他们询问。

3. 签证面试的时候要带上所有的资料。签证官要确保你的所有材料的真实性,所以尽可能携带原件。另一方面,签证官需要了解的是:你是一个优秀的学生,接到了美国大学的录取通知,你能够支付得起四年的学习生活费用,并会按时回到中国。如果你有学校给你的信件或者邮件,这将会对你的签证非常有帮助。要记住,材料越多越好。

4. 保证诚实。签证官需要知道你的真实情况。他们都是专家,能够鉴别学生是否在说谎话。说谎只会使你的处境变得非常不利。如果你没有足够的能力支付去美国学习的费用,你就会有很大的麻烦。一旦你到达美国,绝大部分的学校不会向你提供资金帮助。如果你的英语讲得不够好,那么对于你来说也是一个很大的问题,这会导致你将不能很好地完成学业。所以最好诚实对待所有问题,而不要因为说谎付出惨重代价。这样你就为获取签证做好了全部准备。一定要记住,签证前要做好充分的材料准备,及时地提交材料,并且保持诚实,那么对于签证这一关你就不用担心什么了。

签证术语

在签证过程中,你需要查找并完成很多表格。下面我将给出关于这些表格的简短概括:

F-1 签证:这是一个签证类型,在美国进行全日制本科学习需要此签证。它准许你在整个全日制本科学习期间停留在美国。

I-20 表格(非移民学生签证申请表格——针对学术学习和语言学习的学生):这是学校提供给你用于获得签证的一个表格。一般来说,一旦学校确认你要加入到该学校学习,并且有一定的经济来源来维持四年的学习,就会发给你这个完整的并且有签名的表格。

SEVIS(学生和交流学者信息系统):这是一个针对 F-1 学生签证的跟踪系统。你要为这项服务支付相关费用。

I-90 表格:完成这个表格,证明你已经缴付了 SEVIS 费用。

DS-160 表格:这个在线表格将用于你的签证申请过程。

第十三章

给明智父母的建议

——对父母的挑战

◆ SAT 考试的恐惧

　　比起儿女,父母对孩子的出国留学有着非常不同的担忧。父母们更担心的是他们的孩子即将离开温室前往千里以外的美国学习、生活,所以类似"我的孩子将去哪里呢"的问题给父母带来一种将要失去孩子的恐慌。当然,还有金钱的问题。"这一切会物有所值吗? 如果孩子上的大学不是常春藤之一的话,我真的愿意将足以使我的经济状况近于崩溃的 20 万美元花在这项教育投资上吗? 我的孩子在没有任何朋友或亲戚的地方会安全吗? 他知道他真正想要的是什么吗? 该什么时候讨论职业生涯的规划问题呢? ……"那么现在咱们从哪里开始分析你们的关注点呢? 我看还是从你的儿子或女儿要离开家前往美国大学开始吧。

　　有时对于身为父母的你们来说,在 2 400 所美国大学中给孩子找所顶尖大学是你最想为孩子做的一件事。你们中可能有些人认为这就意味着美国排名前50 的大学。其中有些人的头脑中可能只有常春藤,或者前三:哈佛、普林斯顿和耶鲁。第一次听到这个信息的人可能会吓一跳:普林斯顿大学会拒掉76% SAT单项成绩在 750 到 800 分之间的申请者。这些超高 SAT 分数之后还有一个统计数据:在 1 534 名班级排名第一的顶尖学生中,只有 495 名会被普林斯顿录取。想想看,1 000 多名顶尖学生在申请普林斯顿时会收到拒绝信。但如果从另一个角度看就会有令人鼓舞和振奋的发现:你的孩子并不是必须取得一个完美无缺的考试成绩才能进入普林斯顿,分数与录取并没有直接联系! 美国大学想要的大学新生要具备比高分成绩更多的优势条件。

　　这个事实对中国父母以及其他国际学生的父母来说确实不容易理解。那么试着这么看这个问题：如果你的孩子仅凭所取得的成绩（SAT、IELTS 和 TOEFL以及学校成绩）就能成功进入所申请的顶尖大学的话，那么只有一个可能，就是这些大学只看分数不看其他条件，显然这是不可能的。但事实上顶尖大学不是仅靠分数来衡量学生的能力的。大学在审核几千名申请者时，也就是所谓的"入学申请库"，只会录取其中的几百人。他们会把一些吸引他们的中国学生分出来作为考虑的对象，放入可能被录取的新生群之中，而在新生群中考试成绩的分数范围其实是很大的。大学最想了解的是学生运用大脑思考的能力。顶尖大学录取工作人员比较感兴趣的是申请者能做什么以及在取得了高分数成绩的优势下他们会选择做什么。工作人员在申请表以及申请材料中最想知道的一个答案是：申请者通过取得高分和各种奖项学到了什么？

对于一个有进取心的，取得 SAT 阅读 650、数学 700、写作 650 的学生来说完成大学学业是不难的。大学的录取委员绝对不会做的一件事就是比较两个申请者，然后说："噢，除了宁宇在阅读上高出 30 分外这两个人的分数完全一样，所以我们选择宁宇好了。"录取人员被问过大量类似的问题，好像学生与家长所能考虑到的只有分数了。

科尔盖特学院招生办主任曾经告诉我，"在筛选出够资格的学生后，我们通常还有上千名申请人来竞争 500 个录取名额，然后我们会依照这些问题来进行选择性判断：这个孩子有什么样的思想？ 他是如何进行思考的？ 他是个怎样的学习者？ 我们要找的学生要能提出最具建设性的问题，而不是仅仅给出我们正确答案。"

▶ 招生办主任的观点

让我们从招生办主任的角度来了解他们在寻找些什么，以便更加了解大学录取的竞争情况。当我问哈佛大学招生办主任 Fitzsimmons 他在寻找什么、关注什么时，他只是点了点头，好像我问了个错误的问题，然后说："任何方面，我们关注任何方面。"这意味着申请者首先要有合格的课程修习、在校学习成绩、SAT分数；接下来，招生办主任要找的是一个有吸引力的大一新生，这个新生要能完全符合和适应学校的校园文化。招生办主任会考虑这样一些因素：申请者对课程的选择；学习的深入，尤其是数学、外语和科学；以及冒险精神，特别是学生并不热衷的学习领域。当招生办主任打开文件夹浏览时，很多学生马上以超级明星的姿态脱颖而出。我倒不是说出众绝伦的申请资料有什么不好。我想在这里解释一下。想想要当一个冠军运动员都需要些什么。让我们以一个田径运动员或游泳健将为例:我们关注数据——身高、体重、时间、速度以及之前几次赛事间的成绩差距,但同时我们在冠军身上寻找的还有动机、自制力、领导力、对待输赢的态度、对各种天气的适应力,以及对严酷竞争压力的应对能力。数字不足以说明一切。价值、态度和行为必须是考虑因素,而事实上也是如此。

如果顶尖学府更看重某一种能力的话,那就是写作了。难道不是吗?毕竟,写作能反映出一个人是如何思考以及如何表达自己的。好的写作的意义远大于技术性的对或错。一篇文章可以是没有错误而平庸的,事实上绝大多数文章都是这样的。但顶尖学府要找的是不寻常的作者:字句流畅,思想丰富,逻辑严密——一个与众不同的论证体系;或者,作者如何从独特和创新的角度来看待大千世界中的自我。老师可以激发学生所有这些潜质,但是还是需要年轻人自己去体验和尝试后才能在这些方面发光、出众。别忘了,进入世界顶尖学府的学生是人类中的佼佼者。他们的 SAT 成绩从 650 到 800 不等。其中一些甚至还低于这个分数。

大学还关注什么呢?除了寻找吸引人、有求知欲、聪明的学生外,大学还需要人来维持整个大学社区的运转。一个招生办负责人是这么回答这个问题的:"如果我需要一个大提琴手的话,呵呵,我想我会找到一个的!"除了管弦乐团的位置外,其他一些必须填充的空缺也成为学院招生的优先考虑因素:传统、出版方面的人才、学生领导者、种族和性别问题专家、国际学生、中国学生、有社会影响力的人士和捐款者的孩子、体育队以及乐团的成员等等。录取也必须符合种族和地域多样化的要求:大学不会把所有国际学生的名额都给一个国家,中国也不例外。

上千名受人瞩目的年轻人中只有那些最终会成为世界某个领域的领导者的人才会被美国顶尖学府所录取。他们的能力和认知力都是从家庭和高中生活中孕育而生的。真正评价一个高中生价值的途径是看他如何度过教室外的生活。顶尖大学的申请者是一群有着极强求知欲与自我约束力的年轻人,他们在电影制作、奥林匹克运动会、国际社区服务、软件程序开发、地区英语竞赛、诗歌朗诵、大学科学实验、戏剧角色扮演以及音乐创作等方面已经有所成就。你的孩子在写申请文书时的任务不是陈述他或她在高中学习中如何突出自己并获得各种奖项,而是要体现他或她从自己的努力学习和所取得的成就中学到了什么。这些是美国大学想知道的。你的儿子或女儿从中所学的东西会直接影响他们会去哪里深造。

◆ 开放思想才能赢

事实证明,在竞争如此激烈的领域中要做的第一件事是扩展视野,了解在数百所优秀大学中哪些是你的孩子应该选择的。研究本书中学校的简介会让你知道大学的一些信息,你也可以在线浏览学校的网页。一定要开阔思想,同时帮助你的孩子也这么做。千万不要这样想:"她只能去布朗。"我真不想告诉你在4月份会有多少失望甚至心理失衡的家长在次年的春节后回来说:"我的孩子真是太适合在斯基德莫尔大学或德雷塞尔大学念书了。"我们与家长有过很多交流,让我来给你一些建议:试着忽略媒体的大肆宣传——头版头条的新闻、美国大学排名,等等。试着把重点转移到你儿子正在经历的申请过程中去,鼓励他发现自己想要的和大学里都有什么。父母有责任让孩子在研究大学时保持开阔的思想。这个责任听起来容易,但履行起来很难。我们一定都听说过几个顶尖的美国大学。我们常常会认为,我们听说过的学校要比那些没有听说过的好,毕竟市场宣传的学校看起来都不错!但是,当父母们意识到市场宣传的蒙蔽性和盲目性时,就能够尽可能地抵制大学名声和排名的干扰。他们也会开始问:"这所学校如何? 适合我的孩子吗? 我的孩子去了这所学校后会有什么收获?"

◆ 申请过程是铸造性格的过程

你肯定听说过并且知道让孩子和你一起完成他们的申请是多么重要,在这个过程中他们会感到一种责任感和独立性。毕竟是孩子要在未来的四年中去美国学习、生活,他们应该参与进来,并且为此负责。申请过程是艰难的,但这却是一个铸造性格和力量的过程。上帝才会知道你的孩子需要什么样的性格和勇气才能在异国他乡度过第一年——但是很确定的是他们需要这两样东西。

◆ 良好的心态造就成功

无论你是个多么出色的父亲或母亲,在孩子高中最后一年的3月份时一种无法克制的焦虑必然会多多少少给你带来影响。找孩子学校的主任谈谈心会使你心里踏实些,但想必不会永久起作用。事实上,没有任何人能帮助你,而唯一能减轻你焦虑的东西就是一封大学录取信。我经常告诉父母们在这个阶段要试着减轻思想负担,转移自己的注意力,可以出去多锻炼一下,跑跑步,游游泳,就算是遛个弯儿也会有帮助的。无论你处理焦虑的方式是什么,在 2 月与 3 月之前一定要调整好心态,因为接下来的每个环节都需要你的支持和参与。

除此之外,一定的幽默感和乐观也是必要的。也许在 2 月和 3 月间的"申请恐慌症"让你坐立不安,正常的逻辑处理方法此时似乎行不通了——在如此焦虑的情况下,幽默和乐观的态度也显得无能为力。申请过程冷酷的一面在于你无法得到任何保证——直到拿到录取通知书的那一刻为止! 与你的孩子并肩作战会使你的家庭关系更加紧密和温馨,不要太在乎结果。毕竟,一家人亲情的增进比其他任何事都要难得,不是吗?

第 二 篇
美国最好的本科院校介绍

美利坚大学 American University

地址:4400 Massachusetts Ave., NW.

网址:www.american.edu

　　　Washington, DC 20016-8107

电话:001-202-885-3620

邮箱:admissions@american.edu

　　如果你想有机会在国会山实习,那就来美利坚大学吧。美利坚大学的使命是让7 000名学生通过学校教育的多样性来了解世界,这其中6%是亚裔美国人,还有来自150多个国家的478名国际学生,学生遍布世界各地。美利坚大学的寇德商学院、通信学院、国际服务学院和公共事务学院都享有盛誉。商学、国际关系和新闻学名列最受欢迎专业之列。与就体育这个在课堂和宿舍里的常见话题进行交谈相比,美利坚大学的学生更热衷于对政治问题和社会问题进行讨论。在参与"和平队"的大学中,美利坚大学的参与排名位于第12。大约30%的学生加入兄弟会和姐妹会。在社会生活方面,与校外周边学校间进行的活动与校内活动同样丰富多彩。美利坚大学为国际学生提供了3 048 240美元的资助。如果你喜欢美利坚大学,建议你也查一下波士顿大学、布兰迪斯大学和乔治·华盛顿大学的相关信息。

阿默斯特学院 Amherst College

地址: Amherst, MA 01002

网址:www.amherst.edu

电话:001-413-542-2328

邮箱:admission@amherst.edu

　　阿默斯特学院是一所典型的美国顶尖文理学院。学校有1 800名学生,其中10%为亚裔美国人,还有174名国际学生,97%住校。学校采用小课堂讨论和辩论的教学模式,而非传统的大教室讲授、多测验的形式。学生选择阿默斯特学院的原因在于他们想学习并探索各自的学术兴趣,而不是为今后的就业做准备或彼此之间进行竞争。最受欢迎的专业包括经济学、历史、政治学以及英语专业。学校没有研究生院和兄弟会。体育对很多学生来说很重要,约 3/4 的人都会以参加校代表队、校内团队、俱乐部的形式来进行各级别的体育运动。

阿默斯特学院坐落于一个非常美丽的新英格兰小镇。对于学生来说,幸运的是,周围还有数千名来自其他学校的学生。他们经常在北安普顿的酒吧、餐厅里碰面,彼此进行交流。尽管这所学院被公认是预科型学院,但你仍会发现校内有 10% 的亚裔美国人和 9% 的国际学生。学院每年花费 7 189 588 美元对国际学生进行资助。如果你喜欢阿默斯特学院,建议你也查一下鲍登学院、科尔盖特学院以及威廉姆斯学院的相关信息。

亚利桑那州立大学 Arizona State University

地址: Box 870112, Tempe, AZ 85287

网址:www.asu.edu

电话:001-480-965-7788

邮箱:askasu@asu.edu

亚利桑那州立大学并非处于戈壁,而是位于美国西南部的一个沙漠绿洲中。作为美国西南部最大的公立研究型大学,学校有 56 500 名本科生,其中 6% 为亚裔美国人,1 783 名国际学生,和 7 450 名研究生。学校有数百个专业,实力最雄厚的有商业、地球科学、工程学以及人类学。学校的会计专业因其受雇于美国顶尖会计师事务所的毕业生数量而声名远扬。学校的行星科学系进行火星研究,本身也是美国国家航天航空局的创建机构之一,在美国的行星科学研究方面处于领先地位。护理专业和新闻学在校内也是名列前茅。住宿方面,仅有 21% 的学生住在校内,大多是大一新生,约 18% 的学生住在兄弟会和姐妹会宿舍内,其余学生或者住在校外公寓,或者在校外合租房屋。校体育代表队非常强大,男子队在棒球和高尔夫球上赢得最多奖项,女子则在田径运动和垒球方面获得诸多荣誉。数以百计的俱乐部以及由兴趣相投的学生组成的小团体经常开展丰富多彩的社交活动。很多学生有车,周末他们会前往科罗拉多滑雪、去南加州的沙滩游玩,或者去大峡谷国家公园度假。亚利桑那州立大学每年为国际学生投入

1 776 418 美元的资助。如果你喜欢亚利桑那州立大学,建议你也查一下加州大学洛杉矶分校、加州大学圣地亚哥分校以及得克萨斯大学的相关信息。

巴布森学院 Babson College

地址: Babson Park, MA 02457

网址:www. babson. edu

电话:001-781-239-5522

邮箱:ugradadmission@ babson. edu

巴布森学院是美国最顶尖的以商科见长的两所本科学院之一。它距离波士顿 11 英里,紧邻威斯利学院的高尔夫球场。学校有 1 900 名本科生,其中 13% 为亚裔美国人,537 名国际学生,另外还有 2 000 名研究生。最有实力的课程包括会计学、经济学、创业学和国际商务。一直以来,巴布森学院极为注重创业学。创业学指的就是对创建公司及小型企业进行研究。大一新生会被分为若干商业小组,学校会在第一年给予他们一定的启动资金进行创业。这些机构大多都能盈利,所获盈利通常被用于小组所钟爱的社区服务项目。

大约 84% 的学生都住在风格独特的宿舍里。宿舍带有一流的餐厅,有美味的亚洲美食,比如寿司。学生还可以利用多功能烹调灶充分发挥创意,用丰富、新鲜的原料自制亚洲美食。约 10% 的学生参加了兄弟会和姐妹会。大学前两年的社交生活主要集中在校内,而后的社交逐渐扩展到与波士顿地区数千名大学生一起参加红袜队(Red Sox)棒球赛、凯尔特人队(Celtics)篮球赛,以及在酒吧和俱乐部共度时光。他们也参加全美大学运动联合会二级联赛(Division II)的赛事,如橄榄球、篮球、棒球。在学校里最受欢迎的运动是排球和冰球。学院每年为国际学生提供 1 116 700 美元的资助。如果你喜欢巴布森学院,建议你也查看一下本特利大学、波士顿大学商学院以及宾夕法尼亚大学沃顿商学院的相关信息。

巴德学院 Bard College

地址: Admissions, Annandale-on-Hudson, NY 12504

网址:www. bard. edu

电话:001-845-758-7472

邮箱:admissions@ bard. edu

巴德学院坐落在哈得孙河边的乡间,距离纽约市北部约 2 小时的路程。学院以浓厚的自由主义学习气氛著称,辩论是学生日常生活中最重要的组成部分,他们的辩论话题范围广泛。学院还以其音乐表演专业和音乐会而著称,其绚丽夺目的音乐厅是由著名设计大师 Frank Gehry 亲自设计的。学院有 2 000 名学生,其中 3% 为亚裔美国人,还有 259 名国际学生。学院开设了多种多样的文科专业,实力最强的系有政治学、人权学和美术。最受学生欢迎的专业有英国文学、视觉与表演艺术、音乐。校长 Leon Botstein 是美国交响乐团的指挥,由此可见音乐生活对巴德学院的影响之大。大部分学生(75%)住在校园里,其余住在校园附近。校园内有 70 个俱乐部,大多数社会活动围绕小型兴趣团体和辩论队展开。学院每年为国际学生提供 9 007 137 美元的资助。如果你喜欢巴德学院,建议你也查看一下贝茨学院、欧柏林学院以及卫斯理安大学的相关信息。

巴纳德学院 Barnard College

地址:3009 Broadway, New York, NY 10027

网址:www. barnard. edu

电话:001-212-854-2014

邮箱:admissions@ barnard. edu

巴纳德学院是所女校,位于纽约市曼哈顿区哥伦比亚大学内,与街对面的哥伦比亚学院共同分享着课程、运动、艺术以及友谊。学院拥有自己的招生办、师资、宿舍、运动队以及实验室,是所独立的学院,但与哥伦比亚大学共享主要的研究设备。巴纳德学院学位由哥伦比亚大学颁发。人类学、诗歌、科学和写作领域的许多杰出人才都毕业于巴纳德学院。学院有 2 400 名学生,约 30% 为少数族裔,其中 16% 为亚裔美国人,还有国际学生 138 名,90% 住校。学院最受欢迎且实力最强的专业有心理学、英语和经济学,其次为政治学、艺术史和生物。学校的医学院有着杰出的教授和先进的实验室,因此生源不断。学院的女生是一群具有艺术气质、崇尚自由、有很强进取心的年轻女子,就像这个城市本身。此外,学校的专业性学院在写作、音乐、戏剧和舞蹈方面开设了特别课程。学校的领导力培训项目还开设了创业学、商学和决策学方面的课程。巴纳德学院每年投入

439 438 美元对国际学生进行资助。如果你对巴纳德学院感兴趣,建议你也查看一下布林莫尔学院、纽约大学以及宾夕法尼亚大学的相关信息。

贝茨学院 Bates College

地址:23 Campus Ave., Lewiston, ME 04240

网址:www.bates.edu

电话:001-207-786-6000

邮箱:admissions@bates.edu

贝茨学院是一所开放式小规模文理学院,位于美国东北部缅因州。校园风景秀丽。学院以其学生的自由开明作风享有盛名。在校园里,小班学生组成一个团体共同努力,多数社交活动也都在校园里展开。学院约有 1 750 名学生,其中 7% 为亚裔美国人,105 名国际学生,93% 住校。贝茨学院不要求 SAT 成绩,只需要 TOEFL 或 IELTS 成绩。学院实力最雄厚的系包括经济学系、生物系和心理学系,最受欢迎的专业有经济学、英语语言和文学、政治学。选择本校的学生大多因为学校拥有平等社区的历史传统,没有兄弟会以及入会限制严格的俱乐部,还因为在校时,他们能享受到同学之间如家庭成员般的亲密友谊。贝茨学院提供一个月的国外学习机会,2/3 的学生都有机会在毕业前前往 70 个不同国家进行学习。

该校学生参加全美大学运动联合会一级联赛的冰球赛以及三级联赛的其他比赛。广受欢迎、实力不凡的校内项目包括极限飞盘(排在首位),其次是橄榄球和篮球。校园里有 100 个俱乐部。学生的日常生活丰富多彩,经常参加一些全校规模的社会活动、宿舍聚会和小组聚会。贝茨学院每年投入 3 715 456 美元用于资助国际学生。如果你喜欢贝茨学院,建议你也查看一下哈弗福德学院、路易克拉克学院以及欧柏林学院的相关信息。

比洛特学院 Beloit College

地址:700 College St., Beloit, Wisconsin 53511

网址:www.beloit.edu

电话:001-608-363-2500

邮箱:admiss@ beloit. edu

比洛特学院是一所文理学院,位于美国中西部威斯康星州,距离有着40 000多名在校生、位于麦迪逊的威斯康星大学45 分钟的车程。学院的绝大多数学生(94%)都住在这个大家庭式的学生社区内,他们通过小班规模的讨论与辩论进行学习。学院有1 400 名学生,其中2% 为亚裔美国人,119 名国际学生。比洛特学院最具实力的系包括人类学、经济学、外语和创意写作。最受欢迎的专业有心理学和人类学。

校内有 80 个俱乐部,20% 的学生都加入了兄弟会。社交生活主要以小规模聚会的形式围绕着进行兴趣小组和社会服务活动(如"仁人家园")展开。校内有很多全校规模的社会活动,尤其是在音乐方面,经常有乐队在校内演出。比洛特学院的学生经常参加全美大学运动联合会三级联赛的赛事,其中最负盛名的是男子橄榄球和女子排球。75% 的学生都参与校内运动,尤其是极限飞盘、橄榄球、篮球和排球。比洛特学院每年为国际学生投入2 309 970 美元的资助。如果你喜欢比洛特学院,建议你也查一下巴德学院、马卡莱斯特学院和欧柏林学院。

本特利大学 Bentley University

地址:175 Forest St., Waltham, MA 02452
网址:www. bentley. edu
电话:001-781-891-2244
邮箱:ugadmission@ bentley. edu

本特利大学是全美最好的两所只专注于商学的本科商学院之一。学校位于山顶,比邻波士顿,拥有殖民时代风格的建筑和高科技设施,每天都有开往剑桥哈佛广场的往返大巴。学校有 5 700 名学生,其中有 510 名国际学生,7% 亚裔。约 80% 的学生住在校内宿舍,10% 加入兄弟会的学生住在校园内的兄弟会宿舍内。本特利大学授予全球商业与文化、文科等文学学士学位,同时在 11 个不同商业领域授予理学学士学位,包括会计学、管理学、法律与税法、金融以及信息技术等。国际研究、金融和媒体领域的课程最具实力。学校的国际商务课程享有盛名,学习国际商务的学生会被授予信息管理方向的国际理学学士学位。93%的学生在四年的大学期间都有实习经历。

校园里有 100 多家俱乐部和各种组织,它们中的多数都关注商业问题。体育方面,女子篮球尤为出色,男子高尔夫和男女网球校队也实力不俗。一半以上学生参与校内运动,尤其是夺旗橄榄球和街头曲棍球。学校会给 30% 的国际学生提供相当于 1/2 学费的优胜奖学金,每年约 1 214 473 美元。如果你喜欢本特利大学,建议你也查看一下巴布森学院、东北大学和宾夕法尼亚大学沃顿商学院的相关信息。

加州大学伯克利分校 University of California：Berkeley

地址:110 Sproul Hall #5800, Berkeley, CA 94720

网址:www. berkeley. edu

电话:001-510-642-3175

邮箱:ouars@ berkeley. edu

加州大学伯克利分校是美国最具竞争力的州立大学,坐落于伯克利的一座小山顶。伯克利是一个著名的大学城,乘地铁就能到达美丽的旧金山。单单名字就意味着该校是最优秀的州立大学,与顶尖的私立大学齐名。学校有约 25 500 名本科生,其中 41% 为亚裔美国人,2 423 名国际学生,还有 10 300 名研究生,35% 住校。学校的建筑和工程学吸引了全世界最聪明、最刻苦的学生。伯克利的物理、数学和化学都是全美顶尖专业,而英语、历史、经济学这些文科专业以及商学开设的课程能够与其他任何学校的职业预科研究型课程相媲美。伯克利分校与常春藤盟校、斯坦福大学、杜克大学和西北大学的不同之处在于班级规模,其基础课程会有 500 多名学生参与。学校很少对新生进行介绍与指导,因此学生必须非常独立才能顺利度过第一年的时间。学校保证为大一新生提供住宿,但从大二开始大多数学生必须搬到校外。

约 10% 的学生加入兄弟会和姐妹会。大多数的社交生活在校园内或伯克利大学城开展。在伯克利,有机健康餐厅、酒吧、咖啡屋比比皆是,而且还有精彩的现场音乐表演和激烈的政治辩论。橄榄球和篮球是主要运动;男子体操和划船则是冠军项目。尽管学校有组织的校内运动没有其他大学那么火爆,但学校的健身中心很受欢迎,几乎每个人都积极参与健身。如果你喜欢加州大学伯克利分校,建议你也查一下哈佛大学、加州大学洛杉矶分校以及斯坦福大学的相关信息。

波士顿学院 Boston College

地址:140 Commonwealth, Chestnut Hill, MA 02467

网址:www. bc. edu

电话:001-617-552-3100

邮箱:admissions@ bc. edu

从波士顿市中心到波士顿学院乘地铁只要 20 分钟。学校坐落于郊区一座小山上,是众多学生最理想的学习之地。波士顿学院吸引了众多既刻苦学习又热衷于参加观赏性运动等体育活动的聪明学子。学校有 9 000 名学生,其中 70% 是天主教徒,10% 为亚裔美国人,还有 330 名国际学生。学校有四个学院:艺术和科学学院、商业管理学院、护理学院和教育学院。化学、经济学和金融是学校最优秀的课程;通信、金融、英语和政治学是最受欢迎的专业。学校的音乐和剧场艺术也很受人关注。学校教授得到学生的高度评价,教授在课堂上进行大量的讨论并与学生互动。大多数学生在前三年住在校园里,第四年住到校外。

男子橄榄球和女子曲棍球都是校队运动项目,常常赢得冠军。整个学校都热爱体育运动,多数学生积极参加校内 42 种不同的体育项目,从篮球到滑雪再到高尔夫,种类繁多。学生可以不上课去观看波士顿马拉松赛。校内没有兄弟会,社交生活多围绕体育赛事进行,如职业棒球。很多学生都是波士顿红袜子棒球队(Boston Red Sox)的铁杆球迷。很多学生会去结识波士顿市区的其他大学生,从而丰富他们的社交生活。如果你喜欢波士顿学院,建议你也查看一下福德汉姆大学、乔治城大学以及圣母大学的相关信息。

波士顿大学 Boston University

地址:121 Bay State Rd. Boston, MA 02215

网址:www. bu. edu

电话:001-617-353-2300

邮箱:intadmissions@ bu. edu

波士顿大学正处于波士顿中心地带,它是美国最大的私立学校之一,也就是说学校学生数量众多,但班级规模小。学校有约 19 000 名本科生,其中 13% 为亚裔美国人,1 924 名国际学生,还有 14 000 名研究生,67% 住校。波士顿大学有着招收国际学生的悠久历史。早在多元化流行于美国大学校园之前,波士顿大学就开始招收国际学生了。这是一所职业预科型大学,有着众多的法律预科和医学预科学生。学校的 11 个本科学院的音乐剧、古典音乐、工程学、商务、酒店管理和通信专业最为出色。音乐剧专业的很多学生直接被百老汇聘用,而工程院因其机器人科学闻名于世,生物医药工程学拥有全美顶尖的生物医药工程实验室。学校管理学院的荣誉项目堪与美国本科商学院最出色的荣誉项目相媲美。约 70% 的学生住在学校的宿舍或公寓内,其余的则租住在校外公寓。

学校有 450 个俱乐部,还有地铁通往别的大学,这种浓厚的城市氛围使学校具备丰富的多样性,从而使得学校的社交生活相当便利。该校的男子篮球与女子网球、女子足球都是强势项目,但最为强势的项目非冰上曲棍球莫属,其促进了学校最受欢迎的校内冰上扫帚球的流行。大多数学生表示他们花在校内和校外社交生活上的时间基本相等。波士顿大学对国际学生提供 4 170 473 美元的资助。如果你喜欢波士顿大学,建议你也查一下乔治·华盛顿大学、纽约大学和塔夫斯大学的相关信息。

鲍登学院 Bowdoin College

地址:Brunswick, ME 04011
网址:www. bowdoin. edu
电话:001-207-725-3100
邮箱:admissions@ bowdoin. edu

鲍登学院是美国一所典型的顶尖小型文理学院,地处新英格兰北部。学校采用小班模式进行教学,高度重视课堂讨论,强调师生间的沟通与互动。学校吸引了众多思路敏捷、健康、充满活力的学生,他们已经为全方位的学习和与同学之间的友好相处做好了准备。鲍登学院校园环境优美,绿树成荫,其所处的小镇气氛欢快,步行就可抵达餐馆、电影院和商店。中国学生请注意,鲍登学院不要求 SAT 成绩,这意味着录取时只需要 TOEFL 或 IELTS 成绩。学院有 1 750 名学生,其中 7% 为亚裔美国人,还有 67 名国际学生,93% 住校。其实力最强的课程包括物理、化学、通俗经济学、古典文学、英语和环境研究。鲍登学院在缅因州拥有一座远离海岸的小岛,专门进行科学研究。学校还有一个著名的北极考察项目。93%的学生都住在校内宿舍。学校的食品服务居于全美所有大学前列。

　　社交生活围绕着许多艺术活动、娱乐性运动及团队运动展开。鲍登学院的学生热衷于徒步旅行、野营、独木舟、皮划艇以及越野滑雪等各种活动。学校氛围愉快,学校的存留率高达98%。鲍登学院每年投入1 010 765美元用于资助国际学生。如果你喜欢鲍登学院,建议你也查一下科尔比学院、科尔盖特大学和明德学院的相关信息。

布兰迪斯大学 Brandeis University

地址:415 So. St., MS003, Waltham, MA 02454
网址:www. brandeis. edu
电话:001-781-736-3500
邮箱:admissions@ brandeis. edu

　　布兰迪斯大学是一所研究型大学,位于波士顿市外,交通便利,紧临地铁和公交线路。学校以其学术氛围和浓厚的亲以色列的政治气氛而为人所知。布兰迪斯大学有着出色的学术课程,并且是美国唯一一所非宗教犹太学院。学校有3 400名本科生,其中12%为亚裔美国人,419名国际学生以及2 300名研究生,77%住校。学校55%的学生是犹太人,另外45%是自由信仰者。校园里同时有天主教、犹太教和新教礼拜堂,以及200名穆斯林学生。学生喜爱这种多种信仰与多种学术思想并存的校园氛围。学校最强的课程为神经科学、生物和犹太研究。剧场艺术和音乐的课程结构十分合理,也是学校的优势课程。著名作曲家Leonard Bernstein开创了学校的音乐理论课程。学校最受欢迎的专业包括生物、经济学和心理学。布兰迪斯大学也是一所著名的医学预科学校,实力雄厚,其在健康领域的很多实习机会、配有特派指导老师和一流实验设备的本科生医学预科中心更增强了学校的整体实力。

　　大部分学生住在校园里,少数学生走读或住在校园附近的公寓里。社交生活围绕着校园内250个俱乐部里有着共同兴趣的学生以及全校的社交活动而展开。对于想要更加丰富的社交生活的学生来说,成千上万名来自波士顿地区周边大学的学生随时欢迎你的加入。布兰迪斯大学每年投入3 046 324美元对国际学生进行资助。如果你喜欢布兰迪斯大学,建议你也查看一下芝加哥大学、艾默里大学以及华盛顿大学的相关信息。

布朗大学 Brown University

地址:45 Prospect St., Providence, RI 02912

网址:www.brown.edu

电话:001-401-863-2378

邮箱:admission_undergraduate@brown.edu

对于那些思想开放、头脑灵活的常春藤学生来说,他们喜爱布朗大学的原因之一是这所学校不规定公修的基础课程和课程要求,学业审核标准也与众不同,分数不再是衡量学习好坏的唯一尺度,在布朗,你的成绩只有:合格与不合格两种。他们爱上布朗的另一个原因是它的校园环境——美丽的校园坐落在历史悠久的建筑和绿树成荫的街道之中。在校生有6 300人,15%为亚裔美国人,660名国际学生,2 450名研究生。学生来这里上学可以讨论任何课内外的话题。其最受欢迎的专业有生物科学、历史、国际研究。这里也是全美唯一开设埃及学的大学,除此以外,神经科学、工程学、计算机科学以及英语专业的写作课程也都是数一数二的。

学校的课外活动丰富多彩,从诗朗诵、数学谜题到联谊会,还有很多政治社团在此针对当前社会事件发表独特的见解,支持个人及社区的言论自由。布朗大学配有优质的体育运动设施,还拥有一支在常春藤中最具竞争实力的棒球队。男子网球队和女子划船队的表现也非常出色。体育运动是布朗大学课外活动必不可少的一部分。学校拥有各种日报和周报,以及众多的文学作品和诗集。除此之外,布朗大学还发起了"接近社区"活动,旨在为社区提供志愿服务,同时这个团体也是布朗大学目前最大的学生团体。布朗每年向国际学生提供的助学金为7 597 965美元。如果你喜欢布朗大学,建议你也了解一下欧柏林学院、斯沃斯莫尔学院以及卫斯理安大学。

布林莫尔学院 Bryn Mawr College

地址:101 N. Merion Ave., Bryn Mawr, PA 19010

网址:www.brynmawr.edu

电话:001-610-526-5152

邮箱：admissions@ brynmawr. edu

　　这是一所坐落在美丽郊区的优秀女校,乘火车20分钟即可从费城到达学院的哥特式标志建筑。布林莫尔的学生独立且怀有远大抱负,1 300名在校生中,12%为亚裔美国人,还有209名国际学生,95%住校。其优势专业为考古学,在全美本科院校的同类专业中首屈一指。其他受欢迎的专业还有城市规划和物理学。布林莫尔、哈弗福德和斯沃斯莫尔建校的基本哲学理念来自教友会的历史和文化,因此课外社会活动对这三所大学来说非常重要。这三所大学还有一个共同点,就是每个学生都遵守"荣誉准则",这个准则强调的是学生不仅要担负学习的使命,还要重视社会责任,同时,学生被容许自己安排考试时间,而且没有监考。布林莫尔学院的宿舍很舒适,里面带有壁炉,其餐饮服务也经常在全美评比中获奖。学院很多社交活动都在哈弗福德学院和宾州州立大学进行,这使学生们的社交活动范围更加广阔。演讲、辩论、俱乐部和政治活动是布林莫尔学院常见的社会活动。校内有12项体育运动,其中曲棍球、橄榄球、田径和排球是最受欢迎的;有些学生还加入了哈弗福德学院的男女混合体育团队。布林莫尔学院每年用于资助国际学生的开支为5 128 528美元。如果你喜欢布林莫尔学院,建议你也了解一下巴纳德学院、哈弗福德学院和威尔斯利学院。

巴克内尔大学 Bucknell University

地址：Lewisburg, PA 17837

网址：www. bucknell. edu

电话：001-570-577-1101

邮箱：admissions@ bucknell. edu

　　巴克内尔大学坐落于宾夕法尼亚州的中部乡村,拥有美丽的校园,学生们能够感受到友好、和睦、充满浓厚大学气息的校园文化。该大学在科学、工程学及体育运动方面见长(参加全美大学运动联合会一级联赛赛事)。在校生有3 500人,其中3%为亚裔美国人,还有174名国际学生,88%住校。优势专业有工程学、自然科学、英语、戏剧及心理学。最受欢迎的学科有工商管理、经济学和心理学。大学学生住在校内宿舍,其他学生则选择住在校外公寓,感受更加独立的生活。

　　大学里有40%的学生都参加兄弟会和姐妹会,这在同类院校中是很少见的。这里的学生相对而言比较保守、循规蹈矩,他们的主要社交活动也是围绕着校内兄弟会组织的活动进行的。除此之外,还有很多全校范围内的社会活动,如乐队演出、演讲、电影公放以及体育赛事,这些总能吸引众多的学生来参加。巴克内尔大学有 100 多个学生团体和俱乐部,为学生们提供很多选择的机会。大学的体育团队非常出色,参加联合会一级赛事的校代表队达 25 支之多。男子越野队、田径队、长曲棍球队和女子划船队是冠军队,男子和女子游泳队和潜水队也颇具竞争实力。大约 30% 的学生参加校内体育运动。巴克内尔大学每年在资助国际学生上的开支为 840 000 美元。如果你喜欢巴克内尔大学,建议你也了解一下科尔盖特大学、里海大学以及维克森林大学。

加州理工学院 California Institute of Technology

地址:1200 E. California Blvd., Pasadena, CA 91125

网址:www. caltech. edu

电话:001-626-395-6811

邮箱:ugadmissions@ caltech. edu

这是一所最具竞争力、专心治学的大学,是数位诺贝尔奖获得者的母校,以物理专业见长。大学拥有美丽的校园,坐落于帕萨迪纳繁华的城郊,在洛杉矶以西 15 英里。大学以解决问题为教育核心,出色的科学专业学生具有独特的科学创新理念。在校本科生为 975 人,30% 为女生,40% 为亚裔美国人,117 名国际学生,还有 1 250 名研究生。数学、机械工程和物理都是最受欢迎的专业。大学还同时配备最先进的实验室和各项设施。加州理工学院拥有世界上最大的光学望远镜。

96% 的学生住在 8 栋校内公寓里,学生在大一的入学指导期间可以选择自己的房间,之后四年不会有变动。绝大多数的社会活动都是以学生公寓为中心的。学生们住在一起,吃在一起,过家庭式的大学生活,每个人都是大家庭的一分子。而且,学生还以公寓为单位进行体育比赛,这样做不仅能创建出一种家庭的温馨,而且对团队合作精神也是一种最有效的激励。课外活动涉及更多的是计算机怪才比赛、机械工程竞赛等等,而不是体育活动。加州理工学院每年在资助国际学生上的开支为 1 162 582 美元。如果你喜欢加州理工学院,建议你也了解一下哈佛大学、麻省理工学院以及斯坦福大学。

卡尔顿学院 Carleton College

地址:100 So. College St., Northfield, MN 55057

网址:www. carleton. edu

电话:001-507-646-4190

邮箱:admissions@ carleton. edu

这是一所具有高度竞争力、学术氛围浓厚的文理学院,位于美国中西部明尼苏达州的小镇上。在校生有 2 000 人,10% 为亚裔美国人,还有 160 名国际学生。优势学科项目是自然科学,尤其是数学、计算机科学和物理学。广受欢迎的专业有生物学和经济学。卡尔顿学院的研究生院常常获得最高的国家科学奖金。学院是小班教学,班级一般容纳 20 人或以下的学生。学院治学严谨,课堂讨论是特定的教学方式。

大约 90% 的学生住在校内宿舍,其余的学生住在学校附近、也是学校所有的主题公寓。课外活动围绕学生之间非正式的聚会、132 个兴趣俱乐部和主题公寓的活动以及各项体育运动进行。卡尔顿学院的学生热衷校内运动和娱乐活动,大多数都加入了校代表队或校内各种团队。在漫长多雪的寒冬,越野滑雪和山坡滑雪成为最受欢迎的运动,健身房和室内娱乐设施也温暖了整个冬天。卡尔顿学院的学生思想自由,喜欢就社会时事进行思考和辩论。学院每年花费 2 825 603 美元用于对国际学生的资助。如果你喜欢卡尔顿学院,建议你也了解一下布朗大学、斯沃斯莫尔学院以及卫斯理安大学。

卡耐基·梅隆大学 Carnegie Mellon University

地址:5000 Forbes Ave., Pittsburgh, PA 15213

网址:www. cmu. edu

电话:001-412-268-2082

邮箱:undergraduate-admissions@ andrew. cmu. edu

卡耐基·梅隆大学是美国戏剧艺术专业比较权威的大学,它的工程学院的机器人研究也是全美顶尖的。校园位于宾夕法尼亚州匹兹堡市的绿色环保区,建筑风格迥异明朗,黄色的砖墙与绿色的铜质屋顶相互映衬。在校本科学生有

6 000多名,60%为男生,22%为亚裔美国人,还有1 023名国际学生,5 500名研究生。大学设有六所不同的学院,最具优势的专业是工程学、计算机科学、工业商务、戏剧和音乐。戏剧专业已达到非常专业的水平,每天的课程安排得非常满,包括各种表演、导演和戏剧创作等。麻省理工学院和加州理工学院两所大学的机器人专业研究生毕业后往往都会去卡耐基·梅隆大学继续攻读博士学位。

大一新生都住校,全校学生的64%住在校内宿舍。课外社交活动围绕音乐和艺术项目、校园周围餐厅的聚会以及专业的体育运动进行。街道对面的匹兹堡大学有18 000名本科生,两校学生的互动给整个社区带来了更多的活力。工程学院和计算机学院举行的竞赛非常受欢迎,赛车的研发和比赛风靡整个大学。橄榄球是校内的主要运动项目,健身房也是学生们常去的地方。如果你喜欢卡耐基·梅隆大学,建议你也了解一下凯斯西储大学、康奈尔大学以及伦斯勒理工学院。

凯斯西储大学 Case Western Reserve University

地址:10900 Euclid Ave., Cleveland, OH 44106

网址:www.case.edu

电话:001-216-368-4450

邮箱:admission@case.edu

凯斯西储大学坐落于美国中西部俄亥俄州克利夫兰市的近郊,以工程学、自然科学和商学本科专业著称。校园绿树环绕,多历史性建筑。最新的一栋教学建筑是魏德海管理学院,由Frank Gehry亲自设计。学校有4 500名本科生,17%为亚裔美国人,还有280名国际学生。凯斯西储大学吸引学生的亮点在于它的工程学,尤其是开设了高分子科学专业的生物医学工程学,这在美国本科课程中是很少见的。管理学院的会计专业非常著名,护理学院也很出色——从校园步行就可以到达护理学院的外设医护中心。

大约80%的学生都喜欢住在校内公寓里,学校饮食的安排也深受学生喜爱。30%的学生参加了兄弟会。学校的课外活动格外丰富,其中较著名的是"科幻电影马拉松",还有"工程学周",包括老鼠夹驱动车比赛和各种工程学活动。与体育活动相比,学校的课外活动更侧重于工程学。校内体育运动比校际体育比赛更加受到重视。凡是肯吃苦、精于学业、不贪图享乐的学生会发现凯斯西储大学是个再理想不过的深造之地了。如果你喜欢凯斯西储大学,建议你也了解一下卡耐基·梅隆大学、康奈尔大学以及伦斯勒理工学院。

查尔斯顿学院 College of Charleston

地址: Charleston, SC 29424
网址:www.cofc.edu
电话:001-843-953-567
邮箱:admissions@cofc.edu

查尔斯顿是美国南部一座历史悠久的旅游城市,而查尔斯顿学院看起来就像是电影里的背景——校园内标志性建筑林立,校园周围的街道上花团锦簇,绿树成荫。查尔斯顿学院是一所公立的文理学院,以文科课程为主。在校生人数为10 000 名,65% 为女生,2% 为亚裔美国人,65 名国际学生。学校完美地实现了医学预科和艺术历史两大学习氛围的融合。优势学科有建筑保护、艺术史、生化学和海洋生物学。本着美国人文社科教育的目标和理念,学校为所有学生开设了核心课程,启发学生阅读、写作与思考。表演艺术、历史建筑保护和健康学专业的实习场所均分布在学校周围。

大约30% 的学生住在校内,其余学生住在学校附近。学院内没有橄榄球运动;校际体育中排球、女子高尔夫以及男女混合帆船和棒球都是强势项目。在这个城市里高尔夫和帆船是人们的主要娱乐体育活动。查尔斯顿学院的艺术节要比体育赛事多。学生们的社会活动大多在校外进行。在周末,学校不远处的海滩成为学生们度假休闲的绝佳场所,萨凡纳、希尔顿黑德岛和亚特兰大也都是绝好去处。学校对国际学生的经济资助以优秀奖学金的形式发放。如果你喜欢查尔斯顿学院,建议你也了解一下萨凡纳艺术设计学院、范德堡大学和瓦萨学院。

芝加哥大学 University of Chicago

地址:1116 East 59th St., Chicago IL 60637
网址:www.uchicago.edu
电话:001-773-702-8650
邮箱:collegeadmissions@uchicago.edu

芝加哥大学是美国少有的理论型大学之一。什么是理论型大学？简单的解释就是，学生即使在教室外的地方，如在宿舍里或在聚会上，也会讨论他们阅读的书籍、交流各自的想法。在美国许多大学里，成绩优秀的学生在课外谈论最多的可能是体育和社交话题，而在芝加哥大学你会发现这方面有所不同。与大学相邻的一边是低收入居住区，而另一边是密歇根湖。美国总统奥巴马在竞选之前是芝加哥大学的一名教授，在竞选前他和他的家人就居住在这附近。大学内的传统建筑美丽独特，哥特式建筑风格尽收眼底。美国本土学生约 5 000 名，在校生中 16% 为亚裔美国人，并且有 509 名国际学生。芝加哥大学的优势学科有经济学和英语。最受欢迎的专业有生物医学和心理学。

大约 50% 以上的学生住在校内，10% 的学生住在兄弟会宿舍，其余的住在校外附近的公寓。男子橄榄球、摔跤和女子橄榄球是学校校际体育的强势项目。70% 的在校生都参与校内体育活动。学生们的社交生活以非正式的兴趣小组形式进行，如电影和时事话题讨论。同时学校还有自己的传统活动项目，如一年一次的"寻宝"游戏（一种寻找事先藏好的物品的游戏）。大学每年为国际学生提供的资助为 2 836 608 美元。如果你喜欢芝加哥大学，建议你也了解一下哥伦比亚大学、珀莫纳学院和斯沃斯莫尔学院。

克莱蒙学院 Claremonts Colleges

克莱蒙学院联盟是由克莱蒙麦肯纳学院、哈维姆德学院、匹泽学院、珀莫纳学院、斯克利普斯学院等多所小型文理学院组成的。学校地处洛杉矶以西 35 英里的城郊，校园四周橡树环绕。大学下属的学院都是美国顶尖的，且各有特点。尽管它们共享一个校园，但各学院都有自己的教职员体系、招生办、宿舍、图书馆、教室以及教学风格。学院有共同的体育队、音乐团体、咖啡厅以及社交生活，有些课程和教室也是资源共享的。你可以去每个学院的网站上浏览它们各自的学术特点，了解这些规模小但治学严谨的文理学院的优势所在。

（一）克莱蒙麦肯纳学院 Claremont McKenna College

地址：Claremont, CA 91711

网址：claremontmckenna.edu

电话:001-909-621-8088

邮箱:admission@ claremontmckenna. edu

克莱蒙麦肯纳学院的优势专业是经济学、管理和国际关系。在校生为1 250人,其中12%为亚裔美国人,有117名国际学生。96%的学生住在环境典雅、有房间服务的校内宿舍。克莱蒙麦肯纳学院每年提供给国际学生的资助为150 000美元。如果你喜欢克莱蒙麦肯纳学院,建议你也了解一下阿默斯特学院、科尔盖特大学和维克森林大学。

(二) 哈维姆德学院 Harvey Mudd College

地址:Claremont, CA 91711

网址:www. hmc. edu

电话:001-909-621-8011

邮箱:admission@ hmc. edu

哈维姆德学院的工程学和计算机科学专业堪称一流,不亚于加州理工学院和麻省理工学院。大学有在校生775名,其中19%为亚裔美国人,有52名国际生。大多数(99%)的学生住在校内,宽大舒适的宿舍房间还提供与校服务器联网的无线上网功能。学校每年对国际学生的资助为243 325美元。如果你喜欢哈维姆德学院,建议你也了解一下莱斯大学、斯沃斯莫尔学院和联邦学院。

(三) 匹泽学院 Pitzer College

地址:Claremont, CA 91711

网址:www. pitzer. edu

电话:001-909-621-8129

邮箱:admissions@ pitzer. edu

匹泽学院拥有克莱蒙学院联盟五所文理学院中最自由的校园文化,优势专业为心理学、社会学、环境科学,并且在哥斯达黎加进行自然科学、语言和国际研究的研究项目。匹泽学院在校生为950名,其中10%为亚裔美国人,有22名国际学生。匹泽学院在克莱蒙学院联盟中最具多样化。学生中75%住在校内环保宿舍,其余的住在校外。如果你喜欢匹泽学院,建议你也了解一下长青州立大学、格林内尔学院和欧柏林学院。

（四）珀莫纳学院 Pomona College

地址：Claremont, CA 91711

网址：www. pomona. edu

电话：001-909-621-8134

邮箱：admissions@ pomona. edu

　　珀莫纳学院是美国西部最好的文理学院，无论是学科的严谨性还是学生的水平，它都可以与美国任何一所大学抗衡。想想斯坦福大学的竞争力，你也就知道这所大学的实力了。英语系和经济学系是学院最有实力的，同时电影和电视传媒也排在同专业院校的领先位置。在校生有 1 550 人，其中 14% 为亚裔美国人，有 61 名国际学生。学生宿舍环境堪称世界级——庭院和花园的设计吸引了 98% 的学生。学校每年资助国际学生的开支为 1 045 487 美元。如果你喜欢珀莫纳学院，建议你也了解一下普林斯顿大学、斯坦福大学和威廉姆斯学院。

（五）斯克利普斯学院 Scripps College

地址：Claremont, CA 91711

网址：www. scrippscol. edu

电话：001-909-621-8149

邮箱：admission@ scrippscollege. edu

　　斯克利普斯学院是克莱蒙学院联盟中的一所女校，位于学院的中心，其咖啡厅吸引了来自其他学院的学生，是聚会和学习的好去处。其优势学科为英语、室内艺术和国际关系，而外语和心理学也是非常受欢迎的两个专业。在校生有890 人，其中 13% 为亚裔美国人，有 12 名国际学生。大多数学生四年都住在西班牙地中海风格的宿舍内。大学每年对国际学生的资助为 46 600 美元。如果你喜欢斯克利普斯学院，建议你也了解一下布林莫尔学院、曼荷莲女子学院和西方学院。

克拉克大学 Clark University

地址:950 Main St., Worcester, MA 01610

网址:www. clarku. edu

电话:00l-508-793-7431

邮箱:admissions@ clarku. edu

克拉克大学位于麻省西部距离波士顿40英里的一个小型工业城市里,校园绿化面积极大。学校优势专业是心理学和地理学。学校有2 300名本科生,3%为亚裔美国人;来自世界90多个国家的191名国际学生使得学校成为美国招生跨地区性最大的大学。学校的地理专业在美国排行第一;心理学、生物学、物理学以及政治科学和国际关系都是吸引学生们来校就读的亮点。学校实行小班教学,以讨论为主要教学模式,大一新生都由正教授直接授课。每年获得3.25以上平均成绩(GPA)的学生可免一年1/5的学费。大约20%的大四学生都留校直接攻读免费的硕士课程。在克拉克大学学习能够使你的适应性得到最大限度的提高,如果你在大一时很不习惯在这种多国背景的学习氛围中生活,无法忍受不同的文化和想法,那么经过大学四年的学习,你在毕业时就已经很习惯这种多文化熏陶下的学习环境了。

学校没有兄弟会组织,社交活动也不是很频繁。74%的学生住在校内宿舍,其余的住在学校周围或合租的公寓里。在体育方面,男子、女子篮球和划船都是冠军项目;一半以上的学生都参加校内运动,最受欢迎的运动是橄榄球、极限飞盘和夺旗橄榄球。社交活动主要以校内小型聚会形式进行,还有85个俱乐部、音乐会和各类音乐团体以及咖啡厅为学生们提供社交场所。大学每年对国际学生的资助为3 468 850美元。如果你喜欢克拉克大学,建议你也了解一下美利坚大学、比洛特学院和东北大学。

克拉克森大学 Clarkson University

地址:Box 5605, Potsdam, NY 13699

网址:www. clarkson. edu

电话:001-315-268-6479

邮箱:admission@ clarkson. edu

如果你想选择一所在美国北部纽约州的北部森林地带、靠近加拿大、以工程学专业和冰上曲棍球见长的小型大学,那么你想要的就是克拉克森大学了。学校有 2 600 名学生,3/4 为男生,4% 为亚裔美国人,还有 79 名国际学生。有一半以上的学生学习工程学专业。学校最优势的专业是机械工程和土木工程。化学专业成为医学预科生的最佳选择,商科也是学校的亮点专业。该校学生的特点是以科学或商学为目标,勤奋钻研,传统保守。

学生大多住在校内宿舍或联谊会公寓,大约 15% 的三、四年级学生被容许住在校外。冰上曲棍球是学生们非常喜欢的课外活动项目,许多学生来这里学习之前就是冰球迷,还有好多学生来到这里之后也爱上了这项运动。男子和女子冰球校队参加的是全美大学运动联合会一级联赛,而且 75% 的学生都参加校内冰球运动以及有趣的山坡滑雪。除了学校所在的小镇,你还可以驱车一个半小时前往加拿大首都渥太华,或者花两个小时到蒙特利尔溜溜。蒙特利尔是加拿大一个颇具法国风情的城市,那里到处是出色的餐厅、音乐厅、剧院、博物馆,都市生活丰富多彩。克拉克森大学每年对国际学生的资助为 308 000 美元。如果你喜欢克拉克森大学,建议你也了解一下伦斯勒理工学院、罗彻斯特理工学院以及伍斯特理工学院。

克莱姆森大学 Clemson University

地址:Clemson, SC 29634

网址:www. clemson. edu

电话:001-864-656-2287

邮箱:cuadmissions@ clemson. edu

克莱姆森是一所公立的研究型大学,地处南卡罗来纳蓝岭山脉南部山区的一个小镇。四周群山环绕,校园就建在历史遗留下来的大种植园上,园内生长着林地植物,从这里可以鸟瞰湖泊和群山。在校学生有 14 200 人,2% 为亚裔学生(这意味着学校还准备招收更多的亚洲学生),还有 3 100 名研究生。工程学、建筑学和商科都是该校最有优势且最受欢迎的学科。电机工程系和计算机工程系是学校最大且最好的系。德国宝马汽车公司在该校出资建设了一个自动化工程研究中心,这是美国国内少有的几个研发中心之一。

学生主要来自南部,大约一半的人住在校内,其余的住在街道对面的大学城里。克莱姆森镇和克莱姆森大学以橄榄球著称。大学的橄榄球赛事一般在周六进行,而比赛前的周五都会有游行,赛前有动员会和野外聚餐,赛后还会有舞蹈表演。其他校际运动还有篮球、棒球和田径。在南部文化的影响下,女性大都为观众而不是参赛者。课外社交活动主要包括运动项目、兄弟会(12%的男生参加)和姐妹会(30%的女生参加)组织的活动、300个校内俱乐部以及在附近山区远足和露营,有时候学生们还会驱车两小时到佐治亚州的亚特兰大市。如果你喜欢克莱姆森大学,建议你也了解一下伊隆大学、得州农工大学以及弗吉尼亚理工学院。

科尔比学院 Colby College

地址: Waterville, ME 04901
网址: www. colby. edu
电话: 001-207-872-3168
邮箱: admissions@ colby. edu

科尔比学院是美国最好的文理学院之一,位于新英格兰北部,校园建在一座小山上,从高处可以鸟瞰美丽的绿色校园和乔治王时代艺术风格的建筑。学校吸引众多优秀学生的原因之一是教授们对教学的高度重视以及多元化的国际氛围。学校共有2 000名本科生,其中8%为亚裔美国人,还有99名国际学生。经济学和生物学是最受欢迎的两个专业,艺术、管理和英语也是很有竞争优势的专业。科尔比学院在国际教育方面被公认为美国大学教育的领头人,学生在第一学期被送到法国或西班牙学习外语,而且绝大多数专业都有海外学习的课程安排,因此2/3的学生有部分本科课程是在其他国家完成的。

94%的学生与教员住在校内宿舍,校内的三个主要餐厅是随时开放的。很多学生想利用大学的有利位置探索神秘狂野的缅因州,他们经常组织为期四天的自行车旅行、远足或木舟漂流。艺术活动有舞台剧、演讲、音乐会等,这是学生们的社交活动,也是学校教学中的一部分。科尔比学院是美国院校招收国际学生的先锋,每年在国际学生资助上的开支高达5 265 000美元。如果你喜欢科尔比学院,建议你也了解一下鲍登学院、科罗拉多学院以及科尔盖特大学。

科尔盖特大学 Colgate University

地址: 13 Oak Dr., Hamilton, NY 13346

网址: www.colgate.edu

电话: 001-315-228-7401

邮箱: admission@mail.colgate.edu

科尔盖特大学是一所综合实力强大的文理学院。学生大多数住在校内,他们喜爱运动,参加全美大学运动联合会一级联赛的校际比赛,对于一所不到3 000人的大学来说这是很少见的。校园处于纽约州中部的山区,山水环绕,景色别致动人。在校生有2 880人,4%为亚裔美国人,有197名国际学生。美丽的校园由白石建成,多山。学生住在校内宿舍,或兄弟会公寓。最有优势的科目为生物学、经济学和历史。环境学科也很受欢迎,夏天许多学生会在教授的带领下进行各项研究。几乎3/4的毕业生直接在国内或海外找到了工作,这其中有很多人是通过校友的关系。

校内有125个俱乐部,62%的学生参加了兄弟会和姐妹会。体育运动涉及男子橄榄球、冰上曲棍球、水球和长曲棍球,以及女子篮球、橄榄球和长曲棍球,这些运动都备受学生们的喜爱。值得一提的是,大学除了拥有一个顶级的高尔夫球场和一个专业的攀岩场外,还有可以进行帆船比赛的湖泊(距离学校仅10分钟),以及远足和夜晚野营的场所。大学每年资助国际学生的开支为4 114 048美元。如果你喜欢科尔盖特大学,建议你也了解一下巴克内尔大学、波士顿学院以及明德学院。

科罗拉多学院 Colorado College

地址: 14 E. Cache la Poudre St. Colorado Springs, CO 0903

网址: www.coloradocollege.edu

电话: 001-719-389-6344

邮箱: admission@coloradocollege.edu

科罗拉多学院因其地理位置和其在教学上的"分块制"而闻名。你可以从学院的任何地方或从宿舍窗户往外看到科罗拉多山脉和远处的派克峰,很多学生在下午会去那里远足、骑山地车或滑雪。学生们说在这里太阳一年照射360天，这360天你都可以看到蓝天！学校的在校学生为2 075人，5%为亚裔美国人，还有109名国际学生，75%住校。"分块制"的独到之处在于学生们可以在整整六个星期内把所有精力集中在一门课程上。

学生们都在校园内吃早餐，上午的课从8点开始，一直到中午12点。下午是娱乐活动的时间，学生们可以去爬山，玩皮划艇，去湖边钓鱼，骑车或散步。晚上当然还是要用来学习的。在这种6周学一门课的体制下，学生在修一些课程时可以在校外学习，如地质学和西南部研究。除了高年级学生外，学生们基本上都住校内宿舍。课外活动常围绕校园乐队、校外娱乐活动及校际体育运动进行。男子冰上曲棍球和女子橄榄球属于全美大学运动联合会一级赛事，其余体育项目属于三级赛事。如果你喜欢科罗拉多学院，建议你也了解一下科尔盖特大学、丹佛大学以及科罗拉多大学。

科罗拉多矿业学院 Colorado School of Mines

地址：1811 Elm St., Golden, CO 80401

网址：www.mines.edu

电话：001-303-273-3220

邮箱：admit@mines.edu

科罗拉多矿业学院是美国唯一一所矿业工程学院，位于科罗拉多落基山脉一个拥有古老淘金史的小镇。学校属于州立大学，有学生3 800多人，80%为男生，5%为亚裔美国人，还有176名国际学生，4%住校。最具优势的专业为地质学和地球物理学、矿业和石油工程学，以及冶金工程学。如果你已经把你的人生职业定位为矿业的话，那么这所学校就是你最佳的选择。学生们在这里刻苦学习，进行大量的实验，同时尽情享受科罗拉多山区的快乐。学校离丹佛市不远，拥有很多在政府机构和实验室中实习的机会，如美国国家可再生能源实验室、地质勘测局、矿业局和国家地震中心。

大约一半学生住在校内宿舍，其余的住在兄弟会公寓或校外附近的出租公寓。在体育方面，男子和女子越野及田径校队实力最强。校内拥有耗资2 500万美元的休闲中心，可以进行游泳、健身以及攀岩等各项运动。户外运动常常成为学生们的一种社交方式，如骑车、滑雪以及山区远足等。拥有在校生26 000

人、位于博尔德的科罗拉多大学距离这所学校仅 20 分钟路程,学生们也可以去那里享受更大型的校园生活。如果你喜欢科罗拉多矿业学院,建议你也了解一下克拉克森大学、欧林工程学院以及伍斯特理工学院。

科罗拉多大学 University of Colorado

地址:552 UCB, Boulder, CO 80309
网址:www. colorado. edu
电话:001-303-492-6301
邮箱:apply@ colorado. edu

科罗拉多大学地处科罗拉多州景色绝佳的群山之中。这里一年 360 天都是晴朗的天气,阳光照射在校园的红砖屋顶上给人无比惬意的感觉。碧蓝的天空几乎每天都能看到。这所大型州立学校拥有 26 500 名本科生,其中包括 6% 的亚裔美国人,还有 639 名国际学生以及 6 000 名研究生。学校的优势专业有物理学、心理学和地理学,分布在四个本科学院中。最受欢迎的专业有英语语言和文学、生理学和心理学。四个本科学院分别为人文学院、建筑学院、新闻学院和教育学院。

尽管博尔德本身就是个大学城,在校园附近就可以买到所有的生活必需品,但大多数学生都住在校外。所有的大一新生以及 1/4 的高年级学生住在校内宿舍;8% 的学生是兄弟会和姐妹会的会员,住在联谊会的公寓。学校的课外活动很丰富,体育运动盛行,300 多个俱乐部经常组织活动,学生们还经常在白雪覆盖的山上进行户外活动。尽管实力强劲的运动高手都云集在校队内,但这所学校仍以"参与第一"的理念影响着每个学生,他们乐于参加各种校内的、俱乐部的体育运动。这所大学还以其一流的娱乐性体育运动著称。如果你喜欢科罗拉多大学,建议你也了解一下亚利桑那大学、图兰大学以及佛蒙特大学。

哥伦比亚大学 Columbia University

地址:212 Hamilton Hall, New York, NY 10027
网址:www. columbia. edu

电话:001-212-854-2522

邮箱:ugrad-ask@ columbia. edu

　　纽约市! 地球上最具都市氛围的城市! 这座城市中有位于常春藤榜首的大学——哥伦比亚大学。大学在校生人数为 24 000 人,其中 4 500 人在哥伦比亚大学艺术和科学学院学习,还有 1 400 名在工程学院学习。在常春藤中,哥伦比亚大学的国际生分布最为广泛,大约一半的学生来自世界各地,其中 15% 为亚裔美国人,还有 694 名国际生。学校都市化的校园里汇聚了一个出色的人才群体,其学习氛围也像纽约的都市生活一样节奏快。谈到多样化,你走在校园里看看学生的发型就可以感受到。哥伦比亚大学以必修课为教学重点,前两年中要求学生学习一定的人文课程。大学最有优势的专业有英语、生物医药工程、经济学和政治科学。其东亚语言和文化研究系在美国排行第一。得益于核心课程和人文学科的强大实力,哥伦比亚大学可以保证 90% 的本科毕业生升入医学和法律学校。

　　94% 的学生住在学校拥有的校内宿舍和校外公寓。对一所理论研究型大学而言,学校的精神不是通过大型体育项目来体现的。事实上,学生们对于自己在橄榄球上的弱势反而感到轻松和自豪。学校有 300 多个俱乐部,还有各种艺术、政治和体育活动等等,学生们的社交生活犹如在纽约市一样精彩。学生们的校外生活也很丰富,坐地铁很快就可以到达曼哈顿。哥伦比亚大学每年在资助国际学生上的开支为 8 757 673 美元。如果你喜欢哥伦比亚大学,建议你也了解一下哈佛大学、斯坦福大学以及耶鲁大学。

康涅狄格学院 Connecticut College

地址:270 Mohegan Ave., New London, CT 06320

网址:www. conncoll. edu

电话:001-860-439-2200

邮箱:admission@ conncoll. edu

　　康涅狄格学院(注意不要和康涅狄格大学混淆)地处新英格兰的一座小山上,在校园里可以鸟瞰美丽的长岛海湾与泰晤士河。宏大的哥特式建筑加上周边的树林、池塘和人们远足留下的足迹,形成了一幅别致的校园风景画。学校在校生为 1 900 人,3% 为亚裔美国人,还有 77 名国际学生。这是一所真正的住宿型大学,98％的学生都住在校内宿舍或主题公寓,例如环保与外语主题公寓。大学以其"荣誉准则"闻名,容许学生自己制订考试计划并独自在 10 日内完成没有监考的考试。这种充满荣誉感、责任感以及高度信任的校园气氛还体现在点滴生活中,你可以看到学校中的自行车和宿舍门都是不上锁的。康涅狄格学院有很大一部分学生可以获得一年的海外学习经历,这使学生有了更好的认识世界的机会,也为学生带来一种更广阔的视角。

大学的优势专业是环境研究、经济学、表演艺术,以及舞蹈和戏剧这些文科专业,这促成了大学相当独特的校园文化。男子冰上曲棍球是极具竞争力的校际体育运动;除此之外,男女校内运动和俱乐部运动也有相当多的支持者,其中极限飞盘和扫帚球是最受欢迎的。学校的社交生活也很丰富,有 60 个俱乐部、倡导团结友爱的主题公寓活动,以及各种全校范围内的活动——一般也都是由学生宿舍组织的。康涅狄格学院每年对国际学生的资助为 2 847 673 美元。如果你喜欢康涅狄格学院,建议你也了解一下克莱蒙麦肯纳学院、哈弗福德学院以及瓦萨学院。

库伯联合学院 Cooper Union

地址:30 Cooper Square, New York, NY 10003
网址:www. cooper. edu
电话:001-212-353-4120
邮箱:admissions@ cooper. edu

在格林尼治镇的心脏地带有 975 名背景各不相同的学生聚在一起努力学习并钻研艺术、建筑或工程学——这就是库伯联合学院。能来这里学习不是件容易的事,因为入读库伯是免费的——每个人都会得到 30 000 美金的奖学金。学校在校生中,65％为男生,35％为女生,27％为亚裔美国人,国际学生有 131 名。学校最有优势的专业为工程学和建筑学,申请这两个专业的新生入学时的数学和物理成绩要相当出色。学校采取小班教学和正教授直接授课的方式,保证了较高的教学质量。学校挑选艺术类学生的依据主要是看他们的个人作品。

20％的学生住在校内宿舍,其余的住在校外的公寓内,学校附近有许多熟食店和餐馆,吃住行都极为方便。在库伯联合学院,比起体育运动来,学生们更喜欢在电脑上和画图桌上完成作业。学业的压力、地处纽约市的位置和生活的独立性,这些都要求学生必须具备高度的使命感和成熟的心理才能成功完成学业。课外活动基本都在纽约大学附近的镇里展开,如诗歌酒吧、剧院、舞蹈表演和音乐会等等,这些都是很受学生欢迎的活动场所和项目。艺术系的学生活跃在街边进行素描、绘画,把眼中所见的都表现到画纸上。如果你喜欢库伯联合学院,建议你也了解一下伊利诺伊理工大学、纽约大学以及罗德岛设计学院。

康奈尔大学 Cornell University

地址:410 Thurston Ave, Ithaca, NY 14850

网址:www.cornell.edu

电话:001-607-255-5241

邮箱:admissions@cornell.edu

　　康奈尔大学的教学理念是培育出优秀具备专业知识的学生,使他们能成为未来相关领域的专家。康奈尔大学同时也是一所研究型大学,是常春藤盟校之一,在校生为14 000人,16%为亚裔美国人,还有1 281名国际学生,在其6 000名研究生中,国际学生的比例更大,57%住校。学校地处大都市数里外的近郊,建在一座小山上,鸟瞰两个美丽的天然湖,校园内有瀑布、峡谷、木林和吊桥。学校的优势专业有建筑学和工程学,还有世界上一流的酒店管理学院。学校的艺术与科学学院以其出色的物理、化学和数学专业而闻名,这些专业的学生中有很多人毕业后继续攻读医学和兽医学。值得一提的是,学校优秀的英语系培养出了许多出色的作家。学校有4 000多门课程可供选择。

　　学生们对学校的伙食津津乐道,校园里的各类美食让你眼花缭乱。一半以上的学生都参加兄弟会或姐妹会,这些团体每年都组织各种课外活动,此外,学校还有600多个俱乐部以及其他众多的校外社交活动。滑雪和曲棍球是学校最大的体育运动项目,共有大大小小100多支男女球队,包括校队、联谊会球队、宿舍球队以及临时组成的队等等。户外体育运动和娱乐活动也很受学生们的欢迎。康奈尔大学每年在资助国际学生上的开支为4 581 786美元。如果你喜欢康奈尔大学,建议你也了解一下达特茅斯学院、密歇根大学以及佛蒙特大学。

达特茅斯学院 Dartmouth College

地址: 6016 McNutt St., Hanover, NH 03755

网址: www.dartmouth.edu

电话: 001-603-646-2875

邮箱: admissions.office@dartmouth.edu

　　达特茅斯学院是八所常春藤学院中规模最小的一所。学校位于白雪覆盖的新英格兰北部,滑雪和冰上曲棍球是常见的运动。在校本科生有 4 250 人,16%为亚裔美国人,277 名国际学生,还有 1 800 名研究生攻读医学和商科。这是一所极为美丽的大学——校园地处一个典型的新英格兰乡村,校园中有大片绿化草地,校园对面的大街上有着各种餐厅和小型商店。学校的优势专业有生物学、计算机科学、工程学和经济学。除此以外,还有大量优秀学科,如外语以及在全美被公认为最先进的计算机编程专业。

　　87%的学生住在 30 个宿舍内,这些宿舍分布在 11 个不同的居住区,距校园中心不远。一半多的学生都参加了兄弟会或姐妹会,参与各种课外活动;同时,校园内的聚会是对每一位学生开放的。对于喜欢户外运动的学生来说,达特茅斯学院是个绝佳选择。户外俱乐部每年都会有野营旅行、远足、山间旅行以及皮划艇比赛。学校的女子冰上曲棍球是常春藤联赛的冠军,并在全美排名中名列前茅。达特茅斯学院每年对国际学生的资助金额为 12 131 551 美元。如果你喜欢达特茅斯学院,建议你也了解一下鲍登学院、科尔盖特大学以及威廉姆斯学院。

戴维逊学院 Davidson College

地址: P.O. Box 7156, Davidson, NC 28035

网址: www.davidson.edu

电话: 001-704-894-2230

邮箱: admission@davidson.edu

　　这是一所很有实力、住宿型的人文社科学院。学校坐落于南部小山村内,校园的景致独特而美丽,吸引了众多学生来这里度过四年的大学生活。戴维逊学院的在校生有 1 750 名,5% 为亚裔美国人,有 78 名来自 37 个国家的国际学生。大约 91% 的本科生四年都住在校内宿舍,形成了一个联系紧密的生活社区。学校实行"荣誉准则"制度,构建了一个友好的校园文化,这也体现在学生们的学习和生活中——学校考试由学生自己安排,没有监考;而且自行车和门窗都是不上锁的。学校生活的传统、简约与淳朴吸引了许多学生,校园内有各种美食俱乐部和联谊会,学生大多有新教徒家庭背景。学校的优势专业有生物、心理学和英语。学校规定的核心课程包括两门宗教或哲学课程。最受欢迎的专业是英语和历史,其中写作课程非常不错。学校为 80% 的本科学生提供海外学习的机会。

课外活动围绕兄弟会、美食俱乐部、150 多个校内俱乐部以及各种全校范围内的活动和体育赛事展开。25% 的学生是校队的成员,参加全美大学运动联合会一级联赛赛事,其中篮球队是学校最有竞争力的校队。其他的活动还有校内运动、俱乐部运动和休闲旅行。戴维逊学院每年对国际学生的资助为 1 928 720 美元。如果你喜欢戴维逊学院,我建议你也了解一下康涅狄格学院、丹尼森大学以及凯尼恩学院。

加州大学戴维斯分校 University of California:Davis

地址:175 Mrak Hall, Davis, CA 95616

网址:www.ucdavis.edu

电话:001-530-752-2971

邮箱:thinkucd@ucdavis.edu

戴维斯是加州大学分校中最大的一所,校园内有森林、农场、奶牛和花园,是整个加州大学的农业中心。戴维斯分校地处一个小城市,环境幽雅,大多数学生都骑自行车而不开车。该校有 24 800 名本科生,38% 为亚裔美国人,还有 794 名国际学生,6 500 名研究生。大一新生住在校内宿舍,高年级学生则住在校外公寓。学校的优势专业有动物科学、农业科学和环境研究。尽管学校以理工专业为主,但其室内艺术也非常出色。其他专业如兽医预科和医学预科、植物培植、嫁接、种子研究和食物生产都是大学前几名的学科。

校内运动比校际体育运动和观赏性运动更受欢迎,大约 65% 的学生都参加校内运动。这也是一所户外运动盛行的学校,娱乐性运动是学生们生活的一部分,如自行车、垒球、慢跑和飞盘等非正式比赛。学生多以传统保守型为主,并且颇具环保意识。与其他学校的以联谊会或体育运动为中心的校园生活不同,该校社交活动主要以工程学为主题展开。学校距离加州的首府萨克拉门托仅15英里远,离旧金山只有一小时路程,去加州内华达山脉进行徒步旅行或滑雪也只需一小时。校内有艺术中心,提供国内外以及当地的各种节目。如果你喜欢加州大学戴维斯分校,我建议你也了解一下康奈尔大学、密歇根州立大学以及佛蒙特大学。

丹尼森大学 Denison University

地址: Granville, OH 43023

网址:www. denison. edu

电话:001-740-587-6276

邮箱:admissions@ denison. edu

丹尼森大学坐落于美国中西部俄亥俄州美丽的群山之中,校园就在距离哥伦比亚市20英里的一个小镇里,校园里有一个别致的高尔夫球场。学校在校生为2 275人,3%为亚裔美国人,153名国际学生。99%的学生都住在校内。丹尼森大学是一所实力雄厚的文科学院,优势学科有生物、心理学和戏剧艺术。教授们对学生很关心,总是能给学生鼓励和支持。该校最受欢迎的专业有传媒(广播和新闻)、经济和英语文学。学校规定了核心课程,不论什么专业的学生都必须学习,这样可以保证学生们受到最全面的大学教育。大学鼓励独立研究项目,学生可与教授一起在夏季进行有津贴补助的科学研究。

体育运动在校内很受欢迎,男子长曲棍球和女子曲棍球都是冠军项目。学生对校际运动表现出极大热情的同时也参加各类校内体育项目,同时健身运动也受到男女同学的青睐。大学内有156个俱乐部,附近的大型高尔夫球场更加丰富了学生们的课外生活。学生们的社交活动主要围绕兄弟会、全校范围内的活动、体育运动以及纽瓦克附近的酒吧和餐厅展开。丹尼森大学每年对国际学生的资助为3 762 291美元。如果你喜欢丹尼森大学,我建议你也了解一下科尔比学院、戴维逊学院以及圣三一学院。

丹佛大学 University of Denver

地址:2199 So. University Bld, Denver, CO 80208

网址:www. du. edu

电话:001-303-871-2036

邮箱:admission@ du. edu

　　丹佛大学位于落基山脉的丹佛市的郊区,吸引了众多的滑雪爱好者申请其商学院中著名的酒店管理相关专业(酒店、餐饮、旅游专业),以及政治科学和国际研究学课程。学校共有 5 450 名学生,4% 为亚裔美国人,453 名国际学生,还有 6 400 名研究生。学校最有竞争力的学科有商学、生物科学和国际研究学。学校最热门的专业为商学、传媒学和心理学。

　　学校要求大一和大二的学生住在校内宿舍或兄弟会公寓,高年级学生则通常选择住在学校附近的校外公寓或合租房。冰上曲棍球和滑雪的校代表队都获得过全美大学运动联合会一级联赛的冠军。大部分学生都热爱户外运动、校内运动以及娱乐体育活动,如滑雪、登山、远足、骑车及露营。校园的社交生活围绕兄弟会、120 个俱乐部,以及各种校园活动进行,如在为期三天的冬季庆典里,学校会组织学生去附近的滑雪场滑雪、做冰雕;此外,5 月份学校还会放春假。很多学生趁周末休息去玩斜坡滑雪,或去 30 英里外的科罗拉多大学参加聚会,有些还去拉斯韦加斯旅行。丹佛大学每年提供给国际学生 5 786 232 美元的助学金,大部分以优秀奖学金的形式发放。如果你喜欢丹佛大学,我建议你也了解一下科罗拉多大学博尔德校区、南加州大学和图兰大学。

迪肯森学院 Dickinson College

地址:PO 1773, Carlisle, PA 17013

网址:www. dickinson. edu

电话:001-717-245-1231

邮箱:admit@ dickinson. edu

　　迪肯森学院是一个文科学院,坐落在风景优美的宾夕法尼亚州西部一个历史悠久的小镇。学校有 2 500 名学生,其中 4% 为亚裔美国人,还有 161 名国际学生,其中很多来自中国。迪肯森最好的专业是国际商务和外语。这两个专业和政治科学及心理学都是最热门的专业。迪肯森学院强调全球化教育,学校大约一半的学生都有机会在 24 个国家完成本科的部分学业。国际商务课程直接与国外的实习项目挂钩。

大部分学生(94%)都住在美丽的校园内,校园与卡莱尔市中心被一堵别致的石墙隔开。体育方面,迪肯森学院参加全美大学运动联合会二级赛事。男女田径项目和越野,以及女子曲棍球都获得过校际比赛的奖杯。大约 75% 的学生都参加校内体育活动,尤其是躲避球、篮球、橄榄球和地板曲棍球等非正式比赛项目。学校 1/4 的学生都参加了兄弟会和姐妹会。学生的社交活动围绕宿舍内和校园内的活动、校外的音乐会和舞会,以及 140 个俱乐部的活动展开。很多来自中国城市的学生在周末会去费城或纽约度假,他们通常会在圣诞节回中国,而在春假则会去欧洲或纽约旅游。迪肯森学院每年提供给国际学生的助学金有4 218 596 美元。如果你喜欢迪肯森学院,我建议你也了解一下康涅狄格学院、丹尼森大学以及富兰克林与马歇尔学院。

德雷塞尔大学 Drexel University

地址: 3141 Chestnut St., Philadelphia, PA 19104
网址: www.drexel.edu
电话: 001-215-895-2400
邮箱: enroll@drexel.edu

德雷塞尔大学的工程学院和商学院非常有名,是聪慧进取的学生的理想大学。学校坐落于费城的中心地带,毗邻宾夕法尼亚大学。德雷塞尔大学有14 000 名学生,其中 12% 为亚裔美国人,还有 1 375 名国际学生和 9 400 名研究生。大约 35% 的学生住校,许多学生走读,其余的学生则住在校外公寓。学校的优势专业有美术设计和机械工程,其中机械工程专业培养出全国最多的工程师。学校的热门专业有机械工程和炎症科学。像东北大学一样,合作教育是德雷塞尔大学的一大特色。大多数学生在五年内获得学位,大二和大三的时候会在校外进行为期六个月的带薪实习。学生们在全美各地实习,其中也不乏去国外实习的学生。

学校有 136 个俱乐部,6% 的学生隶属兄弟会。因为住校的学生并不算太多,所以学生的社交生活通常在校外,如在费城市中心活动或者周末出去游玩。学校男子、女子橄榄球及游泳队是最好的校队。校内也有一些运动,但因为很多学生都外出实习,所以校内体育运动团队不是很多。大多数学生毕业后会直接进入公司做与工程或商业相关的工作,这些工作通常是他们通过实习期间的人际网找到的。如果你喜欢德雷塞尔大学,我建议你也了解一下凯斯西储大学、东北大学以及罗彻斯特大学。

杜克大学 Duke University

地址:2138 Campus Dr., Durham, NC 27708

网址:www. duke. edu

电话:001-919-684-3214

邮箱:undergradadmissions@ duke. edu

　　杜克大学是南方最好的一所大学,吸引了很多优秀的学生,他们不仅努力学习以成功完成学业,而且力争从学校的生活中获得很多乐趣。杜克大学坐落于北卡罗来纳州的达勒姆,校园不仅有郁郁葱葱的树木,还有古老的哥特式建筑。学校位于达勒姆-罗利的“三角研究园”附近——这是美国最大的医学研究中心。杜克大学有6 700名本科生和7 300名研究生,22%为亚裔美国人,还有513名国际学生。85%的本科生住在校内不同的公寓里,如主题公寓,环境优美舒适。杜克的优势专业为工程学、生物医学、神经科学和经济学。最热门的专业为心理学、公共政策以及经济学。杜克大学为学生提供去海外大学以及美国其他大学进行学习交流的机会,几乎一半学生在四年的大学生涯中都有过海外学习经历。

　　杜克大学的男子和女子篮球队在校际篮球比赛中的精神无人能及。女子高尔夫球队和男子长曲棍球队也曾是冠军得主。杜克学生的社交生活和他们的学习生活一样丰富多彩,半数的学生参加了兄弟会和姐妹会,他们的聚会对全校学生开放。大多数学生的社交生活是在校内进行的,包括艺术表演、体育运动和兴趣小组活动。如果你喜欢杜克大学,我建议你也了解一下乔治城大学、北卡罗来纳大学教堂山分校和西北大学。

伊隆大学 Elon University

地址:2700 Campus Box, Elon, NC 27244

网址:www. elon. edu

电话:001-336-334-8448

邮箱:admissions@ elon. edu

　　伊隆大学是一所南方大学,坐落于一个风景优美的南方小镇。校园内有美丽的格鲁吉亚风格的建筑,红砖白柱,山峰为衬,四时花开,矮篱低树。学校既重视学生的理论知识学习,也注重培养他们的实践能力。学校的优势专业主要有商学、传媒和表演艺术。学校以其数码电视台为傲,这个电视台也给学生们带来了很多欢乐,每周会在那里制作和播出几小时的一周实况。传媒系的广播和新闻专业都是热门专业。商学系则非常注重国际方向。所有的学生都会在第一年修一门"全球经历"课,大部分的学生会在海外学习一个学期,这让他们学会用全球化视角看待整个世界。

　　学校有5 000名学生,大部分是白人,1%的学生为亚裔美国人,还有71名国际学生。59%的学生住校,35%的学生参加了兄弟会和姐妹会,校园里还有约150个各类俱乐部。伊隆大学参加全美运动联合会一级联赛赛事,其中橄榄球队尤其出色。学生的社会生活主要包括兄弟会的活动、各类体育活动、各种兴趣团体的活动以及表演艺术活动。伊隆大学的学生们有很强的团队精神,只要有赛事,观看的学生都会挤满公共汽车,去支持校队在其他学校的比赛。学校的气氛非常友好,有传统的迎新活动。如果你喜欢伊隆大学,我建议你也了解一下克莱姆森大学、罗琳斯学院和范德堡大学。

爱默生学院 Emerson College

地址:120 Boylston St., Boston, MA 02116

网址:www. emerson. edu

电话:001-617-824-8600

邮箱:admission@ emerson. edu

　　你想成为一名演员吗? 想成为一位播音员吗? 或是编剧、电视制片人? 如果想的话,你可以看看爱默生学院。爱默生学院坐落于历史悠久的波士顿大戏院区的中心地带,一直以来吸引了无数具有创造力和艺术细胞并有意在媒体或传媒界发展的年轻人。爱默生学院有 3 400 名学生,其中 4% 为亚裔美国人,有135 名国际学生和大约 1 200 名研究生。学校最热门的专业是电影摄影、电影和录像制作,而创作写作和表演艺术专业同样吸引了众多的学生。爱默生学院最近翻修了城中一座历史上有名的剧院,将其改造成一个新的创作中心,包括戏剧设计、戏服制作商店和电视摄影棚。学院还有数码实验室、音响制作套间、混响工作室、广播电台、新闻工作室和电视摄影棚。学院采取小班授课,每个班不超过 25 人,由戏剧、电视和创作界的专业人士授课。学生们在校内和校外都可以获得实践经验。

半数的学生住在学生公寓,其余的则在波士顿城里租房居住。学校有男子篮球和网球队,还有女子橄榄球和垒球队,他们都在大学生体育比赛中获得过奖项。学校还有一个巨大的健身中心供所有学生使用。学生的社会生活主要是参与和其专业相关的戏剧和媒体活动。如果学生们想参与校外活动,他们可以参加波士顿地区学生的活动。爱默生学院每年提供给国际学生 110 128 美元的助学金。如果你喜欢爱默生学院,我建议你也了解一下伊萨卡学院、纽约大学和南加州大学。

艾默里大学 Emory University

地址:200 Boisfeuillet Jones Center, Atlanta, GA 30322

网址:www. emory. edu

电话:001-404-727-6036

邮箱:admiss@ emory. edu

艾默里大学是位于佐治亚州亚特兰大市的一所研究型大学,学校毕业生大量地被当地计算机及通信行业的公司录用。学校以其美丽的校园和红顶大理石建筑而广为人知。艾默里大学每年都吸引众多医学预科生,该校医学院以其疾病控制专业和热带病研究而知名。目前学校有本科生 7 300 人,研究生 6 000人,其中 23% 为亚裔美国人,今年国际学生有 802 人。学生选择专业以医学预科、商学、心理学为主,也有选择政治科学以及英语专业的。70% 的学生住在校园里,部分高年级学生选择住在学校附近或亚特兰大市中心。60% 的学生加入了兄弟会,参加频繁的社团活动。学校的单人体育项目获得的冠军多于集体项目。校内体育运动风行,绝大多数在校生都从事一些体育项目,其中以男子网球、女子网球和游泳项目最为突出。校内及校外社会生活丰富而有趣。校园里有很多学校资助的社交活动,包括经典电影展示、音乐会以及流行演唱会。如果你喜欢艾默里大学,我建议你也了解一下华盛顿圣路易斯大学、宾夕法尼亚大学以及范德堡大学。

长青州立大学 Evergreen State University

地址: Olympia, WA 98505
网址: www. evergreen. edu
电话: 001-360-867-6170
邮箱: admissions@ evergreen. edu

　　这是一所位于奥林匹亚的州立大学,校园风光秀美,有大海和森林为伴,还有一根印第安图腾矗立在校园中心。长青州立大学是一所独具特色的学校:学术氛围自由,并提供学生海外学习的机会,同时可授予州内教育证书。学校有4 500名本科生,其中5%为亚裔学生,还有25名国际学生以及1 000名研究生。学生平均年龄26岁。很多学生在高中毕业后工作了一段时间或者旅游了几年之后发现长青州立大学是他们能够自选个性化课程的最佳选择,于是又纷纷回到学校。该校最强的专业是环境科学、媒体艺术和生物科学。大部分课程强调跨学科知识体系并结合操作的学习方式,比如去哥斯达黎加了解热带雨林或学习编织,去大峡谷学习地理知识,或去俄勒冈的鸟类保护区进行研究。

　　尽管户外娱乐和极限飞盘运动在常青州立大学很盛行,但总体来说,体育活动并不是学生们的最爱。校园文化很强调平等,他们甚至没有兄弟会或者其他专属性的俱乐部。学生的社会活动主要是和与自己志趣相投的同学一起进行户外娱乐活动、登山、划皮艇,或者到距离学校一小时左右路程的西雅图和奥林匹亚参加音乐会和画展。如果你喜欢长青州立大学,我建议你也了解一下比洛特学院、匹泽学院以及加州大学圣克鲁兹分校。

佛罗里达大学 University of Florida

地址: Gainesville, FL 32611

网址:www.ufl.edu

电话:001-352-392-1365

邮箱:webrequests@admissions.ufl.edu

　　佛罗里达大学是美国最大的公立研究性大学之一。校园大而优美,而且有很多地标性的建筑、森林和小湖。学校有 33 700 名本科生,8% 是亚裔美国人,还有 283 名国际学生,16 000 名研究生。他们来到这里学习主要是因为这里的工程学、药学、农业科学以及新闻专业非常具有竞争力。佛罗里达大学的商科项目排名很靠前,其中最受欢迎的专业是金融和税务法。该校的健康科学项目是由联邦政府资助的,其中以护理专业、健康科学以及拥有一个非常优秀的脑科学研究所的医学院最为出色。

　　只有 30% 的学生住在宿舍里,15% 的学生住在包含住宿和餐饮的兄弟会和姐妹会。学校会为新生提供住宿,然而过了一年之后学生就得自己去找房子住。在美国,没有几个学校像佛罗里达大学这样注重体育了。他们有橄榄球和篮球的冠军头衔,学生们也是这两种运动的拥护者。实际上,佛罗里达大学在橄榄球比赛之前会召开全美最大型的赛前动员会(称为 the Gator Growl)。除此之外,他们在高尔夫、网球、体操、排球以及游泳等比赛中也经常获胜。校内的体育队是大家都可以参加的,尽管很多学生会更多地使用健身公园而不是参加提供有氧运动、武术和壁球等健身课程的校内体育活动。社交活动主要围绕观赏性体育运动、兄弟会联谊以及盖恩斯维尔的文化交流项目进行——这个项目甚至吸引了百老汇的剧目以及来自世界各地的交响乐团和芭蕾舞剧团的参与。如果你喜欢佛罗里达大学,我建议你也了解一下乔治亚大学、俄亥俄州立大学以及位于佛罗里达的迈阿密大学。

福德汉姆大学 Fordham University

地址:441 E. Fordham Rd., Bronx, NY 10458

网址:www.fordham.edu

电话：001-718-817-5204
邮箱：esser@fordham.edu

这是一所坐落在纽约的罗马天主教大学，有来自全球100多个国家的学生。福德汉姆大学有两个校园，一个位于种族多元化的布朗克斯的罗斯希尔，拥有学术型校园文化；另一个位于曼哈顿的林肯中心，主要是表演艺术类的专业。学校有约8 000名本科生，其中8%是亚裔美国人，362名国际学生，还有7 000名研究生。林肯中心校区最有优势的专业有国际商务、经济学、心理学和表演艺术。罗斯希尔校区最有名的专业是商务、传媒和社会学。

大概60%的学生住在校内宿舍，有很多学生走读，另外有一些住在学校附近自己租的小区公寓——同样是一个种族多元化的环境。学校有一个先进的体育中心，为学生提供健身设施。学校参加全美大学运动联合会一级联赛赛事，学生们还可以参加各种校内运动和俱乐部运动。女子校队获得过许多奖牌，男子篮球队战绩也不俗。学生们的课外社会活动主要在校外，包括参与曼哈顿的各种文化、社交和体育活动。福德汉姆大学每年为国际学生提供1 093 617美元的资助。如果你喜欢福德汉姆大学，我建议你也了解一下巴纳德学院、亨特学院和纽约大学。

富兰克林与马歇尔学院 Franklin & Marshall College

地址：PO 3003, Lancaster, MA 17604
网址：www.fandm.edu
电话：001-717-291-3953
邮箱：admission@fandm.edu

富兰克林与马歇尔学院是一个独特的文理学院和职业预科学院的融合体，坐落在宾夕法尼亚州兰开斯特的阿米什人聚集区的一个小城市里。在阿米什，农民们不用现代化机器务农，他们用马来做动力，以马和马车作为交通工具。学校有2 500名学生，其中3%是亚裔美国人，还有215名国际学生，99%住校。学校以优秀的医学预科专业出名，学生进入医学院的比例很高。学生在学校开始学习不久后就会有一个医学预科的辅导老师，然后集中精力复习准备医学院入学考试。学校最强的专业是生物、化学和管理，而最受欢迎的专业是商务、经济和政治科学。

学生们住在校内宿舍、联谊会公寓或学校附近的校外公寓。学校最强的校队是男子和女子游泳队、橄榄球队以及女子长曲棍球队。大约一半的学生都参加校内体育运动,不过,体育运动在任何时候都要让位于学习,学生们对备考医学院和法学院更加重视。学校有100多个俱乐部,35%的男生是兄弟会的成员,15%的女生是姐妹会的成员。学校每年为国际学生提供4 832 717美元的资助。如果你喜欢富兰克林与马歇尔学院,我建议你也了解一下巴克内尔大学、盖茨堡学院以及拉法耶特学院。

乔治·梅森大学 George Mason University

地址:4400 University Dr. Fairfax, VA22030

网址:www. gmu. edu

电话:001-703-993-2400

邮箱:admissions@ gmu. edu

乔治·梅森大学成立于1972年,是一所年轻的公立大学,位于华盛顿美丽的城郊费尔法克斯县,校园里矗立着颇具现代感的建筑。学校共有20 225名本科生,其中17%为亚裔美国人,688名国际学生,此外还有12 500名研究生。学校的管理学院吸引了众多学生前来就读,其最有优势的专业有经济学、工程学、护理学和公共政策学。学校最受欢迎的专业有会计、传媒和心理学。

大约27%的学生住在校内学生公寓里。学校的篮球队非常出色,曾在2006年全美大学运动联合会的比赛中进入四强,吸引了很多观众前来观看。另外,女子橄榄球和排球也有很强的实力。不过,与一些历史悠久的传统大学相比,乔治·梅森大学的体育运动还不够兴盛。学校有大约10%的学生参加了兄弟会和姐妹会,学校还有150个校内俱乐部和学生社团。学生们的社会活动主要在学校的学生活动中心进行,那里有餐厅、电影放映室、学习室和计算机室,也是许多学生刊物和俱乐部的所在地。学校提供到地铁站的免费校车,为学生们去华盛顿、乔治城和华盛顿其他大学,以及上班、实习、参加社会活动等提供了交通上的便利。如果你喜欢乔治·梅森大学,我建议你也了解一下乔治·华盛顿大学、亨特学院以及东北大学。

乔治城大学 Georgetown University

地址:37th and O streets, NW, Washington DC 20057

网址:www. georgetown. edu

电话:001-202-687-3600

邮箱:guadmiss@ georgetown. edu

　　乔治城大学是华盛顿大学中的佼佼者,是一个罗马天主教的教会学校。这所学校云集了聪明的、有抱负的、视野广阔的、不同信仰、不同国籍的学生来共同学习和探索世界。学校坐落于乔治城,俯瞰波托马克河,坐公交车到乔治城的中心也不是很远。学校有 7 500 名本科生,9% 是亚裔美国人,还有 572 名国际学生。学校以国际服务学院和篮球而闻名。此外,医学预科、护理学院、商学院和人文学院也同样有名。最强的专业是管理、化学、哲学、外交史和国际经济专业。有 25% 的学生毕业后直接进入研究生院学习,主要是法学院和医学院。

　　65% 的学生住在校内宿舍、学校的校外公寓和新建的独立院落。学生们经常去华盛顿的文化中心和博物馆,以及乔治城的餐馆和酒吧,校内学生团体和宿舍还经常举行聚会,学校也会举办一些活动。校篮球队很有影响力,尤其是男子篮球;女子长曲棍球也很有名,经常获得东部冠军赛的金奖。帆船和划船比赛是非常受欢迎的校际和校内运动。乔治城大学每年花费 2 046 171 美元给国际学生提供资助。如果你喜欢乔治城大学,我建议你也了解一下杜克大学、宾夕法尼亚大学以及西北大学。

乔治·华盛顿大学 George Washington University

地址:2121 I St., NW, Washington, DC 20052

网址:www. gwu. edu

电话:001-202-994-6040

邮箱:gwadm@ gwu. edu

　　乔治·华盛顿大学坐落在白宫附近的宾夕法尼亚大道上,周围是众多政府大楼和办事机构,大多数学生都能在这些政府机构里找到实习的机会。学校有将近 10 400 名有抱负的本科生,10% 是亚裔美国人,还有 710 名国际学生。很多学生来这所大学是为了成为政治家、管理人员、医生、工程师或律师。有很大一部分学生申请哥伦比亚艺术与科学学院，其他学院，如埃利奥特媒体和公共关系学院、商务和公共管理学院、工程和应用科学学院也拥有较多生源。学校最强的专业是生物、计算机科学、金融、国际商务以及媒体和公共关系。超过一半的教授是管理、媒体和医学方面的领导人物，他们将最新、最实际的信息、知识和理念带进课堂。

　　70%的学生住在校内，大一新生和大二的学生都能获得学校提供的宿舍。学校有20%的学生参加了兄弟会。学生们的社会活动不局限在校内，他们还经常参加别的学校的活动，参观杜邦环岛和乔治城的博物馆，或者去咖啡馆和餐馆。学校的篮球队是最强的校队，此外还有女子曲棍球队和划船队。25%的在校学生参加校内运动，体育和健身中心对所有学生开放。乔治·华盛顿大学每年花费3 967 636美元为国际学生提供资助。如果你喜欢乔治·华盛顿大学，我建议你也了解一下美利坚大学、波士顿大学以及纽约大学。

乔治亚大学 University of Georgia

地址：Terrell Hall, Athens, Georgia 30602
网址：www. uga. edu
电话：001-706-542-8776
邮箱：undergrad@ admissions. uga. edu

　　乔治亚大学是一所南方大学，拥有美丽的校园，树木葱郁，花团锦簇。校园内矗立着19世纪的教学楼。26 000名本科生及28 000名研究生为该校杰出的教学环境和美式橄榄球慕名而来。学校有7%的亚裔美国人，还有203名国际学生。生命科学和农业是最强的两个学科。学校刚刚耗资4 000万美金建成一座生物医学大楼，为学生和教职员工提供新的科研实验室。学校的商学院、新闻学院以及公共与国际关系学院都颇具优势。

　　学校为所有大一新生提供住宿，但对于高年级的学生们来说没有足够多的校内宿舍。尽管很多学生都住在校外，但是绝大多数学生还是在学校餐厅吃饭，因为学校提供的伙食非常好，还获得了艾薇奖最佳饮食奖。大约有15%的学生加入了兄弟会，学校还有500个不同的学生团体和俱乐部。距离学校只有10分钟车程的阿森斯是一个堪称完美的大学城，有各种各样的餐馆、咖啡馆和音乐团体。除了去阿森斯开展各种社交活动外,学生们的其他课外活动也很丰富。体育方面,校橄榄球队和女子体操队成绩不俗,后者还获得了很多冠军奖杯。如果你喜欢乔治亚大学,我建议你也了解一下北卡罗来纳大学教堂山分校、密西西比大学和弗吉尼亚大学。

乔治亚理工大学 Georgia Institute of Technology

地址:225 No. Ave. NW, Atlanta, GA 303332

网址:www. gatech. edu

电话:001-404-894-4154

邮箱:admission@ gatech. edu

　　乔治亚理工大学以"只有学习,没有娱乐"著称,这完全不像典型的大学生活。来这所大学学习的学生希望成为工程师、电脑科学家和建筑师。学校坐落于亚特兰大市中心优美的校园里,乔治亚风格和哥特式的历史性建筑非常引人注目,很多都被收录在《国家史迹名录》中。最近学校耗资五亿美金建成了研究和教学中心,教授们可以利用最新的设施教授工程学并进行高科技职业培训。学校有13 800名学生,有66%的学生来自乔治亚,16%是亚裔美国人,还有994名国际学生,7 000名研究生,60%住校。工程专业有以下几个分支:电机工程、计算机工程、机械工程、陶瓷工程、化学工程和核工程。这里的学生们学习非常刻苦,主要原因是学校的专业竞争很激烈,每个人都想要成为班级中最出色的。学校还有与企业的合作项目,大约有1/3的学生可以获得一学期带薪实习和职业培训的机会。

　　有一半的学生住在校内宿舍,学生们觉得学校的食物比较一般。约有25%的学生参加了兄弟会,其他学生则会去亚特兰大参加各式各样的娱乐活动,或者在家学习。绝大多数的学生来到乔治亚是为了寻求学术上的挑战,他们都没有失望。如果你喜欢乔治亚理工大学,我建议你也了解一下莱斯大学、伦斯勒理工学院以及凯斯西储大学。

盖茨堡学院 Gettysburg College

地址:300 No. Washington St., Gettysburg, PA 17325

网址：www.gettysburg.edu
电话：001-717-337-6100
邮箱：admiss@gettysburg.edu

　　盖茨堡学院位于宾夕法尼亚州东部，靠近1863年亚伯拉罕·林肯担任美国总统时发生的美国南北战争的战场。出于这个原因，盖茨堡学院吸引着对美国历史特别感兴趣的学生。这是一所文科学院，优势学科有美国历史、英语文学和心理学。最热门的专业是商学，其次是政治学和心理学。该校还有一个音乐学院和一个新的艺术中心，开设优秀的音乐和戏剧课程。学校采取小班教学的模式，学生与教师的关系非常密切，课堂教学以讨论为主。盖茨堡学院有2 500名学生，其中2%是亚裔美国人，还有2%的国际学生。

　　学生基本都住在校内宿舍、学院所有的公寓或主题公寓。盖茨堡学院的兄弟会规模比较大，涵盖了将近70%的在校学生。学生们的社会活动主要围绕兄弟会、100多个俱乐部以及体育运动进行。属于全美大学运动联合会三级赛事的橄榄球比赛吸引了很多人，而游泳和田径也是校际比赛中的获胜项目。令人印象深刻的是，90%的学生都是校内体育队的成员或经常参加俱乐部体育活动，学校健身中心的利用率相当高。盖茨堡学院每年为国际学生提供的资助是1 931 010美元。如果你喜欢盖茨堡学院，我建议你也了解一下戴维逊学院、富兰克林与马歇尔学院以及汉密尔顿学院。

古彻学院 Goucher College

地址：1021 Delaney Valley Rd，Baltimore，MD 21204
网址：www.goucher.edu
电话：00l-410-337-6100
邮箱：www.goucher.edu

　　古彻学院坐落在绿树成荫的巴尔的摩郊区地带，拥有独具特色的大卵石建成的房屋。学校周边有20多所学院和大学，这些学校的学生人数超过100 000。巴尔的摩位于华盛顿特区和费城之间。学校共有1 500名学生，3%为亚裔美国人，还有32名国际学生。学校最优秀的专业是理科，校内有一个核磁共振波普仪和科学可视化实验室供本科生使用。实际上，古彻学院有一个出名的第五年理科课程，这是专为那些改变想法想读理科的文科生学习医学专科而设置的。

学校的文科专业,如舞蹈和创作写作,也同样出名。古彻学院最热门的专业是英语、传媒学和心理学。学生们也可以在附近的约翰霍普金斯大学上课,使用那里的图书馆,并申请就读和约翰霍普金斯大学工程学院合作的工程课程。

学校81%的学生住在校内宿舍,学生们对学校的食物评价很高。学校的男子和女子长曲棍球队是最好的校队。校内还有不错的室内马场、马厩和漂亮的室外马道。古彻学生的社会生活很丰富,他们参加舞蹈和戏剧表演,参加附近学校的活动,或去华盛顿和费城游玩。古彻学院每年提供国际学生 526 416 美元的助学金。如果你喜欢古彻学院,我建议你也了解一下巴德学院、康涅狄格学院和斯基德莫尔学院。

格林内尔学院 Grinnell College

地址:1103 Park Ave., Grinnell, IA 50112

网址:www. grinnell. edu

电话:001-800-247-0113

邮箱:askgrin@ grinnell. edu

小镇中开心、进取、求知、拥有智慧的年轻人的聚集地、爱荷华的"偏隅一角"、开心之地——这就是格林内尔学院。学生们喜欢它的偏僻,喜欢那里独立的学习方式。这里的学生是美国西部最优秀的文科学生。学校共有 1 655 名学生,其中6%为亚裔美国人,还有 189 名国际学生。很多学生都来自大都市,如纽约和芝加哥。学校最有名的两个毕业生,一位是世界最富有的人之一,沃伦·巴菲特,另一位则是英特尔的创始人之一罗伯特·诺伊斯。有创造力并且努力的学生来到格林内尔学习,成为努力并且有创造力的毕业生,走出校园,拥抱世界。学校的理工科非常热门,外语、生物和化学也是学校最好的专业。不论学生学的是什么专业,他们大多积极参与政治活动。

大约有90%的学生住在校内宿舍,那些租住公寓的学生则住在学校的街对面。学生的社会生活有兴趣小组活动,或由各个宿舍资助并对全校学生开放的主题聚会。校际体育运动不如校内运动那么受人关注,约有半数的学生都参加校内运动。校径队、游泳队和网球队经常获得冠军。格林内尔学院每年提供给国际学生 5 470 625 美元的助学金。如果你喜欢格林内尔学院,我建议你也了解一下马卡莱斯特学院、卡尔顿学院以及卫斯理安大学。

汉密尔顿学院 Hamilton College

地址: Clinton, NY 13323

网址: www.hamilton.edu

电话: 001-315-859-4421

邮箱: admissions@hamilton.edu

汉密尔顿学院是一所小型的人文学院,美丽的校园位于北纽约州,依山傍水,绿树林立。汉密尔顿学院有 1 850 名学生,其中 8% 为亚裔美国人,还有 87 名国际学生。值得中国学生注意的是,你们可以用三门 SAT 科目考试成绩或三门 AP 或 IB 考试成绩来代替 SAT 的入学考试。汉密尔顿拥有学院式的、传统的校园文化,吸引了很多热爱体育运动、政治上保守、来自富裕家庭的学生。英语是学院的优势专业,而写作是四年大学的唯一必修课程。经济、管理、数学和生物是全校最好的科系。经济学和英语是最热门的专业。汉密尔顿的学生因其悠闲、友好、团结的社区生活而闻名,这是由于学生人数少、大二到大四的班级人数少于 20 人、学生们兴趣相投且学校位于郊区的缘故。

所有的学生都住在校内的学生宿舍、公寓或兄弟会的公寓。学生的社会生活主要围绕兄弟会(大约有 35% 的男生加入),以及校内的 100 个俱乐部(多数为体育俱乐部)进行。校队主要有男子和女子橄榄球队,还有男子高尔夫球队、男子和女子游泳队和潜水队。汉密尔顿学院每年提供给国际学生 3 093 550 美元的助学金。如果你喜欢汉密尔顿学院,我建议你也了解一下科尔比学院、丹尼森大学和圣三一学院。

哈佛大学 Harvard University

地址: 86 Brattle Street, Cambridge, MA 02138

网址: www.harvard.edu

电话: 001-617-495-1551

邮箱: college@fas.harvard.edu

哈佛是世界上优秀大学的标准,甚至排在牛津和剑桥之前。你首先应该了解的是,哈佛每年拒绝 75% 拥有 SAT 高分的学生;你还应该了解,大多数进入哈佛的学生 SAT 并没有考到满分。很多有天分、有独特性的学生取得 700—700—700 的好成绩进入哈佛是因为他们很聪明、有学识并且很有趣味,可以给哈佛大学带来新的思维模式、不同的领导方式,并带来在体育、音乐、社区服务、出版等方面具有特殊才能的人才。学校有来自世界各地的 6 800 名学生,其中 14% 是亚裔美国人,有 697 名国际学生,此外还有 4 000 名研究生,90% 以上学生住校。最热门的科系和专业为经济、生物、管理和社会科学。最有优势的专业为东亚研究、英语、人类学和音乐。在哈佛,大课和助教是很平常的,而教授亲自给学生传授个人学习经验的机会很少。不过,如果学生采取主动,教授们也有兴趣抽出时间和学生探讨。

哈佛大学的校队是全国大学里数量最多的,有 41 支男子和女子体育代表队。他们发行的日报和幽默杂志闻名遐迩,还有表演艺术、政治和社区服务团体。学生们的社会生活主要在校园里,如参加由志趣相投的学生组成的各类兴趣小组。哈佛大学提供给国际学生的助学金也占众大学之首,一年为 26 306 918 美元。如果你喜欢哈佛大学,我建议你也了解一下普林斯顿大学、斯坦福大学以及耶鲁大学。

哈维姆德学院

(请参见克莱蒙学院)

哈弗福德学院 Haverford College

地址: Haverford, PA 19041
网址: www. haverford. edu
电话: 001-610-896-1350
邮箱: admission@ haverford. edu

从高消费的费城市区,转道田园小路,途经苍野绿地、参天古木和潺潺小溪,即可到达风景如画、以 19 世纪石制建筑为主的哈弗福德学院。校园静谧,有社区般的学习氛围。哈弗福德学院是一所贵格学校,学生管理采取协商的方式。学校历来提倡种族平等、性别平等,有很强的荣誉准则。学院有 1 200 名人文专业学生,包括 8% 亚裔美国人和 116 名国际学生。所有学生都住在环境优越的校内宿舍,甚至有 60% 的教职员工也住在校园里。学生可以自由安排考试时间,也可以在他们所希望的任何地点进行考试。学校最好的专业有理科类、英语、政治学和经济学。化学、英语和心理学是最热门的专业。很多学生乘坐班车到学校附近的布林莫尔学院选修课程。

橄榄球及男子、女子径赛队是学校最受欢迎、也是最强的校队,学校很多学生都参加校内体育运动。哈弗福德有美国唯一的一支大学板球校队。学生的社会生活包括校内活动,到附近学校如布林莫尔、斯沃斯莫尔和宾大的校园里参加活动,或去费城游玩。哈弗福德学院每年提供给国际学生 572 624 美元的助学金。如果你喜欢哈弗福德学院,我建议你也了解一下贝茨学院、欧柏林学院和斯沃斯莫尔学院。

夏威夷大学 University of Hawaii

地址: 2530 Dole St., Honolulu, HI 96822
网址: www.hawaii.edu
电话: 001-808-956-8975
邮箱: ar-info@ hawaii.edu

如果你希望在一所亚洲人很多、东西方文明汇聚、距离中国不远的学校学习,你可以选择夏威夷大学。夏威夷大学校园风景优美,处于市中心地带,很多美国人来这里晒太阳、玩滑板冲浪。你必须明确夏威夷大学有你想学的课程,这样你才能在阳光、冲浪外获益更多!

学校共有 14 000 名学生,包括 41% 的亚裔美国人,还有 378 名国际学生及 6 400 名研究生。大多数学生都走读,只有 13% 的学生住在学校宿舍和公寓。火奴鲁鲁(檀香山)的房价很贵,但是国际学生在申请住房上有优先权。如果你对海洋生物学、火山学、东西方研究、占星学和旅游商业感兴趣,那么这所学校就是最佳选择。你可以申请学校人文学科的荣誉课程,这些课程采取小班授课,竞争很激烈。学校最好的校队是橄榄球队、篮球队和游泳队,女子排球队也常常获得冠军。学校主要的体育运动自然是冲浪和沙滩排球,这也是当地的一大娱乐景观。夏威夷大学每年提供给国际学生 1 347 810 美元的助学金。如果你喜欢夏威夷大学,我建议你也了解一下南加州大学、佛罗里达大学以及迈阿密大学。

圣十字学院 College of The Holy Cross

地址: Worcester, MA 01610

网址: www.holycross.edu

电话: 001-508-793-2443

邮箱: admissions@holycross.edu

　　圣十字学院是一所治学严谨的罗马天主教学院,位于西马萨诸塞州,距离波士顿有一小时车程。这所山顶校园因其美丽的建筑群和自然植被而获得国家奖项。这是一所传统的子弟学院,许多毕业生的后代也在这里学习,在传统文化和日常生活上都有很浓的家庭氛围。学校大约有 2 800 名学生,其中 5% 为亚裔美国人,还有 33 名国际学生,90% 住校。大多数学生都是天主教徒,他们每周都参加校内的弥撒。学校还有很多新教徒和非正统的天主教徒,所以学校里的非天主教徒并没有被孤立的感觉。学校隶属生物专业的医学预科课程很出名,要求学生每星期在实验室里进行大量试验和研究。由于人文教育是学院的主基调,因此历史学、经济学、会计学和英语专业也都成为热门专业。

　　学校有很多校队参加全美大学运动联合会一级赛事,橄榄球、男子和女子篮球及长曲棍球都赢得过奖项,每次赛事都吸引全体学生来观看。除体育运动外,学生的社会生活也很丰富。学校的很多传统活动是团结友爱的校园文化形成的主要因素。如果你喜欢圣十字学院,我建议你也了解一下波士顿学院、乔治城大学以及圣母大学。

纽约城市大学亨特学院 City University of New York: Hunter College

地址: 695 Park Ave., New York, NY 10021

网址: hunter.cuny.edu

电话: 001-212-772-4490

邮箱: admissions@hunter.cuny.edu

　　纽约城市大学亨特学院是一所公立走读大学,位于曼哈顿的中心地带,学校的多元化程度可以说是所有大学中之最。学校共有 15 500 名本科生,其中 17% 为亚裔美国人,还有 1 143 名国际学生。虽然学校在 25 街有一些学生宿舍可供

4%的学生住宿,但大多数学生都住在家里。护理和物理治疗专业的学生以及国际学生有优先住宿权。学校的优势课程有教育、历史、护理和表演艺术,这些同时也是学校最热门的专业。因为亨特学院是走读学校,所以很多学生白天工作,晚上读书。这对于不能进行全日制学习的学生来说是个好机会,他们可以边工作边读夜校,并获得学位。

学生们的社交生活很丰富,如兴趣小组的活动以及纽约市的各种文化和音乐活动。世界上最好的博物馆离学校很近,步行就可到达;附近还有医学研究中心和为学生们提供实习机会的各类商业公司。如果你喜欢亨特学院,我建议你也了解一下德雷塞尔大学、福德汉姆大学以及纽约大学。

伊利诺伊大学香槟分校 University of Illinois：Urbana-Champaign

地址:901 W. Illinois St., Urbana, IL 61801

网址:www. uiuc. edu

电话:001-217-333-0302

邮箱:ugradadmissions@ uiuc. edu

香槟分校是顶尖的研究性大学,校园长约一英里,绿树成荫。校园内矗立着乔治亚风格的建筑。学校有杰出的建筑学院和商学院。学校共有 31 600 名本科生,13% 是亚裔美国人,还有全美数量最多的 3 811 名本科国际学生,12 300 名研究生。学生们可以选择以下八个学院,分别是农业和环境科学学院、应用健康研究学院、商学院、传媒学院、教育学院、工程学院、艺术及应用艺术学院和航空学院。有一半的学生选择就读文理学院。农业经济、环境科学、会计、工程学、建筑和管理是该学校最有优势的学科。最受欢迎的专业是细胞分子生物学、政治学和心理学。

有一半的学生住在学校提供的宿舍或者兄弟会公寓。伊利诺伊隶属中西部十大体育联盟,其男子篮球和网球在联盟中排在首位。女子越野和径赛队是冠军获得者。学校 90% 的学生都参加校内体育运动,这在全美大学中是少有的。学校的设施先进,包括耗资 500 万美金的网球中心。学生的社交活动主要有兄弟会和姐妹会活动、体育运动、艺术活动、当地的酒吧以及 1 200 个校园俱乐部举办的派对和联谊活动。在香槟分校,学生永远不会发愁没有社交活动。伊利诺伊大学每年给国际学生提供 731 245 美元的资助。如果你喜欢伊利诺伊大学香槟分校,我建议你也了解一下印第安纳大学、威斯康星大学以及普渡大学。

伊利诺伊理工大学 Illinois Institute of Technology

地址:10W. 33rd St., Chicago, IL 60616

网址:www. iit. edu

电话:001-312-567-3025

邮箱:admission@ iit. edu

　　想毕业后找到与工程或建筑相关的工作? 不管学习多辛苦也不在意? 不看橄榄球赛也可以? 不是到大学来玩的? 如果是这样的话,你应该来芝加哥的伊利诺伊理工大学! 伊利诺伊理工大学校园绿树成荫,学校很多建筑都是由米斯·凡德罗设计的(米斯是引领伊利诺伊理工大学建筑学院的世界闻名的建筑设计师)。建筑学院距离芝加哥市中心三英里,在 White Six 棒球队所在地的对面,可以步行至唐人街和密歇根湖。学校有 2 600 名学生(80% 为男生),567 名国际学生,12% 是亚洲人,还有 5 175 名研究生。他们到学校学习工程学和建筑学,专注于职业生涯的培训以及在毕业后找到一份高薪厚职的工作。学校的优势专业为电机工程、化学工程、航空航天工程和建筑学,其中最热门的专业为建筑学。学校采取小班授课,一般约为 25 人,基本上不会超过 50 人,都由正教授教课,这些教授中不乏一些获奖的建筑设计师和物理学家。

　　25% 的学生住在学生宿舍,还有一部分学生走读,另外一些学生住在八所兄弟会公寓或学校附近的公寓。体育运动不是很盛行,不过男子游泳队获得过冠军奖项,学生们也参加校内体育活动。学生们将大量时间花在学习上,因而没太多时间参加体育运动和社会活动。大概 20% 的学生参加了兄弟会和姐妹会。如果你喜欢伊利诺伊理工大学,我建议你也了解一下凯斯西储大学、普渡大学和弗吉尼亚理工学院。

印第安纳大学 Indiana University

地址:300 N. Jordan Ave., Bloomington, IN 47405

网址:www. indiana. edu

电话:001-812-855-4306

邮箱：intladm@ indiana. edu

你喜欢有很多专业选择的学校吗？如果喜欢，可以浏览这个网页，你会发现印第安纳大学看起来就像是好莱坞电影中的美国大学——建筑异常美丽，既有古老的哥特式也有极具现代感的贝聿铭式建筑，大面积的树林和灌木丛遍布校园，还有池塘、喷泉和小河。学校有 32 500 名本科生，其中 4% 为亚裔美国人，还有来自世界 125 个国家的 2 853 名国际学生，另外还有 10 000 名研究生。所有的大一学生都住在校内宿舍，但有过半数的高年级学生住在校外公寓。印第安纳大学有名的专业有会计、商务、化学、新闻、外语和音乐。学校每学期开设4 000 余门不同的课程——为学生提供了多样的想法和很多选择。凯利商学院和雅格斯音乐学院拥有排名最好的研究生学位和本科课程，因此吸引了众多申请者慕名而来。

印第安纳大学的篮球队十分出色，属于十大体育联盟，拥有一支声势浩大的鼓乐队，吸引无数学生去助阵观看。女子高尔夫球队和网球队都是比赛冠军。体育运动、兄弟会和音乐构成了印第安纳大学学生的主要社会活动。校园里洋溢着典型的中西部式的友好气氛。很多学生参加各种体育、音乐、新闻活动，因而不论你学什么专业或对什么活动感兴趣，都能找到适合你的大学生活。印第安纳大学每年提供给国际学生 3 104 545 美元的助学金。如果你喜欢印第安纳大学，我建议你也了解一下密歇根大学和威斯康星大学。

伊萨卡学院 Ithaca College

地址：100 Job Hall, Ithaca, NY 14850
网址：www. ithaca. edu
电话：001- 607-274-3124
邮箱：admissions@ ithaca. edu

伊萨卡学院位于纽约州北部，和康奈尔大学共处一个自然风景优美的小镇，其间群山环绕，流水潺潺，峡谷森森。学校引以为豪的专业有音乐戏剧和音乐专业；最热门的课程是电视和广播传媒。在竞争最为激烈的音乐戏剧专业中，学生需要通过试音或试演才能被录取。学院与健康相关的课程，尤其是物理治疗学院的课程，吸引了不少学生。学校采取小班授课，教授们都非常友好，并且愿意在课外花时间和学生进行交流。伊萨卡学院允许学生在康奈尔大学选修课程。

学校有 6 500 名学生,其中 3% 为亚裔美国人,还有 105 名国际学生和 500 名研究生。

大约 70% 的学生住在校内宿舍,高年级学生住在六人间的大公寓内。大四的学生有些住在校外,合租房子,因此他们的社会生活十分丰富。校际体育运动有男子橄榄球、篮球和棒球,还有女子垒球、游泳和跳水。校内也有各种体育运动,不过艺术类的学生在专业上花的时间更多,他们会经常组织麦克风开放日和卡拉 OK 之夜之类的活动。学生经常参加校内音乐会、演讲、滑稽喜剧表演和乐队表演。伊萨卡学院每年提供给国际学生 2 363 369 美元的助学金。如果你喜欢伊萨卡学院,我建议你也了解一下音乐剧专业非常有名的波士顿大学、爱默生学院以及雪城大学。

加州大学欧文分校 University of California:Irvine

地址:260 ADM, Irvine, CA 92697

网址:www. uci. edu

电话:001-949-824-6703

邮箱:admissions@ uci. edu

医学预科是加州大学欧文分校最有优势的专业。加州大学欧文分校是一所公立研究型大学,以其生物科学研究闻名。欧文大学位于奥兰治县,校区非常具有现代感,离洛杉矶约一小时车程,离海边也只有 10 分钟车程。学校有 22 500 名本科生,51% 是亚裔美国人,还有 794 名国际学生,以及 5 000 名研究生。学校保证大一新生能申请到学生宿舍。学校位于高消费区,所以在其余三年想找到价位适中的房子会比较困难。学校的优势专业有生物科学、经济学和计算机科学。健康学相关学科、经济学、计算机科学及艺术学院的戏剧、舞蹈和音乐剧专业都是最热门的学科。

尽管校内体育运动的选择比较多,但体育运动不是学生们的主要活动,学校没有橄榄球队,而且校际运动大多是运动员参加比赛,其中男子水球获得过最多的奖项。学校的社会生活不算很丰富,兄弟会只有不到 20% 的学生参加,不过很多校园聚会都是兄弟会赞助组织的。学生们大多喜欢和志趣相投的同学一起活动。校园里医学专业的学生非常多,整个校区弥漫着治学严谨的氛围,学生们都朝着他们的职业目标努力学习。欧文分校每年提供给国际学生 2 197 984 美元的奖学金。如果你喜欢欧文分校,我建议你也了解一下卡耐基·梅隆大学、加州大学戴维斯分校以及加州大学洛杉矶分校。

约翰霍普金斯大学 Johns Hopkins University

地址:3400 No. Charles St., Baltimore, MD 21218

网址:www. jhu. edu

电话:001-410-510-8000

邮箱:gotojhu@ jhu. edu

约翰霍普金斯大学因有全世界最好的医学预科学院而知名,此外,还有很多极具竞争力的专业供来自世界各地的优秀学子选择。学校位于巴尔的摩周边地区,有传统的绿树红墙,还有最现代的科学实验室和剧院,吸引了来自世界各地的学生。学校有 5 000 名聪慧、用功、认真的本科生,19% 为亚裔美国人,还有441 名国际学生和1 500 名研究生。一、二年级学生和25%的高年级学生住在校内宿舍,其余的住在附近的校外公寓或合租房。学生们到约翰霍普金斯这所研究型大学主要学习其强项专业,如生物医学工程、生物学,还有排名靠前的国际研究(在中国的南京中心有相关课程)、英语和写作课程,以及新开设的创业专业的辅修课。

约翰霍普金斯在全美大学运动联合会一级赛事中参加长曲棍球,三级赛事中参加英式足球、橄榄球、篮球和网球,所有这些运动是构筑学校精神的重要因素。虽然约翰霍普金斯大学以“只学不玩”而闻名,但一所大学的学生不可能没有社交生活。大约 1/4 的学生参加了兄弟会和姐妹会,学校的俱乐部超过 200个,主题涉及政治、音乐、戏剧及与科学相关的各种俱乐部。约翰霍普金斯大学每年提供给国际学生 972 500 美元的助学金。如果你喜欢约翰霍普金斯大学,我建议你也了解一下芝加哥大学、哈佛大学以及耶鲁大学。

朱利亚学院 Julliard School

地址:60 Lincoln Center Plaza, NYC 10023

网址:www. julliard. edu

电话:001-212-799-5000 Ex. 223

邮箱:admissions@julliard.edu

如果你是一名优秀的音乐、舞蹈或戏剧专业的学生,你可能已经知道朱利亚学院——一所世界闻名的音乐学院,位于纽约市的表演艺术中心——林肯中心。学校不大,有 500 名学生,15% 为亚裔美国人,还有 6% 的国际学生。舞蹈和戏剧专业各有 90 名学生,但大多数学生来朱利亚学院是为了学习音乐。学校录取的依据主要是学生的试音或试演,而非学习成绩,这个过程的竞争非常激烈。学校每年招生人数不同,主要根据生源素质和音乐、戏剧及舞蹈系的需求。托福分数要求最低为 73 分,写作部分不低于 11 分。SAT 的阅读或写作分数如果超过 550 分,则可免考托福。

学校半数的学生,包括全部大一新生,都住在校内宿舍,但很多高年级学生选择在校外租房。比起普通大学校园,这种独立的艺术院校里的学生的社会生活要有限得多。学生们的校园生活主要是参加艺术活动,或和朋友在林肯中心附近散心,或者到市内游玩。朱利亚学院每年提供给国际学生 2 540 736 美元的助学金。如果你喜欢朱利亚学院,我建议你也了解一下劳伦斯大学、欧柏林音乐学院和范德堡大学。

凯尼恩学院 Kenyon College

地址:Kenyon College, Gambier, OH 43022
网址:www.kenyon.edu
电话:001-740-427-5776
邮箱:admissions@kenyon.edu

凯尼恩学院是一所传统的文理学院。学校有 1 675 名学生,6% 为亚裔美国人,还有 53 名国际学生。学校坐落在俄亥俄中心地区,校园里有非常美丽的哥特式建筑。学校实行住宿制,校园气氛团结友好,学校注重培养学生讨论式的学习风格。学校最有优势的专业是英语言文学,还有著名的写作、政治科学和心理学专业,这些也是热门专业。除此之外,经济学和生物学也很受欢迎。

98% 的学生们都住在学生宿舍、公寓或套房。兄弟会在学生宿舍里,他们没有独立公寓,因此很多社会活动也在那里进行。凯尼恩学院有 135 个俱乐部,还有很多戏剧创作、音乐会和艺术表演,观看的学生很多。学院参加全美大学运动联合会三级赛事,通常都会吸引很多运动员和观众来观看;男子和女子游泳队都得过校际比赛的奖杯。女子网球和男子足球也取得过冠军称号。校内运动和俱乐部运动包括水球和其他季节性体育运动。学生的社交活动主要是传统类项目,如盛装舞会、一年一度的和丹尼森队的冰上曲棍球比赛以及学院歌唱比赛,受到很多学生的喜爱。凯尼恩学院每年提供给国际学生 2 078 761 美元的助学金。如果你喜欢凯尼恩学院,我建议你也了解一下科尔比学院、康涅狄格学院和戴维逊学院。

拉法耶特学院 Lafayette College

地址:118 Markle Hall, Easton, PA 18042

网址:www. lafayette. edu

电话:001-610-330-5100

邮箱:admissions@ lafayette. edu

　　拉法耶特学院是一个拥有工程学院的文理学院。美丽的校园坐落在东宾夕法尼亚州。学院有 2 400 名学生,4% 为亚裔美国人,有 136 名国际学生。学生选择拉法耶特学院是因为这个学校采取小班授课,学生和教授之间的关系紧密。学院的优势专业是工程学和文科类专业,尤其是经济学和管理专业。拉法耶特学院因其海外课程而知名,很多学生都有机会去世界各地的大学选修课程。

　　这个学院采取住宿制,96% 的学生住在校内宿舍。学院距费城不到一小时车程,离纽约市大约一个半小时车程。学院有着亲切、传统的校园氛围,学生们积极参与各类校园活动,如体育运动、音乐和戏剧活动。校橄榄球队曾得过冠军,男子和女子篮球及田径队在一级联赛的比赛中都很有竞争力。学校有非常好的体育运动中心,是校内体育运动和健身总部。学校的大部分学生都参加校内运动和俱乐部运动,如夺旗橄榄球、冰上曲棍球和划船运动。拉法耶特每年提供给国际学生 4 084 682 美元的助学金。如果你喜欢拉法耶特学院,我建议你也了解一下巴克内尔大学、里海大学和联邦学院。

劳伦斯大学 Lawrence University

地址:706 E. College Ave., Appleton, WI 54911

网址:www. lawrence. edu

电话:001-920-832-6500

邮箱:excel@lawrence.edu

劳伦斯大学是一所小型、友善的中西部文理学院,位于威斯康星州的一座小城镇,校内能看到一条河。该大学因其音乐学院而闻名,其中音乐表演是最热门的专业。学校有 1 600 名学生,大多来自中西部,3% 是亚裔美国人,还有来自 40 个不同国家的 104 名国际学生。学校采取小班授课;除在课堂上外,教授们还在课外安排时间与学生们进行交流。学校的优势专业有音乐、生物和激光物理学。音乐学院的入学申请竞争非常激烈,以试音的成绩作为主要的录取标准。劳伦斯大学最热门的专业为心理学和经济学,在东亚项目中还有中文和日文专业。劳伦斯大学是以文艺为导向的理论型学院,学生们经常在课外讨论文学和音乐。

98% 的学生都住在校内的学生宿舍或主题公寓,如舞蹈公寓、同性恋公寓和辩论公寓等。周六很多学生都去看学校的橄榄球队比赛;学校的男子篮球队和女子垒球队都获得过冠军。校内体育运动大多是娱乐性的,如极限飞盘和扫帚球,而且学生们花在音乐上的时间比体育运动要多。学生们的社会生活主要包括听音乐会、去咖啡屋、在学生中心活动、看电影、参观艺术展以及参加同学聚会等。劳伦斯大学每年提供给国际学生 2 429 563 美元的助学金。如果你喜欢劳伦斯大学,我建议你也了解一下卡尔顿学院、哈弗福德学院和欧柏林学院的信息。

里海大学 Lehigh University

地址:27 Memorial Dr. W, Bethlehem, PA 18015

网址:www.lehigh.edu

电话:001-610-758-3100

邮箱:inado@lehigh.edu

里海大学是一所中等大小的职前预科研究性大学,吸引了很多学生申请其工程学院和商学院。学校有 4 800 名本科生,6% 为亚裔美国人,252 名国际学生,还有 2 500 名研究生。里海大学位于东宾夕法尼亚州的一座山边,距费城 50 英里,离纽约市 75 英里。里海大学在校园中心建了一座有彩色玻璃圆顶的宏伟的哥特式图书馆。里海大学最好的专业有工程、艺术、建筑和国际商务。最热门的专业有机械工程、商学院的市场营销和文学院的心理学。学校教育以职业为导向,设有很多特殊课程,如和其他大学合作的七年的医学和牙科课程,还有光学技术、生物科学、生物技术,并为学生在四年大学期间安排为期八个月的校外带薪实习。

里海大学80%的学生都住在校内宿舍、公寓和兄弟会公寓。学生的社会生活主要来自有40%学生参加的兄弟会和姐妹会组织的活动。除了兄弟会的聚会,校园内还有140个俱乐部。里海大学参加全美大学运动联合会一级联赛,很多学生都踊跃参加。学校最强的校际运动是男子篮球和足球,游泳和摔跤项目也得过奖。大约半数的学生都参加校内运动,更多的学生选择去运动中心进行健身活动。里海大学每年提供给国际学生2 626 182美元的助学金。如果你喜欢里海大学,我建议你也了解一下巴克内尔大学、卡耐基·梅隆大学以及康奈尔大学。

路易克拉克大学 Lewis & Clark College

地址:0615 Palatine Hill Rd. Portland, OR 97219

网址:www. lclark. edu

电话:001-503-768-7040

邮箱:admissions@ lclark. edu

路易克拉克大学是一所坐落于美国西北部太平洋附近的文理学院,位于俄勒冈波特兰市的高层次居民区。这所大学以其环境研究专业和全球化的教育视角而闻名,有2 000名本科生,其中5%是亚裔美国人,110名国际学生,其中26人来自中国,以及1 500名教育学院和法学院的研究生。路易克拉克大学的国际课程在全美是历史最为悠久的,它的学生有机会去世界上65个国家进行交流学习。同时,又有来自35个不同国家的学生来到这所大学学习。大学最有优势的院系是环境研究系、性别研究系以及国际事务系。心理学、国际事务和生物科学专业人气最旺。环境科学对于学生和学校来说都非常重要,他们对建筑的合理建造与土地的合理开发以及在改善地球环境方面的积极表现,为他们赢得了至高的荣誉和嘉奖。学生们团结友爱,同时受到教授的悉心教育与关怀。学生们崇尚自由,其中很多人是冒险主义者,对新思想、新领域的开发充满热情。他们关心政治,积极参与社会事件,并且拥有明确的观点和立场。

路易克拉克大学有60个俱乐部。学生们喜欢参加休闲娱乐的户外活动,如远足野营、极地越野滑雪、水上运动、海上皮艇运动等。路易克拉克大学为60%

的国际学生按照其需求提供助学金。如果你喜欢路易克拉克大学,我建议你也了解一下贝茨学院、比洛特学院以及匹泽学院。

加州大学洛杉矶分校 University of California:Los Angeles(UCLA)

地址:405 Hillgard Ave., Los Angeles, CA 90095

网址:www. ucla. edu

电话:001-310-825-3101

邮箱:ugadm@ saonet. ucla. edu

加州大学洛杉矶分校就像好莱坞电影中的大学,花园式的校园错落有致,温泉处处,绿意盎然,位于贝莱尔附近的贝弗利山,距离好莱坞不远。学校有26 500名本科生,其中36%是亚裔美国人,并且有2 014名国际学生,此外还有13 500名研究生。亚裔美国学生拥有自己成功开办的杂志《太平洋情结》。电影、戏剧及电视传播学院非常受欢迎。加州大学洛杉矶分校的学生能够得到任何一个传媒领域的实习机会。工程、音乐、舞蹈及经济学院都是实力非常强的院系,心理学是文理学院最受欢迎的专业。

超过40%的学生住在学校里面,大三、大四的高年级学生通常在学校附近租公寓住。学校的体育项目很有优势,主要的校队有橄榄球队、篮球队和棒球队。此外,这所学校培养出的奥林匹克运动员比其他任何一所大学都要多。女子体操和水球常常赢得冠军。25%的学生参加了兄弟会或姐妹会,并且居住在兄弟会或姐妹会的公寓里。学生们的课外活动主要在校园里、运动场以及兄弟会或姐妹会公寓里进行。在阳光灿烂的加州,有这样一群勤奋学习而又热衷娱乐的学生;在这里,你一定会很容易地找到你喜欢的社交活动。如果你喜欢加州大学洛杉矶分校,我建议你也了解一下加州大学伯克利分校、南加州大学以及斯坦福大学。

马卡莱斯特学院 Macalester College

地址:1600 Grand Ave. St. Paul, MN 55105

网址:www. macalester. edu

电话:001-651-696-6357

邮箱:admissions@macalester.edu

马卡莱斯特学院是一所小型、友好的文理学院,坐落在美国中西部五大湖地区、拥有300万人口的圣保罗市有名的维多利亚区。学院有2 033名本科生,其中6%是亚裔美国人,还有239名国际学生,70%住校。除此之外,约有一半的学生会去国外进修,培养并强化了自身的全球化意识与眼光。马卡莱斯特学院以其学生在社会问题上的鲜明立场而闻名,这些学生活跃积极并且聪明睿智。学生们团结友爱,形成一个紧密的整体,更多的是互相协助而不是互相竞争。学院最有优势的专业是政治学、化学和经济学。古典文学和英语是最受欢迎的专业。学生们思维活跃,聪慧敏捷,喜欢和任何人讨论政治和社会议题。校内有80多个学生社团,许多是关于政治和辩论的,言论非常自由活跃。

虽然校内和俱乐部运动都非常流行,但学校的体育项目并没有很强的优势。板球、飞盘和足球都是学生们最喜欢的俱乐部运动。马卡莱斯特学院的社会生活通常都以小群体为主,主要在校内、校外附近的其他大学,以及市区的俱乐部、餐厅和酒吧展开。学院每年对国际学生有7 212 666美元的资助。如果你喜欢马卡莱斯特学院,我建议你也了解一下格林内尔学院、路易克拉克大学以及卫斯理安大学。

马里兰大学 University of Maryland

地址:Mitchells Bld, College Park, MD 20742

网址:www.uga.umd.edu

电话:001-800-422-5867

邮箱:um-admit@und.edu

马里兰大学距离华盛顿市区很近,坐地铁就可以到达。它是一所大型、美丽的州立大学,有27 000名本科生,其中15%是亚裔美国人,66名国际学生,此外还有10 700名研究生。大约一半学生住在校内宿舍,其余的住在兄弟会公寓,或者在学校附近租房住,或者走读。学校有许多不同的学院,如文学院、工程学院、商学院、教育学院以及建筑学院。最受欢迎的专业有刑事司法和经济学。学校为大一、大二的学生提供专业科研机会,包括生物、工程、物理及计算机领域。大型讲座类课程在前两年可以以由助教辅导的小班学习课程形式进行。到了大三大四进行专业学习的时候班级规模就更小了。由于学校就在华盛顿附近,因此学生比较热衷于参与政治或者社会活动。

篮球是学校最大型的体育运动,吸引了大多数学生的关注;同时,女子排球和游泳以及男子长曲棍球都常常获得冠军。校内的课外活动比较丰富,13%的学生参加了兄弟会,有500多个学生俱乐部,学生们有机会与华盛顿其他大学的学生互动交流。此外,篮球比赛是一件盛事,使全校学生更加团结、紧密。如果你喜欢马里兰大学,我建议你也了解一下美利坚大学、特拉华大学以及康奈尔大学。

麻省理工学院 Massachusetts Institute of Technology

地址:77 Mass Ave., Cambridge, MA 02319

网址:www.mit.edu

电话:001-617-253-3400

邮箱:admissions@mit.edu

作为美国理工类院校的天堂,麻省理工学院是成就未来卓越工程师的理想之地。学校坐落在波士顿和剑桥(哈佛附近)之间的查尔斯河上,校园里有古典的石灰岩建筑以及公共艺术雕塑。麻省理工学院的学生可以乘坐地铁直达波士顿和机场。学院里有4 300名学生,其中24%是亚裔美国人,有433名国际学生,此外还有6 500名研究生。学院最具优势的专业有工程学、医学预科和计算机科学。学生们选择的专业包括机械工程学、计算机科学、生物医学技术、生物、物理和航空科学。麻省理工学院拥有全美最大的神经学科研中心。

超过90%的学生住在校内宿舍,其余的住在学校附近或者地铁沿线。校际体育比赛中,个人体育项目是学校最流行的,男子网球和越野比赛都是学校最强的项目。每个学生都可以从丰富的校内运动中选择自己喜欢的项目,如乒乓球;一半以上的学生都参加至少一项运动。社交活动就像加州理工和约翰霍普金斯的学生所说的"应有尽有",且往往与工程学的学术知识相关,或者是工程学方面的科研创新。此外,同学间有时还搞搞恶作剧,就连哈佛的学生也无法"幸免",同时还有竞赛、电影和宿舍聚会。波士顿有非常便利的体育设施,还有酒吧、餐厅、美术馆、剧院和音乐会。另外,学生们还可以去附近的其他大学参加各种活动,诸如哈佛大学、塔夫斯大学、布兰迪斯大学、波士顿大学和波士顿学院。麻省理工学院每年花费15 461 718美元来资助国际学生。如果你喜欢麻省理工学院,我建议你也了解一下加州理工学院、伦斯勒理工学院以及普林斯顿大学。

迈阿密大学 University of Miami

地址:POB 248025, Coral Gales, FL 33124

网址:www. miami. edu

电话:001-305-284-2211

邮箱:admissions@ miami. edu

如果你喜欢长年温暖的气候,那么就来位于阳光灿烂的佛罗里达的迈阿密大学吧——这是一个有树有草有花的热带校园,一个让你难以置信的多元化校园。这里有25%的学生是来自古巴或加勒比海地区的西班牙裔,学生们热衷于大型的橄榄球比赛。学校有10 510名本科生,其中5%是亚裔美国人,并有来自110个国家的1 109名国际学生,此外还有5 000名研究生。学校最具优势的专业是国际商务、音乐表演以及海洋科学。最受欢迎的专业是商务管理、传媒学、表演艺术、音乐、医学预科以及工程学。学生大多以职业为导向,带着自己的职业规划来到迈阿密大学,同时也为了这里温暖的阳光和多元的校园文化。

大约一半的学生住在校内宿舍,其他学生有的住在兄弟会公寓里,还有的住在学校附近的公寓或者和别人合租房屋。学生们的社会活动围绕联谊会、海滩休闲、南海滩的艺术长廊及高档度假村和酒店进行;此外,还有校园内的各种活动,包括兴趣小组和像橄榄球比赛这样的校园运动。迈阿密大学每年投入3 382 878美元资助国际学生。如果你喜欢迈阿密大学,我建议你也了解一下南加州大学、图兰大学和范德堡大学。

密歇根大学 University of Michigan

地址:515 E. Jefferson St., Ann Arbor, MI 48109

网址:www. umich. edu

电话:001-734-764-7433

邮箱:ugadmiss@ umich. edu

美国没有一所大学能够像密歇根大学一样同时在橄榄球运动和学术领域具备雄厚的实力。不管你喜不喜欢运动,你都会爱上密歇根大学的橄榄球。作为十大体育联盟的成员之一,密歇根大学是一所大型的公立大学,有 27 000 名本科生,其中 12% 是亚裔美国人,1 589 名国际学生,此外还有 15 000 名研究生。学校位于一流的大学城安阿伯,美式的大学校园环境和浓厚的学术氛围让众多学生慕名而来。美丽的自然环境、咖啡屋、餐馆、小商店、视觉与表演艺术馆以及电影院林立于街道两旁,丰富了学生们的生活。大多数学生刚开始在文学院、理学院或艺术学院就读,在大二快结束的时候选择专业和院系。学校最受欢迎的专业是心理学、商学、政治学、工程学及英语。密歇根大学与印第安纳大学一样,开设了各种语言课程,如阿拉伯语、亚美尼亚语、波斯语、土耳其语及伊斯兰研究。

大学里的住宿和饮食都很丰富。学习和社会活动对于这些充满激情和活力的学生来说没有任何问题。除了对橄榄球的痴迷外,冰上曲棍球也是很受欢迎的运动。如果你喜欢密歇根大学,我建议你也了解一下康奈尔大学、西北大学以及威斯康星大学。

密歇根州立大学 Michigan State University

地址:103 International Ctr., East Lansing, MI 48824

网址:www. msu. edu

电话:001-517-353-1647

邮箱:admiss@ msu. edu

你很难找到一个大学比密歇根州立大学有更多的国际学生、更多的本土生出国机会,以及更多的国际组织和服务。这所大学有 36 500 名聪明、上进以及明确自己职业目标的本科生,其中 4% 是亚裔美国人,有来自 125 个国家的 3 351 名国际学生,此外还有 10 000 名研究生。密歇根州立大学在 60 个不同国家有 250 个国际项目,为美国学生提供出国学习的机会。密歇根州立大学以全球化、国际化的教育为使命。学校最具优势的专业有社会和自然科学、商学和工程学。最知名的是它的酒店专业,经常和康奈尔大学在招生上分庭抗礼。最受欢迎的专业是医学预科、兽医预科、新闻学、教育学以及工程学。

作为十大联盟学校之一,学生们的社会活动主要围绕体育运动和乐队表演进行,其中篮球更是能给他们带来无限激情。橄榄球和篮球在这所大学里平分秋色,而女子篮球校队常常赢得冠军。学生们总能够找到自己喜欢的任何水平的体育比赛。校内有 500 个学生俱乐部,其中 50 个是专门针对国际学生的。密歇根州立大学每年投入 1 095 847 美元资助国际学生。如果你喜欢密歇根州立大学,我建议你也了解一下康奈尔大学、俄亥俄州立大学以及印第安纳大学。

明德学院 Middlebury College

地址: Middlebury, VT 05753

网址:www. middlebury. edu

电话:001-802-443-3000

邮箱:admissions@ middlebury. edu

明德学院是新英格兰地区一所非常优秀的寄宿式文理学院。学院拥有佛蒙特州最大的理学院建筑楼。来自美国以及世界各地的优秀学生可以在这所学院获得真正的大学学习和生活经历。明德学院坐落在美国东北部北佛蒙特的一个小镇上,距离伯灵顿——佛蒙特大学所在城市——大约一个小时的车程,距离加拿大蒙特利尔三个小时车程,距离波士顿四个小时车程,距离纽约五个小时车程。学院有 2 500 名学生,其中 6% 是亚裔美国人,还有 245 名国际学生。97% 的学生都住在校内。校园里的山上有个教堂,在山上可以俯瞰校园及村庄。学院最具优势的专业有英语、环境科学以及生物科学。最受欢迎的专业有经济学、心理学和英语。

冰上曲棍球和滑雪是最强的两个体育运动,并且在男女项目上都有校队。校内最受欢迎的运动项目是男女冰上曲棍球以及足球。明德学院的学生喜欢户外活动,比如观鸟、看星星、骑车、徒步旅行或在校园里滑雪。学生们的社会活动主要集中在校园内,但偶尔也会去村庄附近活动,如步行到镇上的餐馆或者开车到附近的滑雪场。明德学院每年为国际学生提供 7 911 225 美元的资助。如果你对明德学院感兴趣,我建议你也了解一下达特茅斯学院、鲍登学院以及科尔比学院。

密西西比大学 University of Mississippi

地址:PO Box 1848, University, MS 38677

网址:www. olemiss. edu

电话:001-662-915-7226

邮箱:admissions@ olemiss. edu

　　密西西比大学是你所能找到的在传统与校风方面最具南方特色的学校。学校有一个大而美丽的校园,充满友好的氛围,共有 13 600 名本科生,其中 66% 来自密西西比,1% 是亚裔美国人,还有 164 名国际学生。学校有非常多友好的南方人,因此国际学生在这里很容易交到朋友并且找到家的感觉。如果能够接受大学种族隔离的历史,那么国际学生对密西西比大学的许多课程都会感兴趣。大学有七个本科学院招收国际学生,其中会计学院、工商学院、工程学院以及药学院是最具优势的。商学院最受欢迎的专业是风险管理与市场营销。2 000 多名研究生对学院的影响是巨大的,商学或理科专业的本科生在最后的一年或者两年可以修一些研究生课程。

　　新生都住在校园里。根据南方传统,学校没有男女混住的公寓,并且有严格的访客时间限制,一般从上午 11 点开始至晚上 11 点结束,这在美国其他大学是比较少见的。1/3 的学生都属于兄弟会或者姐妹会,社会活动大都在这些团体中进行。密西西比大学是一所热衷于橄榄球比赛的大学,每逢比赛学生们都会去观看,为自己的球队呐喊加油。学生们的社会活动也围绕这些比赛进行,如赛前一起吃午餐,赛后一起吃晚餐、聚会等。大学女子校队最强的是篮球队,经常进入总决赛甚至拿到总冠军。密西西比大学每年投入 1 888 322 美元资助国际学生。如果你喜欢密西西比大学,请同时参考艾默里、乔治亚以及图兰大学。

曼荷莲女子学院 Mount Holyoke College

地址:50 College St., South Hadley, MA 01075-1488

网址:www. mtholyoke. edu

电话:001-413-538-2023

邮箱:admission@ mtholyoke. edu

　　曼荷莲女子学院坐落在风景如画的新英格兰村庄,美丽的校园中有花园、湖泊和瀑布。曼荷莲女子学院是五学院联盟之一,其他几所院校分别是阿默斯特学院、罕布什尔学院、史密斯学院和麻省大学。曼荷莲女子学院有 2 400 名学生,其中 6% 是亚裔美国人,还有 530 名国际学生。这是一个像家一样的大学社区,由一群聪明的年轻女性组成,她们在学院严明的组织管理下学习。在招收国际学生成为一种潮流以前,曼荷莲女子学院就在全世界范围内寻找优秀的国际学生了。学院有不凡的女性教育传统,其优秀的专业有英语、生物和国际关系。这个学院因为比其他文理学院有更多女性毕业生最终获得化学博士而闻名。

　　曼荷莲女子学院还有很多先进的体育设施,特别是划船、骑马和橄榄球非常流行。附近很多学院的学生都来曼荷莲女子学院打18洞的高尔夫球,或者和该学院的学生一起去学校20英亩大的马场,里面有57个障碍栏和两个跑马区。学生们的社会活动很丰富,包括参加园内各种活动,参加五学院联盟中其他院校的活动,或者在周末去参加北安普顿成千名学生的活动和聚会。曼荷莲女子学院每年提供给国际学生的经济资助高达17 700 885美元。如果你喜欢曼荷莲女子学院,请查阅五学院联盟网站www. consortium. com,同时建议你也了解一下五姐妹女子学院联盟(包括曼荷莲女子学院)中的其他几所学院——巴纳德学院、布林莫尔学院、史密斯学院以及威尔斯利学院。

纽约大学 New York University

地址:22 Washington Square North, NYC 10011

网址:www. nyu. edu

电话:001-212-998-4500

邮箱:admissions@ nyu. edu

　　演员?会计?广播员?律师?医生?来纽约大学学习第一流的职前教育课程吧!纽约大学位于美国最具魅力的城市——纽约的格林尼治村。纽约大学有22 000名本科学生,还有20 600名研究生,其中20%是亚裔美国人,还有2 194名国际学生,他们喜欢看华盛顿广场上的街头音乐和直排滑轮爱好者的表演。学生来到这所大学学习各个学院的课程,包括文理学院、教育学院、社会工作和护理学院、商学院,以及表演艺术学院。大多数学生来这里也是为了领略纽约市中心的繁华与风情,并且可以找到与艺术、商务和健康卫生行业相关的实习机会。

　　超过一半的学生住在校内老式或现代的宿舍里。如果学生愿意的话,学校保证所有大一新生都能得到四年的住宿安排。纽约大学参加全美大学运动联合会三级比赛的赛事,但是运动并不是全校性的活动。这所大学的学生更具创造力,他们喜欢勤奋学习,喜欢快节奏、有挑战的学习和生活。学生们的社交生活不是问题,因为他们正处在社交生活的中心,学校旁边就是纽约苏荷区、唐人街、小意大利街、博物馆、世界级音乐厅、全球电影影城以及数百个学生俱乐部。如果你喜欢纽约大学,我建议你也了解一下波士顿大学、乔治·华盛顿大学以及宾夕法尼亚大学。

北卡罗来纳大学教堂山分校 University of North Carolina at Chapel Hill

地址:CB 2200, Jackson Hall, Chapel Hill, NC 27599
网址:www. unc. edu
电话:001-919-966-3621
邮箱:uadm@ unc. edu

北卡罗来纳大学在美国被誉为最美丽的"公立常春藤"。在南部蓝色的天空下大学校园终年被大量的树木、柔软的草坪和开满鲜花的灌木丛所覆盖。这里有大约 18 600 名本科生,其中 80% 来自北卡罗来纳州,有 6% 的亚裔美国人,459 名国际学生,还有 11 000 名研究生。这所大型的州立大学提供 71 个专业的本科学位,其中有很多颇受欢迎的特殊专业课程。北卡罗来纳大学因其新闻专业和大众传媒专业而闻名。最具优势的专业有生物、化学、商务、政治学和古典学。学校附近的"三角研究园"为很多学生在医药和企业研究中提供助研机会。

所有大一新生和近乎一半的其他年级学生都住在学校提供的宿舍。学校的餐饮服务也非常好,素食主义者有很多选择。北卡罗来纳大学是一个篮球运动盛行的学校。学校校队"柏油脚跟"(Tar Heels)的队旗到处可见,学校获得比其他任何一所学校都多的冠军头衔。学校的女子篮球也是最好的。橄榄球运动也是学校的大型体育运动,不过还不足以和其篮球队相媲美。学生们的社会活动有和运动相关的,从校际赛到校内赛;还有户外休闲活动,从山地自行车到高尔夫,再到造价 500 万美元的学生健身中心。北卡罗来纳大学学费不高,但却不能给国际学生提供经济资助。如果你喜欢北卡罗来纳大学,我建议你也了解一下杜克大学、密歇根大学和弗吉尼亚大学。

东北大学 Northeastern University

地址:360 Huntington Ave., 150 Richards Hall, Boston, MA 02115

网址:www. neu. com

电话:001-617-373-2200

邮箱:admissions@ neu. edu

在波士顿中心,刚好在波士顿大学的街道对面,你可以找到一个优秀的职前教育大学——东北大学。这里有 16 000 名以职业为目标的本科生,其中 8% 为亚裔美国人,2 126 名国际学生,还有 6 900 名研究生。多数学生都参加了学校著名的"合作项目",此项目为学生提供 8 到 12 个月的校外工作实习。因为实习需要一整年,因此攻读学位需要花五年时间。重要的是,五年后学生在获得学位的同时,还积累了与他们专业相关的带薪工作经验。东北大学有一半的学生都住在酷似小村庄的学校宿舍,还有 8% 住在兄弟会公寓。来东北大学的学生主要是看中了这里的学习和工作机会,往往都选择商务、医疗卫生服务和工程学专业。

学生的社交活动主要在波士顿或本校内进行。校内有 225 个俱乐部。学校的校际运动很难发展壮大,因为学生都会有几个月离开学校参加实习工作。不过校内运动比较流行,其中扫帚球是最受欢迎的。每年都有一个比赛会吸引大量学生,那就是波士顿各大学之间举行的冰上曲棍球比赛。如果你喜欢东北大学,我建议你也了解一下德雷塞尔大学、普渡大学和罗彻斯特理工学院。

西北大学 Northwestern University

地址:1801 Hinman Ave., Evanston, IL 60204

网址:www. northwestern. edu

电话:001-847-491-7271

邮箱:ug-admission@ northwestern. edu

西北大学是体育十大联盟学校中唯一的私立大学。西北大学坐落在美丽的郊区,校园里有郁郁葱葱的树林和美不胜收的花园,距芝加哥只有 30 分钟火车车程。这里有 9 600 名本科生,其中 19% 为亚裔美国人,516 名国际学生,还有 10 600 名研究生。西北大学受学生欢迎的院系有梅迪尔新闻学院、麦考密克工程学院和传媒学院,其中传媒学院的专业有广播学和第一流的戏剧系。在文学院里,最好的专业有化学、经济学和政治学。西北大学的五个院系吸引了对职前教育感兴趣的学生,商学院和法学院中 90% 的学生都可以继续进行研究生阶段的学习。新闻学院和传媒学院为学生提供机会运作他们自己的日报、广播电台和电视工作室。

大约 65% 的学生住在学校多种多样的宿舍里或兄弟会公寓里,其余 35% 的学生住在附近的公寓。很多学院,比如工程学院、传媒学院和国际研究学院,都有他们自己的宿舍。虽然西北大学是体育十大联盟学校,但与密歇根大学不同的是,体育并不是大多数学生选择这所大学的理由。学校最有实力的校际体育项目是个人单项运动,像女子网球和男子高尔夫都是冠军项目。西北大学每年向国际学生提供 1 170 367 美元的助学金。如果你喜欢西北大学,我建议你也了解一下杜克大学、乔治城大学以及斯坦福大学。

圣母大学 University of Notre Dame

地址: 220 Main Bld., Notre Dame, IN 46556
网址: www.nd.edu
电话: 001-574-631-7505
邮箱: morourk1@nd.edu

圣母大学吸引信奉罗马天主教的学生(82%),这些学生很注重他们的个人道德和品质。学生选择圣母大学是为了学校优秀的教育、美丽的校园和社会活动中对运动的热爱。坐落于印第安纳州(中西部)的校园很大,有山、有湖、有树林,还有很多哥特式建筑。学校有 8 550 名学生,其中 6% 为亚裔美国人,有 259 名国际学生,此外还有 3 500 名研究生。圣母大学文学院的优势专业有英语、哲学和神学;理学院的优势专业有物理和化学。学校还设有工程学院和商学院。学校的会计专业位列全国最佳,美国的 FBI 雇用了很多从圣母大学毕业的会计专业学生。圣母大学以团结友爱的校园文化而闻名。

大一新生会被安排到混合班级宿舍里,大学四年都会待在同一个宿舍,这样可以创造一种家庭式的氛围。学生们的社交生活主要包括宿舍生活和体育运动。每个宿舍每个月都会组织几次主题派对或者舞会,学校的每个学生都会被邀请。圣母大学在橄榄球赛场上被誉为"爱尔兰斗士",任何一所学校都没有像圣母大学这样强的橄榄球运动精神,即使密歇根大学也无法与之相比。圣母大学每年投入 2 770 314 美元资助国际学生。如果你喜欢圣母大学,我建议你也了解一下波士顿学院、杜克大学以及乔治城大学。

欧柏林学院 Oberlin College

地址: 101 N. Professor St., Oberlin, OH 44074

网址: www. oberlin. edu

电话: 001-440-775-8411

邮箱: college. admission@ oberlin. edu

　　欧柏林学院的学生们是自由政治的积极分子。学院由文学院和音乐学院组成,两个学院分别独立招生,也有各自的录取要求。学院坐落于美国中西部俄亥俄州北部的一座小城镇里。这里有 3 000 名学生,4% 为亚裔美国人,178 名为国际学生。大约 90% 的学生住在学校的宿舍、可以做饭的合住屋和主题公寓。学校最具优势的专业是理科类、环境研究和东亚研究。最受欢迎的专业有生物、英语语言与文学,以及历史。音乐学院在全美位列前三(前三名分别是朱利亚学院、劳伦斯大学和欧柏林学院),最好的专业是声乐、小提琴和音乐技术。

　　"政治"、"社会公正"和"建设更好的世界"是校内 250 个俱乐部的共同主题。休闲活动比起团队运动在学校更受欢迎,不过男子曲棍球队和女子越野队也获得了一些奖项。极限飞盘是学生们喜欢、擅长的项目,几乎每个人都参加。欧柏林的学生喜欢人人都能参与的活动,甚至在竞技体育中也是如此。学生们的社会生活主要在校园里面,包括小组派对、就社会问题进行辩论、宿舍的主题派对和音乐学院的音乐会等。欧柏林学院每年为国际学生提供 4 627 144 美元的经济资助。如果你喜欢欧柏林学院,我建议你也了解一下贝茨学院、格林内尔学院以及卫斯理安大学。

西方学院 Occidental College

地址: 1600 Campus Road, Los Angeles, CA 90041

网址：www. oxy. edu

电话：001-323-259-2700

邮箱：admission@ oxy. edu

　　现在大家都知道，奥巴马在西方学院度过了头两年的大学生涯，而西方学院也一直被誉为多样化的、有艺术氛围的文理学院。西方学院校区位于洛杉矶市郊，美丽的校园中绿树葱郁。这里有 2 150 名学生，14% 为亚裔美国人，还有来自 42 个不同国家的 63 名国际学生。西方学院的优势院系包括表演艺术系、经济学系、英语系、音乐系和心理学系。学院在国际教育方面也很知名，优势专业为外交和国际事务。表演艺术院系很受欢迎，学生有 30% 选择音乐专业、17% 选择戏剧专业、还有 9% 选择舞蹈专业。外交专业的学生可以获得在华盛顿特区的政府机构和纽约联合国办事处的实习机会。

　　近 85% 的学生住在学校提供的宿舍里，13% 住在兄弟会或姐妹会公寓里。在西方学院，音乐和艺术活动比体育运动更受欢迎。不过，橄榄球队、棒球队以及女子水球队是最好的校代表队，常常获得冠军。由于这所学校规模小且学生之间关系紧密，因此他们的社会生活主要围绕全校范围内的活动进行。此外，学生经常去附近的山上滑雪或者去海边游泳，有时还会去洛杉矶过夜生活。如果你喜欢西方学院，我建议你也了解一下克莱蒙麦肯纳学院、南加州大学以及斯基德莫尔学院。

俄亥俄州立大学 Ohio State University

地址：1800 Cannon Drive, Columbus OH 43210

网址：www. osu. edu

电话：001-614-292-3980

邮箱：askabuckeye@ osu. edu

　　俄亥俄州立大学是十大联盟中的大学之一，位于美国中西部的俄亥俄州中部，其橄榄球运动很知名。大学有 42 000 名本科生，其中 5% 为亚裔美国人，有 2 623 名国际学生，此外还有 14 000 名研究生。俄亥俄州立大学给人的印象就是"大"。这里有几百种专业、俱乐部和运动队供学生选择，为学生们提供了一个活跃高效的学习和生活环境。比如，这里有 19 个不同的院系，共 10 000 多种课程。最好的院系有商学院、工程学院、教育学院和医学预科学院。大学有一台巨型计算机和一个生物医学研究塔,还有全美闻名的工程学院的工业设计专业。最受欢迎的专业有文学院的政治学、管理学和心理学。

　　大约1/4的学生住在学校提供的宿舍里,另外有12%的学生住在校园里的兄弟会和姐妹会公寓。校内有800个俱乐部,除此以外,还有许多不同级别的体育运动。学校的男子橄榄球队及其鼓乐队很有名。每年,俄亥俄州立大学和密歇根大学的对决比赛是唯一一次能够让50 000名学生聚集到一起的大型赛事。男子和女子篮球、棒球以及男子网球都赢得了很多校际比赛的奖项。校内比赛对于俄亥俄州立大学的学生来说也很重要,校内共有44个球队可供选择,另外还有51支俱乐部运动队。俄亥俄州立大学每年为国际学生提供3 183 132美元的助学金。如果你喜欢俄亥俄州立大学,我建议你也了解一下密歇根大学、北卡罗来纳大学教堂山分校以及威斯康星大学。

欧林工程学院 Olin College of Engineering

地址: Olin way, Needham, MA 02492

网址:www.olin.edu

电话:001-781-292-2203

邮箱:info@olin.edu

　　欧林学院是最小(350名学生,其中18名为国际学生)、最新、有现代化思维、以项目为导向的自由开放的工程学院。这个学院招生比较严格,每名学生都能得到奖学金,也被期望能用21世纪的创新思维思考问题。整个校区的建筑具有现代和未来派风格,距波士顿20英里。欧林学院40%的学生为女生,10%为亚裔美国人。这个学院有三个专业可以选择:机械工程学、计算机工程学和普通工程学。除此以外,学生需要修文科课程和企业管理课程。无论学习什么课程,创新工程设计都是课程所要求的。工程项目中的团队合作是欧林工程学院的核心教学思想。

　　学生们一同住在学校提供的现代风格的宿舍中。由于学校的学生管理工作做得到位,所以学生们可以拥有一个安全的校园环境,房门不用上锁。此外,学校实行"荣誉准则"制度,学生们可以自己在家进行考试。欧林工程学院的学生一般都很外向、有艺术气质,而且在数学方面极具创新才能。虽然在这个小学校里面没有校际体育运动,但是学生都喜欢组建他们自己的体育队,比如足球队、飞盘队和篮球队。学生们的社会生活包括参加校内活动、波士顿地区其他大学校园的活动,以及波士顿市中心的各种活动。欧林工程学院为所有学生支付学费,每年投入 565 500 美元资助国际学生。如果你喜欢欧林工程学院,我建议你也了解一下布朗大学的工程学院、哈维姆德学院以及斯沃斯莫尔学院。

俄勒冈大学 University of Oregon

地址:U. of Oregon, Eugene, OR 97403

网址:www. uoregon. edu

电话:001-541-346-3201

邮箱:uoadmit@ uoregon. edu

这是一所州立研究型大学。大学位于美国西北部的小城市尤金,校园被美丽的群山所环绕,离太平洋海岸只有一个小时车程。这里有 19 600 名本科生,其中7%为亚裔美国人,有来自 87 个国家的 1 636 名国际学生,此外还有 4 000 名研究生。学校的优势专业有新闻学、教育学和建筑学。最受欢迎的专业是生物学和心理学,而发展最快的专业有海洋生物学、环境科学和计算机科学。国际学生必须取得托福成绩 61 分以上或雅思成绩 6 分以上才能被该校录取。如果分数达不到的话,学校也可以进行有条件录取,即要求学生首先参加学校的语言学习课程。校园里有 2 000 多种树木,还有 19 世纪的建筑,包括一组杰出的大理石建筑、一个漂亮的美术馆以及一个与之相对的图书馆。

大约 70% 的学生住在美丽的校园里。俄勒冈大学的学生极具环保意识,而且几乎所有的学生都热爱户外活动,即使是在下雨的天气。橄榄球是学校最大型的体育运动,男子和女子田径队也获得了很多冠军。学生们的社会生活也很丰富,他们常常结队花一个小时的时间去附近的山上滑雪、远足和攀岩。10% 的学生参加了兄弟会和姐妹会。校内还有 250 个俱乐部经常举行活动。尤金的咖啡店也是学生们喜欢去的地方。如果你喜欢俄勒冈大学,我建议你也了解一下印第安纳大学、佛蒙特大学以及华盛顿大学。

帕森斯设计学院 Parsons School of Design

地址:65 Fifth Ave., New York, NY 10003

网址:parsons. edu

电话:001-212-229-8910

邮箱:parsadm@ newschool. edu

帕森斯设计学院是位于时尚之都纽约的顶级时装设计学院。帕森斯有
32 000 名本科生,其中 17% 是亚裔美国人,还有 1 547 名国际学生。他们来这所
学院的目的就是要为未来的设计生涯做准备。学院开设的专业有动画、工业设
计、平面设计、产品设计、机器人技术和摄影,还有最受欢迎的时装设计。帕森斯
校园位于纽约市街道,大多数学生对于住在如此时尚的环境当中都感到很高兴。
大约 1/4 的学生住在学校的宿舍里,但是大多数学生都在曼哈顿、布鲁克林和布
朗克斯这些地区租公寓住。

在帕森斯学习期间,学生们可以在设计和设计营销这两方面得到实践经验;
到毕业的时候,学生们将具有很强的竞争力,能够凭借自己的设计生活。学院最
受欢迎的专业有时装设计、插图设计和摄影。如果你希望得到大学式的学习经
历和生活体验,那么你可能不会喜欢帕森斯。来到这里的学生是朝着未来职业
努力的,他们热衷于设计、创造和营销他们的时装作品。帕森斯设计学院每年为
国际学生提供 8 366 210 美元的经济资助。如果你喜欢帕森斯设计学院,我建议
你也了解一下纽约时装技术学院、萨凡纳艺术设计学院以及其他纽约时装设计
学院。

宾夕法尼亚大学 University of Pennsylvania

地址:1 College Hall, U. Penn, Philadelphia, PA 19104

网址:www. upenn. edu

电话:001-215-898-7507

邮箱:info@ admissions. upenn. edu

这所学校的名字听起来像州立大学,但其实并不是,宾夕法尼亚大学是私立
大学,是美国八大常春藤大学之一。宾大和康奈尔大学在常春藤中比较出色的
是职前教育课程。宾夕法尼亚大学有 9 900 名本科生,19% 为亚裔美国人,1 077
名国际学生,此外还有 10 000 名研究生。最具优势同样也是最受欢迎的专业有
金融、生物工程和人类学。此外,历史、英语和工程学也很有实力。其沃顿商学
院(本科)和护理学院是全美最好的。宾大在费城的最中心,而费城是一个非常

漂亮且历史悠久的城市,在这里曾签署了《独立宣言》,还可以看到当时所建的独立钟。校园里有参天大树,春夏秋三季果树上都开满花朵,树荫覆盖着本科生校园的中心"蝗虫步道"(Locust Walk)。

体育运动,特别是橄榄球和径类运动,在宾大非常流行,这使得宾大比别的常春藤大学更有学校团队精神。对宾大学生来说,去费城市中心的艺术中心、餐馆、体育比赛场地和酒吧都很方便,不过,他们的社会生活主要集中在校内。一半的学生参加了兄弟会和姐妹会,住在蝗虫步道沿线的公寓里。宾大有11处大学宿舍,还有一些主题公寓,比如亚洲研究、出版和艺术,既是住处,也可以做学习场所。宾大每年为国际学生提供12 415 313美元的经济资助。如果你喜欢宾大,我建议你也了解一下斯坦福大学、康奈尔大学和哥伦比亚大学。

宾州州立大学 Pennsylvania State University

地址:201 Old Main, University Park, PA 16802
网址:www.psu.edu
电话:00l-814-865-5471
邮箱:admissions@pus.edu

宾州州立大学位于宾夕法尼亚州中心,校园周围是绿色的乡村,37%住校。人们经常把宾夕法尼亚大学和宾州州立大学搞混,其实宾大是位于费城的常春藤大学,而宾州州立大学是一所公立的研究型大学。所以,请你一定搞清楚你要申请的学校是哪一个。宾州州立大学是体育十大联盟学校之一,以其橄榄球和团队精神闻名。其优势专业有地球科学、工程学和计算机科学。这里有大约38 600名本科生,5%为亚裔美国人,2 538名国际学生,此外还有大约7 000名研究生。很多学生慕名而来,选择地球科学专业,特别是气象学,有很多美国的气象专家都毕业于此。该校的农学专业与康奈尔的农学专业齐名,包括乳制品专业和食品科学专业。

体育方面,在全校体育比赛中,橄榄球是其中最强的,女子排球和足球以及男子足球都赢得了很多奖项。学生们的社会生活围绕体育运动展开,特别是橄榄球运动。即使是不喜欢比赛的人,也会去参加一些关于橄榄球的聚会和有趣的活动。此外,学校里还有音乐会、校内比赛和一群准备享受娱乐生活的年轻人。如果你喜欢宾州州立大学,我建议你也了解一下密歇根大学、匹兹堡大学以及得州农工大学。

匹兹堡大学 University of Pittsburgh

地址：4227 Fifth Ave., Pittsburgh, PA 15260

网址：www.pitt.edu

电话：001-412-624-7488

邮箱：contact through Website

匹兹堡大学是一所研究型大学，在技术、医药和工程方面的职前教育很有名；同时，学校的文学院有顶级的哲学专业。学生喜欢在匹兹堡市内的这个校园，这里有一个全国性的地标建筑——哥特式大教堂。学校对面就是卡耐基·梅隆大学，步行不远还有一个500英亩的城市公园。这里有18 000名本科学生，5%是亚裔美国人，479名国际学生，此外还有10 500名研究生，45%住校。学校的优势专业有经济学、化学和哲学。比较受学生欢迎的专业还有商务管理、市场营销和心理学。匹兹堡大学的天文学专业和医学预科很有名——天文学院的科学家发现了两颗行星；而其医学预科学生还可以进入学校医学院顶尖的器官移植中心学习。在与医疗卫生相关的专业中，生物医学工程和牙科医学实力不俗。

学校保证学生三年的校内住宿，有一半学生住在校内。体育的影响力在这所学校是很大的，其校篮球队进入全国冠军杯四强，而橄榄球比赛则带动了整个学校的校园团队精神。学生们的社交生活围绕兄弟会组织的派对、校外的公园、咖啡店和博物馆，以及街道对面的卡耐基·梅隆的各种活动进行。如果你喜欢匹兹堡大学，我建议你也了解一下波士顿大学、凯斯西储大学以及罗彻斯特大学。

匹泽学院 Pitzer College

（请见克莱蒙学院）

珀莫纳学院 Pomona College

（请见克莱蒙学院）

普林斯顿大学 Princeton University

地址:110 West College, Princeton, NJ 08540

网址:www. princeton. edu

电话:001-609-258-3060

邮箱:uaoffice@ princeton. edu

　　普林斯顿大学是三所世界上最知名的常春藤大学之一。它是一所研究型大学,因有不少科学界的专家而知名。这所学校花费了大量的时间和精力培养它的学生,并为他们提供许多难得的机会。学校有 5 250 名聪明勤奋的本科生,其中 17% 为亚裔美国人,544 名国际学生,此外还有 2 500 名研究生。学校坐落在新泽西州郊区的一个富裕的小镇里,美丽的校园里矗立着哥特式建筑。从学校到纽约市和费城都只要一个小时的火车车程。学校最有优势的、学生数量最多的院系是物理和分子生物学系。请记住,普林斯顿大学是爱因斯坦生前所在的大学。学校的伍德罗·威尔逊公共与国际事务学院开设的公共政策和经济学也是顶尖的专业。

　　普林斯顿大学的学生热爱体育。橄榄球队、篮球队和女子足球队在校际体育比赛中获得了最多的冠军头衔。男子和女子划艇队、女子垒球队、橄榄球队和曲棍球队也赢得了不少奖项。这所住宿制大学以及校园里的众多餐饮俱乐部吸引了大多数学生。学校有一半学生的社会生活围绕那些高级的餐饮俱乐部进行。由于餐饮俱乐部的入会要求比较严格,所以对于另一半学生来说,他们的社会生活就不那么丰富了。这所大学采取住宿式学院体制,这样,高年级学生在大学四年中会一直与其他学生住在一起,从而也丰富了其他学生的社区生活。普林斯顿大学每年为国际学生提供 17 273 820 美元的经济资助。如果你喜欢普林斯顿大学,我建议你也了解一下杜克大学、哈佛大学以及斯坦福大学。

普渡大学 Purdue University

地址:1080 Schleman Hall, West Lafayette, IN 47907

网址:www. purdue. edu

电话:001-765-494-1776

邮箱:admissions@ purdue. edu

　　普渡大学坐落在美国中西部的一个小镇上。在美国,从普渡大学毕业的工程师和航天员人数最多。苏珊·梅斯就是一个典型的例子,她是接受了普渡杰出教育的代表人物。毕业之后,她在斯坦福和哈佛拿到了两个理科硕士学位,之后又在哥伦比亚大学拿到了博士学位。梅斯博士主要在中国江苏省无锡市进行半导体研究。普渡大学是一所州立大学,有30 900名学生,5%为亚裔美国人,4 539名国际学生,此外还有9 000名研究生。学校最具优势的专业是工程学、药学和商务管理。最有竞争力的是五年制的工程学课程,学生将有一整年的时间在公司或者研究机构做全职带薪工作。

　　大约35%的学生住在校园内,学校没有男女混合宿舍,而且宿舍有严格的访问时间规定;新生不是一定要住校,但是如果他们愿意,学校可以保证住宿。大多数学生住在学校附近,或住在步行不远就能到学校的小镇里。大约20%的学生参加了兄弟会。校内还有500多个学生俱乐部。校园团队精神在体育项目中体现得很充分,特别是男子和女子篮球。正如大多数工程学校一样,学生一项主要的活动是机械工程大赛,比赛项目包括赛车、推车和所有学生自己制作的机械产品。普渡大学每年为国际学生提供415 374美元的经济资助。如果你喜欢普渡大学,我建议你也了解一下卡耐基·梅隆大学、凯斯西储大学以及莱斯大学。

瑞德学院 Reed College

地址:3203 S. E. Woodstock Blvd. Portland, OR 97202

网址:www. reed. edu

电话:001-800-547-5047

邮箱:admission@ reed. edu

　　瑞德学院是全美国最有智慧、最环保的文理学院之一,位置在西海岸一个美丽的小城市,除了丰富的雨水之外,这里有很多的树木、餐厅、音乐和历史建筑。骑自行车就可以到俄勒冈州的首府波特兰。要进入这样的小班制文理学院,你必须要有足够的聪明才智,自律,还要有非常优秀的口语和写作技巧,因为在高难度的教学环境里,你必须时常和同学及教授们辩论。很多本科的必修课程是有相当深度的,因为大部分的同学毕业以后会继续读研深造。学校里有1 400名同学,8%亚裔美国人,81名国际学生到瑞德学院来帮助他们心智的成长,很多同学决定主修双专业甚至三专业。瑞德学院最强的课程包括英语、文学、心理学和科学等等,学校里面的科学中心还有原子研究的核反应堆设备。

60%的同学住在学校宿舍里,也有一些高年级的同学们住在校外,但是通常距离为步行就可以回到校园。学校并没有特别著名的体育项目,极限飞盘也是一种体育活动的选择。瑞德学院的学生时常在校内举办各种不同的派对,也可以在周末自己寝室的同学们小聚。同学们通常会骄傲地讨论他们学习的小时数,而不是他们喝了几瓶啤酒。瑞德学院每年给国际学生的助学金大约在2 148 562美元。如果你喜欢瑞德学院,我建议你也了解一下卡尔顿学院、格林内尔学院和斯沃斯莫尔学院。

伦斯勒理工学院 Rensselaer Polytechnic Institute

地址:110 Eighth St., Troy, NY 12180

网址:www.rpi.edu

电话:001-518-276-6216

邮箱:admissions@rpi.edu

人们称伦斯勒理工学院为RPI,因为几乎没人记得如何拼写Rensselaer。RPI在美国是顶级的技术型大学,与麻省理工和加州理工齐名。学校有来自美国各地、聪明勤奋的5 550名技术型学生,其中有10%是亚裔美国人,还有237名来自70个国家的国际学生。在这所工程学专业最受欢迎的学校,学工程的男生数量是女生的三倍。除了工程学,生物技术、计算机科学以及管理与技术专业也大量招收学生。管理学院推出了一门特殊的企业管理与技术专业。

63%的RPI学生住在校内宿舍,许多高年级学生住在附近属于学校的公寓里。RPI的学生对于学校的冰上曲棍球队(参加全美大学运动联合会一级比赛)非常狂热,他们都会去溜冰场为自己的球队加油。女子篮球和曲棍球以及男子橄榄球和棒球都获得了很多奖项。对于运动天赋不怎么好的学生来讲,冰上曲棍球"D队"是最佳的选择,无论是否有天赋,都可以加入。虽然这里有1/4的学生加入了兄弟会,但学生们的课外生活经常是在实验室或者图书馆。学校女生人数少,因此很多人会去附近的其他学校参加活动,进行社交。如果你喜

RPI,我建议你也了解一下加州理工学院、卡耐基·梅隆大学以及普渡大学。

罗德岛设计学院 Rhode Island School of Design

地址: Two College St., Providence, RI 02903

网址: www. risd. edu

电话: 00l-401-454-6300

邮箱: admissions@ risd. edu

　　罗德岛设计学院是一所坐落在普罗维登斯的卓越的艺术和设计学院。普罗维登斯是一座古老的航海小城,位于新英格兰地区的罗德岛,到北边的波士顿只需要一个小时的车程。罗德岛设计学院建在一个历史悠久的地区,校园在一座小山上,和布朗大学只有一街之隔。这里有 2 000 名有创造力、为职业生涯努力打拼的本科生,其中有 17% 的亚裔美国人、来自 44 个国家的 560 名国际学生,此外还有 570 名研究生。学校最有优势的专业是平面设计、工业设计和建筑学;还有其他专业,如电影和动画、家具设计、纺织物、插画、服装和摄影。

　　大一新生和一些高年级生住在校园里的男女混合宿舍和学校的公寓,不过大多数学生都在校外租公寓住。许多学生都有三天八小时的工作室课程,所以他们没有太多的时间进行社交活动。富有创造力的学生来到这所学院是为了做自己想做的事情,愿意在他们自己的创新项目上花大量时间和精力。学校的健身中心对所有学生开放,还举行不少比赛,不过体育活动并不很流行。如果学生想要体验大学式的社会生活,可以去布朗大学结交朋友并参加那里的活动。如果你喜欢罗德岛设计学院,我建议你也了解一下帕森斯设计学院和萨凡纳艺术设计学院。

莱斯大学 Rice University

地址: P. O. Box 1892, Houston, TX 77251

网址: www. rice. edu

电话: 001-713-348-7423

邮箱: admit@ rice. edu

　　以工程学院和建筑学院闻名的莱斯大学就坐落在得克萨斯州休斯敦城外,

整洁美丽的校园里有许多西班牙风格的建筑。在所有的大学中,莱斯大学那被整齐的花园和树篱环绕的校园是独一无二的。莱斯大学有 3 500 名本科生,21% 为亚裔美国人,有 1 103 名来自 32 个不同国家的国际学生,此外还有 2 300 名研究生。77% 的新生居住在住宿式学院里,每个住宿式学院都有一个教职工家庭和学生们住在一起,为他们提供一个团结、友爱、和睦的生活环境。莱斯大学的优势专业有建筑学、生物科学和工程学。最受欢迎的专业是医学预科、经济学和工程学。莱斯大学的建筑专业是全美最好的,其空间物理课程与美国航空研究中心——国家航空航天局合作紧密。学生们非常聪明,也很勤奋。他们对莱斯大学的喜爱来自于平等的校园文化和对"荣誉准则"的责任感。莱斯大学的大多数考试都不设监考,这对于如此规模的学校来说很不常见。

　　校内的社会生活主要围绕各个住宿式学院举办的派对和各种体育活动进行。学生们都会参与大学的橄榄球校际比赛;男子棒球队经常是联赛中的赢家,女子越野和网球也总是获得冠军。绝大多数学生都会参加校内的男女混合运动项目。莱斯大学为国际学生提供 1 820 943 美元(2008 年统计数据)的财务补贴、奖学金和助学金。如果你喜欢莱斯大学,我建议你也了解一下哥伦比亚大学、哈维姆德学院以及麻省理工学院。

里士满大学 University of Richmond

地址:28 Westhampton, U. of Richmond, Richmond, VA 23173

网址:www. richmond. edu

电话:001-804-289-8640

邮箱:admissions@ richmond. edu

　　里士满大学是一个拥有大学校园文化的文理学院,坐落于弗吉尼亚州南部。学校有近 3 100 名学生,其中 5% 为亚裔美国人,207 名为国际学生。里士满大学是寄宿学校,90% 的学生住在校内宿舍,高年级生可以住在校内的独立住宅或公寓里。近半数的学生都加入了兄弟会或姐妹会,校内还有 275 个俱乐部。学校的优势院系是英语系、国际研究系、生物系和商学系;最受欢迎的专业是商务管理、政治学和儿童心理学。这所大学的学生较为保守,与政治和改变世界的雄心壮志相比,他们对未来的职业规划更感兴趣。学生们在学校接受全球性教育,近半数的学生可以参加学校在 27 个国家设立的为期一个学期的 75 个交换项目。

学生们的社会生活主要包括兄弟会或学生公寓举办的校内派对、俱乐部活动、社区服务活动、体育运动以及在里士满进行的社交活动。女子游泳队、跳水队和网球队属于全美大学运动联合会一级赛事，常常赢得各种比赛。男子篮球队、棒球队、高尔夫球队和网球队在校际比赛中也很有竞争力。学生中有很大一部分参加宿舍或兄弟会组织的校内运动。里士满大学每年花费 5 009 375 美元为国际学生提供助学补贴。如果你喜欢里士满大学，我建议你也了解一下戴维逊学院、里海大学以及维克森林大学。

罗彻斯特大学 University of Rochester

地址：Rochester, NY 14627

网址：www. rochester. edu

电话：001-585-275-3221

邮箱：admit@ admissions. rochester. edu

罗彻斯特大学召唤所有的医学预科生、工程师和音乐家！罗彻斯特是一所私立研究型大学，坐落在纽约州西北部的一个小城市，距尼亚加拉大瀑布 70 英里，距加拿大也很近。该校校园的建筑风格为乔治王殖民地时期和希腊复兴时期的风格。校园内有很棒的图书馆、现代化的学生宿舍、实验室和研究中心。以医学院和伊斯门音乐学院闻名的罗彻斯特大学吸引了 5 500 名理科类和音乐类学生，他们中的一半来自纽约州，12% 是亚裔美国人，还有 621 名国际学生以及 4 500 名研究生。学校最有优势的专业是生物医学工程、医学预科、大脑和视觉研究以及音乐。最受欢迎的专业是经济学、生物学和心理学。

大部分学生（85%）住在校内，其中 1/4 住在兄弟会公寓。最好的校际体育代表队是男子篮球队和网球队以及女子足球队、网球队和越野队。校内有带灯光照明的网球场、八个泳道的游泳池和健身中心，这些高端运动场地向所有学生开放。学生们的社会活动主要集中在校内，如兄弟会的派对，这些派对通常在每周的头几天举办。学生宿舍也会组织自己的派对。校内还有电影放映室、乐队和咖啡屋。伊斯门音乐学院几乎每晚都有演出，并向全体学生开放。罗彻斯特大学每年向国际学生提供 5 596 704 美元的助学补贴。如果你喜欢罗彻斯特大学，我建议你也了解一下凯斯西储大学、克拉克森大学以及康奈尔大学。

罗彻斯特理工学院 Rochester Institute of Technology

地址:60 Lomb Memorial Dr., Rochester, NY 14623

网址:www.rit.edu

电话:001-585-475-6631

邮箱:visitrit@rit.edu

　　罗彻斯特理工学院是一所以就业为导向、为学生提供实践机会的职前大学，主要专业有工程学和计算机科学、艺术与绘图，以及尖端摄影。该校坐落于纽约州西北部的罗彻斯特市的郊区，距尼亚加拉大瀑布和加拿大70英里。该校有14 300名学生，5%为亚裔美国人，593名国际生。大部分学生(70%)住在大学宿舍。该校有完善的实习项目，3 000多名大三、大四学生在毕业前都可以得到全职带薪的实习机会。最受欢迎的专业是计算机科学、机械工程和全美最好的摄影专业。罗彻斯特理工学院校内设有美国国立聋人理工学院，是向失聪学生提供技术服务和科学教育的领先者。

　　该校的男子和女子冰上曲棍球队都是一流的校际体育代表队。即使是没有运动细胞的、不是体育队队员的学生也被这个项目吸引，纷纷参与到学校的比赛中。学生们的社会生活主要包括校内的派对，或者乘车去布法罗、雪城和加拿大附近的大学游玩。和社会生活相比，学生们对于自己的学业、工作和就业机会更感兴趣。不管怎样，他们都有很多事情可做。罗彻斯特理工学院每年花费1 700 000美元为国际学生提供助学补贴。如果你喜欢罗彻斯特理工学院，我建议你也了解一下东北大学、克拉克森大学以及伍斯特理工学院。

罗琳斯学院 Rollins College

地址:1000 Holt Ave, Winter Park, FL 32789

网址:www.rollins.edu

电话:001-407-646-2161

邮箱:admission@rollins.edu

　　如果你想要阳光灿烂的天气、充满乐趣的大学生活、每天在有湖水和泳池的美不胜收的大学校园里学习、欣赏棕榈树掩映下的地中海式建筑,那么就来坐落于佛罗里达州温特帕克的罗琳斯学院吧。学校所在地是一个高档郊区,有着造型独特的汽车,距奥兰多迪斯尼乐园 15 分钟车程。罗琳斯学院是一所小规模的文理学院,优势专业是商科、心理学和传媒学。学校的戏剧艺术课程很出色,学生们可以作为专业来学习,也可以作为一种兴趣活动。该校有大约 1 800 名学生,其中 3% 是亚裔,109 名是国际学生。

大约 70% 的学生住在校内宿舍,其他人则在温特帕克周边租住公寓。兄弟会活动是学校社会生活的重要组成部分,约 25% 的学生参加了兄弟会或姐妹会,事实上学生们感觉会员数量远比这个多,因为每次举行派对都有许多人参加。校内大约 90 个俱乐部都是由学生组织的,其中很多都和戏剧或水上运动有关。罗琳斯学院有一个冠军滑水运动队,游泳队和跳水队的实力也很强。校内运动包括乒乓球、保龄球和水上运动。如果你喜欢罗琳斯学院,我建议你也了解一下伊隆大学、迈阿密大学以及圣三一学院。

罗格斯大学 Rutgers University

地址:65 Davidson Rd., Piscataway, NJ 08854
网址:www.rutgers.edu
电话:001-722-445-4636
邮箱:登录校网,点击 admissions→international

罗格斯大学是一所公立研究型大学,是新泽西州的州立大学。学校坐落于新不伦瑞克,处在纽约市和费城之间的主要火车线路沿线。该校有 30 500 名本科生,其中 24% 为亚裔美国人,693 名是来自 140 个国家的国际学生,此外还有 8 600 名研究生。学校的本科学院有商学院、文学院、环境科学院、生物学院、工程学院、护理学院和药学院。最有优势的专业是生物科学、工程学、药学和会计学。学生们必须独立了解学校系统,因为它以规模大、提供 100 个专业和 4 000多个课程著称。除了一般的课程外,学校还为学生提供很多其他机会,包括到其他国家学习、参加研究项目等,比如 100 个专业研究中心中的罗格斯大学生态维护研究中心。

近一半学生住在校内宿舍或主题公寓。校内有 400 个俱乐部,一小部分学生加入兄弟会并住在兄弟会提供的校外住所。罗格斯大学的优势校际运动项目有男子橄榄球和棒球以及女子篮球和垒球。对于想加入运动团队的学生来说，除了校际运动，校内运动队和俱乐部运动队也是不错的选择。如果你喜欢罗格斯大学，我建议你也了解一下俄亥俄州立大学、纽约州立大学宾汉姆顿分校以及纽约州立大学水牛城分校。

圣劳伦斯大学 St. Lawrence University

地址：Canton, NY 13617

网址：www. stlawu. edu

电话：001-315-229-5261

邮箱：admissions@ stlawu. edu

你渴望看到北方的森林吗？你热爱冰雪和户外运动吗？那么你可以考虑圣劳伦斯大学。该校美丽的校园坐落在一个小伐木镇里，周围有农场和森林，距加拿大的渥太华和蒙特利尔都只有很短的车程。在这里，你会找到一个友善的、外向的学生团体，他们在小班里学习，和他们的教授保持着非常好的关系。他们关注全球环境保护并热爱运动。圣劳伦斯大学是一所实力很强的文理学院，生物、经济和环境研究是排名最好的专业，而心理学和经济是最受欢迎的专业。该校有 2 300 名学生，其中 1% 是亚裔美国人，134 名是国际学生。圣劳伦斯大学还在寻找更多不同国家的生源，以使其学生群体更加多元化，你可以仔细关注一下。

学生都住在学校的宿舍里，新生被分配在 12 个学院内，并在第一年全部修同一个课程。男子和女子冰上曲棍球是受欢迎的体育项目，参加全美大学运动联合会一级比赛的赛事。男子和女子足球队也都赢得了很多奖项。令人印象深刻的是圣劳伦斯的学生有 90% 都参加校内运动。远足和攀岩、划独木舟和露营是最受学生们喜爱的休闲活动。学生们所有的社会活动都在校内进行，20% 的学生参加了兄弟会或姐妹会。校内还有 117 个有组织的社团，其中户外社团提供各种户外活动，是最有活力且最受欢迎的社团。圣劳伦斯大学每年花费 5 464 631 美元为国际学生提供助学金。如果你喜欢圣劳伦斯大学，我建议你也了解一下达特茅斯学院、汉密尔顿学院以及佛蒙特大学。

加州大学圣地亚哥分校 University of California：San Diego

地址：9500 Gilman Dr., La Jolla, CA 92093

网址：www. ucsd. edu

电话：001-858-534-4831

邮箱：admissionsinfo@ ucsd. edu

  坐落于俯瞰太平洋的高峭壁上，加州大学圣地亚哥分校位于美丽的上层社区——拉霍亚。该校拥有加州大学最严谨的科学和工程专业。勤奋的学生、阳光明媚的天气以及加州最富有的社区环境，这些都深受学生们的喜爱。学生们可以时刻享受这个美丽的、放松的环境，尽管由于学习课程和实验室工作，他们不得不牺牲一些休闲时光。在这所现代、高科技的校园里，有近23 700 名本科生和5 500 名研究生，44% 为亚裔美国人，882 名为国际学生。学校最优秀的专业是生物、工程学、生物工程学、经济和海洋学。最受欢迎的专业是经济和微生物学。尽管学生们对人文科学没有对以上这些专业那么关注，但该校的人类学以及西班牙语和法语的比较文学也很知名。

  约35% 的学生住在校内，其他学生住在圣地亚哥多种族社区、德尔马的海滩附近或者煤气灯区的中心，几乎没有人能付得起、也没有人对住在富有的、保守的拉霍亚社区感兴趣。校内有280 多个俱乐部，其中10% 属于兄弟会，学生们的社会活动主要集中在校外的海滩和海边的酒吧、俱乐部，还有沙滩排球运动。该校最优秀的校际代表队是女子排球和网球队、男子水球和排球队。在美丽的太平洋上玩帆板滑翔、乘帆船航海、潜水和玩皮划艇，这些都是最受学生们欢迎的校内体育运动。如果你喜欢加州大学圣地亚哥分校，我建议你也了解一下加州大学伯克利分校、加州理工学院和斯坦福大学。

加州大学圣巴巴拉分校 University of California：Santa Barbara

地址：Santa Barbara, CA 93106

网址：www. admit. ucsb. edu

电话：001-805-893-2881

邮箱：appinfo@ sa. ucsb. edu

由于圣巴巴拉的地理位置,你听到更多的可能是它的海滩和冲浪生活。圣巴巴拉两边是美丽的太平洋海岸,一边是一个自然保护中心,另一边是理想的大学城——景岛社区。事实上,圣巴巴拉的优秀专业和它的位置一样著名。该校有20 000名本科生和3 000名研究生,17%是亚裔美国人,还有295名国际学生。学校的优势专业有海洋生物学、物理、化学和工程学。最受欢迎的专业是细胞生物学、经济学和环境科学。众所周知,该校的会计专业十分具有竞争力,其针对注册会计师考试的培训项目也很优秀,这吸引了许多大型会计事务所到校园里招聘毕业生。

学校保证新生可以在校内住宿,其他大部分学生则住在校园周围。在这里租房非常容易,因为镇上每个人都和学校有关系。学校的校际体育冠军队是水球队、排球队和游泳队。在圣巴巴拉,学生们热爱校内体育运动,其中最受欢迎的是水球、排球和极限飞盘。对大多数学生来说,户外运动是他们社会生活的主要部分。校内有近500个俱乐部,其中10%属于兄弟会。在这个可爱的校园和景岛社区里生活和学习,学生们都很开心。如果你喜欢加州大学圣巴巴拉分校,我建议你也了解一下迈阿密大学、南加州大学以及加州大学欧文分校。

加州大学圣克鲁兹分校 University of California: Santa Cruz

地址:1156 High St., Santa Cruz, CA 95064

网址:www.ucsc.edu

电话:001-831-459-4008

邮箱:admissions@ucsc.edu

加州大学圣克鲁兹分校是一所美丽的、不断发展壮大的大学,拥有十个独特的住宿式校园,俯瞰蒙特雷湾,校园中红木林遍布。以文科、多元文化和放松的生活方式著称的圣克鲁兹采取小班授课,教授们为每位学生撰写评语并为每个课程打分。该校最有优势的专业是海洋科学、生物和语言学。最受欢迎的专业是经济、古典学和心理学。表演艺术和电影学在圣克鲁兹也极具竞争力。每个住宿式校园都有一个主题:政治、科学、人文、艺术和其他。每个校园都有自己的餐饮设施、健身房和公共活动区,但学生们可以在任何一个学院上课,自由地在学院之间的树林里漫步。该校有约15 700名学生,是加州大学各个分校中学生数量最少的,其中23%是亚裔美国人。

大约一半的学生住在校内宿舍或公寓，另一半住在太平洋沿岸、拥有 60 年代建筑风格的西海岸城市——圣克鲁兹市。学生们的社会活动包括参加小型派对、享受冲浪和海鲜，或去圣克鲁兹市内的咖啡厅和书店，这些也吸引着很多其他大学的年轻人。男子网球和女子橄榄球是比较有竞争力的代表队，但校际体育运动不是圣克鲁兹的主要活动。如果你喜欢加州大学圣克鲁兹分校，我建议你也了解一下长青州立大学、匹泽学院以及卫斯理安大学。

萨凡纳艺术设计学院 Savannah College of Arts and Design

地址： Savannah, GA
网址： www. scad. edu
电话： 00l-912-525-5100
邮箱： admission@ scad. edu

　　萨凡纳艺术设计学院坐落在美国最迷人的南部城市之一。学院散布在市区的主要街道，并拥有许多地标式建筑。该校拥有全美最大的艺术和设计学位项目，提供 42 个艺术专业和 52 个艺术辅修专业。萨凡纳艺术设计学院的课程覆盖了所有艺术和设计行业，包括动画、互动设计、游戏开发、时装、电影、摄影、家具、包装以及其他任何一种你能想到的和设计有关的行业。该校有 9 800 名学生，有来自 90 个国家的 888 名国际学生。2010 年秋季，该校在中国香港开设了一所分校。你可以登录学校网站了解更多相关信息。萨凡纳艺术设计学院设有一个非常有活力的留学生服务办公室（ISSO），你可以通过 ISSO@ scad. edu 向他们询问并索取他们的新闻周刊。学校向所有国际学生提供特别的指导介绍，并分配专门的指导老师。学校为那些 TOEFL 成绩低于 85 分或 IELTS 成绩低于 6.5 分的学生开设 ESL 课程（非母语英语课程），为他们提供深入的英语语音强化培训。

　　大一新生住在遍布全市的大学所属的宿舍里，大多数高年级学生和其他学生一起在学校附近租房住。尽管体育不是这所艺术学校的主要活动，但学校还是设有校际体育代表队。由于这个小城市与校园融为一体，所以这里也是学生们进行社交生活的地方，他们经常去参观市内的工作室或者艺术展览馆。如果你喜欢萨凡纳艺术设计学院，我建议你也了解一下欧林工程学院、帕森斯设计学院以及罗德岛设计学院。

斯克利普斯学院 Scripps College

（请参阅克莱蒙学院）

斯基德莫尔学院 Skidmore College

地址:815 No. Broadway, Saratoga Springs, NY 12866

网址:www. skidmore. edu

电话:001-518-580-5570

邮箱:admissions@ skidmore. edu

　　斯基德莫尔学院是一个现代的、和睦的、具有艺术气息的学校。学院坐落在纽约州首府奥尔巴尼的北部,在一个以音乐、赛马、清新的空气和炎热的春天而闻名的小城镇里。该校有 2 600 名学生,其中 6% 为亚裔美国人,还有 107 名国际学生。他们来到这个拥有美丽自然环境的现代校园中学习优秀的文科课程。该校的优势专业有音乐、音乐剧、戏剧、英语和商务。最受欢迎的专业是商务管理、英语语言和文学以及戏剧。学生们选择这所学院的另一个原因是他们可以与教授建立紧密的关系,在像家庭一样的社区环境中学习。83% 的学生住校。学院将艺术兴趣与商科课程很好地结合起来,从而建立了面向艺术类职业的实战学习模式。校方鼓励学生们到美国以外的国家学习一个学期,有至少 60% 的学生有机会参加学校在法国、英国、西班牙、中国和印度的学习项目。

　　学校的 19 个校体育代表队参加全美大学运动联合会三级赛事,其中男子棒球队和高尔夫球队为学校赢得了最多的冠军。不论男生还是女生都对校内运动非常感兴趣,其中篮球和壁球最受欢迎。学生们的社会活动主要围绕小型宿舍派对、各种戏剧和音乐活动、80 个俱乐部组织的活动或萨拉托加温泉度假村进行。斯基德莫尔学院每年花费 3 389 886 美元为国际学生提供助学金。如果你喜欢斯基德莫尔学院,我建议你也了解一下康涅狄格学院、古彻学院以及瓦萨学院。

史密斯学院 Smith College

地址: College Lane, Northampton, MA 01063

网址:www. smith. edu

电话:001-413-585-2500

邮箱:admission@ smith. edu

史密斯学院是五姐妹女子学院联盟中最大的也是最自由的学院。学院有2 700 名学生,11% 为亚裔美国人,281 名为国际学生。该校计划在未来的几年里将国际学生的人数增长至 15%。史密斯学院从 1871 年开始就是女子教育的领先者。学校坐落于一座小城市——北安普敦,这里是五校联盟——阿默斯特学院、罕布什尔学院、麻省大学、曼荷莲女子学院以及史密斯学院的学生们聚在一起进行各种社交活动的地方。学生们选择史密斯学院的原因在于它拥有悠久的女子教育历史和严谨的学术。管理是最受欢迎的系,这里被选到州或国家政府机构任职的女性毕业生人数居众大学首位。该校的心理学系和拥有一个出色博物馆的艺术历史系也很优秀。史密斯学院是唯一一所拥有自己的工程学院的女子学院,并且一直为毕业生们提供优秀的工作机会。

学生们的社会生活包括参加与文科专业相关的各种活动以及对社会议题的积极关注。学生们不住在宿舍里,而住在老公馆里,比传统的宿舍有着更浓的家庭氛围。学生们在同一所房子里住四年,大部分的社会活动和体育运动都是围绕学生宿舍进行的。她们在体育方面总是很优秀,特别是划艇、马术和滑雪队经常在联赛中获得冠军。史密斯学院每年花费 6 400 470 美元为国际学生提供助学金。如果你喜欢史密斯学院,我建议你也了解一下布朗大学、布林莫尔学院以及卫斯理安大学。

南加州大学 University of Southern California

地址:University Park, Los Angeles, CA 90089

网址:www. usc. edu

电话:001-213-740-1111

邮箱:admitusc@ usc. edu

欢迎来到阳光灿烂的加州! 欢迎来到这所以电影、电视、音乐专业而闻名的大学! 南加州大学坐落在洛杉矶的绿地上,校园里有喷泉和泳池。在这里,随处可见在户外练习的音乐系学生,还经常有人在这里拍电影,将其传统的校园建筑和现代化的研究实验室作为背景。这里有 17 500 名本科生,其中 22% 为亚裔美

国人,另有 20 000 名研究生。此外,学校还有 2 007 名国际学生,这个人数在全美大学中排名第三。学生们来这里学习电影、电视、音乐、生物工程、医学研究和顶尖的传媒学位课程,为未来的职业做准备。学校还开设顶尖的动画、数码艺术和建筑课程。优秀的学生还有机会得到在好莱坞和研究实验室实习的机会。

　　大一新生住在校内设有游泳池和网球场的豪华宿舍里,大多数高年级学生住在学校附近的公寓里,20% 的学生住在兄弟会或姐妹会公寓里。学生们为橄榄球疯狂,校代表队也经常赢得冠军。女子足球和排球队也有很强的实力,男子和女子水球队也都实力不俗。学生们的社会生活非常丰富。这些未来的演员和音乐家总是在校园里组织并参加各种活动,或是在附近海边冲浪。南加州大学每年花费 4 418 641 美元为国际学生提供助学金。如果你喜欢南加州大学,我建议你也了解一下加州大学洛杉矶分校、加州大学圣克鲁兹分校和图兰大学。

斯坦福大学 Stanford University

地址: Montag Hall, Stanford, CA 94305

网址:www. stanford. edu

电话:001- 650-723-2091

邮箱:admission@ stanford. edu

　　斯坦福大学不是常青藤大学的唯一原因是常青藤大学全部位于东海岸。"常青藤"这个名字来自于体育联盟,与学术水平无关。斯坦福大学位于美国西海岸,校园里的街道两边是葱郁的棕榈树,还有许多红瓦屋顶的建筑,这个美丽的校园吸引着来自世界各地最聪明、最有天赋、以职业为导向的学子。这里有6 500 名本科生,其中 18% 为亚裔美国人,526 名为国际学生,另外还有 12 300 名研究生。最受欢迎的专业是可以升入医学院的生物和化学专业,经济、计算机科学和工程学紧随其后。

　　大约 91% 的学生大学期间都住在校内,校内宿舍多种多样——从居住 30个学生并配备独立厨师的公馆到可以看到山景的大型综合住宿区,应有尽有。体育运动在该校非常重要,其橄榄球队和棒球队经常赢得联赛冠军。校园内有泳池和高尔夫球场,还有一个任何学生都可以参加培训课程的马术队。户外运动如慢跑、骑车和航海也很受斯坦福学生的欢迎。学生们的社会活动主要在校园内进行,13%的学生参加了兄弟会或姐妹会,周末派对对所有学生开放。大多数学生还会组织自己的小团队出去过夜或度周末——这里到太平洋海岸只有45分钟路程,到旧金山也只需要很短的火车车程。斯坦福大学每年花费8 770 630美元为国际学生提供助学金。如果你喜欢斯坦福大学,我建议你也了解一下哈佛大学、杜克大学以及普林斯顿大学。

纽约州立大学宾汉姆顿分校 State University of New York: Binghamton

地址:PO 6001, Binghamton, NY 13902

网址:www. binghamton. edu

电话:001-606-777-2171

邮箱:admit@ binghamton. edu

纽约州立大学宾汉姆顿分校被认为是纽约州最好的大学,坐落于纽约州西南部,距离康奈尔大学和雪城大学只有一个小时车程。这里有11 800名学生,其中12%为亚裔美国人,1 195名为国际学生。每年有300名学生从土耳其来到这里学习,从而促进了东欧文化的传播。学校有五个学院:文学院、商学院、护理学院、教育学院和工程学院。最有优势的专业是——听听这个——亚洲人和亚裔美国人研究!想想你有多适合学习这个专业!该校的人类学、化学和护理学也很优秀。最受欢迎的专业是商务管理、英语语言和文学以及心理学。宾汉姆顿以在所有专业课程中强调全球化、与众多国际大学合作交换学生项目以及其30个国外学习项目而著称。

59%的学生住在校内宿舍,17%的学生参加了兄弟会,其中一部分住在兄弟会公寓。学生们的社会生活有兄弟会活动、体育运动和160个俱乐部的活动。这是一个相对独立的校园,学生们通常在校园内度过周末的夜晚,如观看免费电影、参加各种音乐活动,或观看乐队表演。棒球队是该校最好的校际体育代表队,而男子和女子长曲棍球队是联赛赢家。最独特的运动是该校和康奈尔大学的橄榄球比赛,球队是男女混合的,队里有三个男生、三个女生和一个女子四分卫。纽约州立大学宾汉姆顿分校每年花费72 163美元为国际学生提供助学金。如果你喜欢纽约州立大学宾汉姆顿分校,我建议你也了解一

下罗格斯大学、雪城大学以及纽约州立大学水牛城分校。

纽约州立大学水牛城分校 State University of New York：Buffalo

地址：17 Capen Hall, Buffalo, NY 14260

网址：www. buffalo. edu

电话：001-716-645-6900

邮箱：ubadmit@ buffalo. edu

　　美国人知道水牛城是因为其每年冬天的下雪量记录！纽约州立大学水牛城分校坐落于纽约州西部，有 19 500 名学生，其中 10% 是亚裔美国人，2 953 名国际学生，另有 10 000 名研究生。该校有很多实力强大的学院，为以职业为导向、做职前准备的学生提供各种优秀的课程。医学院、工程学院、药学院和建筑学院都配备了最先进的设施，还有巨型计算机站，这些都吸引着众多勤奋学习的学生。工程学院有一个特别的地震工程跨学科专业，吸引着全球的关注。该校还有一个文学院，其中最受欢迎的专业是心理学。

　　学校要求大一新生住在校内，学生中有 38% 住在校内宿舍，其他学生在水牛城中心租房住，还有一些学生走读。该校有 500 个俱乐部，只有 6% 属于兄弟会。学生们的社会生活主要集中在水牛城内，这里有世界级的美术博物馆——奥尔布赖特·诺克斯美术馆，还有一所吸引着很多国际学生来学习艺术历史和建筑保护的大学。水牛城分校有两个专业运动队——橄榄球队和冰上曲棍球队——吸引着众多学生观看他们的比赛。这里还是水牛城辣鸡翅的故乡和发明地，这是一种在美国各地都可以找到的和啤酒一起享用的酒吧零食。纽约州立大学水牛城分校出资 182 640 美元为国际学生提供财务补贴。如果你喜欢纽约州立大学水牛城分校，我建议你也了解一下罗格斯大学、纽约州立大学宾汉姆顿分校以及雪城大学。

斯沃斯莫尔学院 Swarthmore College

地址：500 College Ave., Swarthmore, PA 19081

网址：www. swarthmore. edu

电话：001-610-328-8300

邮箱：admissions@ swarthmore. edu

　　斯沃斯莫尔学院是一所充满智慧的大学，坐落于费城的主要街道，校园环境幽雅。来这里念书的学生喜欢思考、辩论、质疑权威、讨论行为准则和哲学问题，过着有思想的生活。当然他们也有很多乐趣，而这种乐趣来自于他们对学术的极大兴趣。每个大学都有一些聪明的学生，但在这所大学里几乎没有不聪明的学生。该校有1 550名学生，14％为亚裔美国人，117名国际学生。该校最优秀的专业是经济、生物和英语文学；最受欢迎的专业是经济和政治学。斯沃斯莫尔学院是一所坚信平等主义的贵格会学院，现在，学生们仍在很多行动上坚持着他们对于平等的信念，并秉持尊重他人、服务社区以及"改变世界"的观点。

　　这是一个团结友爱的大学社区，88％的学生住在校内宿舍。体育方面，女子游泳队、垒球队和网球队以及男子网球队都是校际比赛中的冠军。以为慈善事业募捐为目的的校内运动和体育比赛在斯沃斯莫尔非常受欢迎。校内有110个俱乐部，7％属于兄弟会。学生们的社会生活大部分围绕宿舍以及兴趣小组进行。斯沃斯莫尔学院每年花费2 783 128美元为国际学生提供助学金。如果你喜欢斯沃斯莫尔学院，我建议你也了解一下卡尔顿学院、哈佛大学以及珀莫纳学院。

雪城大学 Syracuse University

地址：Admissions, Syracuse, NY 13244
网址：www. syr. edu
电话：001-315-443-3611
邮箱：orange@ syr. edu

　　雪城大学是纽约州中部的一所研究型大学，校园位于山顶。该校以其杰出的篮球队、纽豪斯传媒学院和航空航天工程项目著称。学校有14 250名学生，其中9％是亚裔美国人，1 128名国际学生，还有6 200名研究生。学生来到雪城大学学习优秀的航空航天工程、建筑、创业学、音乐剧和计算机科学管理。音乐剧课程竞争非常激烈，只有通过试演才能被录取。建筑、生物、营销和心理学方面的专业最受欢迎。雪城大学是仅有的三所拥有耗资300万美元建造的模拟航空航天工程部的大学之一，在这里学生能够参与美国国家航空航天局的太空研究项目。

约75%的学生住在校内的宿舍或兄弟会公寓,其他学生则住在雪城市内的公寓里。篮球是最受欢迎的运动项目,橄榄球也吸引着众多学生。这两项运动为学校赢得众多荣誉,即使不能获得冠军,学生们也总是积极参与比赛。社交生活主要在校内,围绕兄弟会(有40%的学生加入兄弟会)、校代表队运动以及全校性活动(诸如看电影、跳舞、乐队演奏和打保龄球)进行。如果你喜欢雪城大学,建议你也查看一下波士顿大学、康奈尔大学和罗彻斯特大学的相关信息。

得州大学奥斯汀分校 University of Texas at Austin

地址:GIAC, PO 7608, Austin, TX 78713
网址:www.utexas.edu
电话:001-512-475-7399
传真:001-512-475-7395

得州大学奥斯汀分校是最初的"公立常春藤"州立大学之一,位于得克萨斯州奥斯汀的最中心地带。奥斯汀被评为最好的大学城之一。该校有38 500名学生,其中17%是亚裔美国人,1 779名国际学生以及11 000名研究生。学校拥有高水准的教育,集优美的校园环境与高度的校园精神于一身,吸引着众多的学生。学校的工程、计算机技术和商务方面的课程最有优势。最热门的专业是会计、建筑、植物学、生物、药学和外语。

约20%的学生住在校园内,大多数学生住在离学校几步之遥的公寓大厦内。在这个大型校园里,社交生活丰富多彩,有24小时开放的大学电影院和台球厅。学校有约1 000个学生俱乐部,其中15%为兄弟会俱乐部。学校的大型校内体育运动项目拥有超过85%的学生参与者,社会生活主要围绕橄榄球、篮球和棒球等校际运动项目进行,经典的"长角牛"手势点燃了整个学校的激情!奥斯汀是州府所在地,主要街道上随处可见现场音乐表演、酒吧、烧烤店等。如果你喜欢得州大学奥斯汀分校,建议你也查看一下北卡罗来纳大学教堂山分校、加州大学伯克利分校和密歇根大学的相关信息。

得州农工大学 Texas A&M University

地址:217 John J. Koldus Bld. College Station, TX 77843

网址：www. tamu. edu

电话：001-979-845-3741

邮箱：admissions@ tamu. edu

　　很难说得州农工大学是因其工程课程还有学校精神而最为人所知。学校的传统和学校精神无人能及。学校有 39 150 名本科生，其中 3% 为亚裔美国人，569 名国际学生以及 10 000 多名研究生。虽然有着如此复杂的学生群体，但得益于"团结和忠诚"的因素，学生们密切合作，营造出一个紧密团结的大学校园氛围。农业、工程学、兽医医学、物理学、商务和生物医学都是学校最强势的学科。学校专业的规模和大量选择为学生们的职业生涯做好十足、全面的准备。学校约 10% 的学生是军校学员，是全美最大的军事教育项目之一。

　　约 24% 的学生住在校内，其余学生住在科利奇站大学城，这里没有人不知道农工大学的学生和他们的运动队。学校的橄榄球、棒球、女子高尔夫和足球是冠军球队。得州农工大学校内体育运动风行，其拥有全美高校中最多的垒球球队。橄榄球是全校学生酷爱的运动，它就像强力胶一样把数千名学生凝聚在一起。不到 20% 的学生加入兄弟会，校内还有 700 多个俱乐部，许多全校性的传统活动和橄榄球比赛也为学生们提供了丰富的社交活动。学校每年投入 4 024 151 美元用于资助国际学生。如果你喜欢得州农工大学，建议你也查看一下迈阿密大学、宾州州立大学和得州大学的相关信息。

圣三一学院 Trinity College

地址：300 Summit St. ，Hartford，CT 06016

网址：www. trincoll. edu

电话：001-860-297-2180

邮箱：admissions. office@ trincoll. edu

　　学校位于康涅狄格州的首府哈特福德市，校园建筑富有哥特式风格，是一所文理学院。该校备受那些希望在小城市生活但同时有机会在州政府和社区实习的学生的青睐。学校有 2 331 名学生，其中 6% 为亚裔美国人，166 名国际学生。学校实力雄厚的经济学系、环境科学系、生物系以及一个小型工程学院吸引着莘莘学子。最受欢迎的专业包括经济学、政治学和生物学。学校 2/3 的学生在校期间都能在哈特福德市的商业机构和政府机构进行实习。哈特福德是个商业城市,其保险业的发展位居全美首位,能够提供大量的实习机会。学校的教授会带领学生到南阿里卡、特立尼达岛、智利、尼泊尔和印度参加学期项目。学校还在罗马设有自己的校园,开设了艺术史和意大利语课程。

95%的学生住在校内的宿舍和公寓里。学校的学生参与全美大学运动联合会三级运动赛事。男子和女子壁球为学校赢得冠军,男子高尔夫球队和划船队也是冠军队。圣三一学院校内运动风行,约100名学生参与垒球运动。社交生活主要在校内,围绕着兄弟会(36%的学生加入)和105个校园俱乐部开展。学校的学生活动理事会经常开展许多全校规模的活动,比如喜剧之夜、戏剧表演、音乐会,还赞助咖啡馆项目。如果你喜欢圣三一学院,建议你也查看一下康涅狄格学院、丹尼森大学和马卡莱斯特学院的相关信息。

塔夫斯大学 Tufts University

地址: Bendetson Hall, Medford, MA 02155

网址:www. tufts. edu

电话:001-617-627-3170

邮箱:admissionsinquiry@ ase. tufts. edu

塔夫斯大学是一所顶级的研究型职前大学,地处郊区,乘波士顿的地铁即可抵达。校园坐落于郊区的地势最高处,可以俯瞰整个波士顿。学校有5 250名本科生,其中13%为亚裔美国人,336名国际学生。学校还有5 200名研究生,他们大多就读于全国最好的牙科学院。这些以职业为导向的学生来到塔夫斯大学接受最为优秀的医学预科、牙科学预科、国际关系以及工程学方面的教育,64%的学生住校。学校特设的科学中心为学生提供学习工程技术、环境管理和电光学技术的机会。大多数学生都学习理工科,但学校还是为多数学生提供在国外接受一学期教育的机会,这在理科专业中比较少见。塔夫斯大学的国际关系、心理学、英语和经济学是最受欢迎的专业,其中国际关系专业使塔夫斯大学为和平队输送了比其他任何一所大学都多的志愿者。表演艺术是学校的强项,尤其是戏剧课程,每年都为学生提供许多优秀作品。

学校在男子径赛和长曲棍球、女子帆船和足球上获得最多的冠军。大约有一半学生参与校内或俱乐部的体育运动。校内外的社交生活都很丰富。学校距离哈佛大学、麻省理工学院、波士顿学院和波士顿大学都不远,搭乘地铁就可到达。社交生活还围绕着音乐会、戏剧表演、校园电影以及在兄弟会(有15%的学生加入)举办的聚会展开。塔夫斯大学每年为国际学生提供 3 126 326 美元的经济资助。如果你喜欢塔夫斯大学,建议你也查看一下波士顿学院、艾默里大学以及宾夕法尼亚大学的相关信息。

图兰大学 Tulane University

地址:6823 St. Charles St., New Orleans, LA 70118
网址:www.tulane.edu
电话:001-800-873-9263
邮箱:undergrad.admissions@tulane.edu

图兰大学是一所大型研究型职前大学,位于美国爵士乐之都——路易斯安那州新奥尔良市的中心。学校距离每晚都有爵士乐演出的法国区仅 15 分钟路程,街对面是一个风景旖旎的公园,面积达 400 英亩,是学生们玩滑板、闲逛和喂食鸭子的场所。学校有 7 800 名本科生,其中 4% 为亚裔美国人,有来自 40 个不同国家的 281 名国际学生,还有 4 800 名研究生。学校实力雄厚的系包括医学预科、法学预科、生物医学工程、工程学、商学和拉丁美洲研究。商务、工程学和社会科学是最受欢迎的专业。

一半学生住在校内的大学宿舍,另一半学生住在城市的公寓或房屋里。校内 65% 的学生加入兄弟会或姐妹会,校内还有 250 个学生俱乐部。男子和女子篮球校队都是冠军队,尤其是男子篮球队备受瞩目,学生为之着迷。运动中心不仅是游泳、体育训练以及俱乐部运动的活动场所,还为学校其他学生提供休闲娱乐的机会。学校社交生活主要围绕兄弟会聚会、俱乐部、体育运动和法国区的爵士乐演出进行。此外,学校每年给学生两天额外假期,使他们不会错过新奥尔良狂欢节游行及庆祝活动。图兰大学每年给国际学生提供 2 230 115 美元的经济资助。如果你喜欢图兰大学,建议你也查看一下艾默里大学、范德堡大学以及华盛顿圣路易斯大学的相关信息。

联邦学院 Union College

地址: Grant Hall, Schenectady, NY 12408

网址:www. union. edu

电话:001-518-388-6112

邮箱:admissions@ union. edu

  联邦学院是一所拥有工程学院的文理学院,邻近纽约州首府奥尔巴尼,距离纽约市北只有三小时的路程。学校有 2 100 名学生,其中一半是工程学学生,6% 是亚裔美国人,110 名国际学生,85% 住校。学校的历史、经济学和管理学等文科专业实力雄厚,吸引着世界各地的学生。工程学院的机械工程专业同样备受瞩目。最受欢迎的专业是政治学、心理学和经济学。

  校内兄弟会、100 个校园俱乐部和体育运动提供了丰富的社交生活。学校的男子和女子冰球队参加全美大学运动联合会一级赛事,其他运动参加三级赛事。男子和女子足球队为学校赢得冠军。60% 的学生参与校内和俱乐部运动,参加各种运动队,如极限飞盘和扫帚球等。联邦学院的社交生活围绕着校内的兄弟会和宿舍聚会进行,每周还会有许多全校性的活动,例如音乐会、咖啡厅喜剧表演和体育赛事。数英里之外的斯基德莫尔学院的社交活动和萨拉索塔泉名胜小镇吸引着联邦学院的学生。学生们喜欢去附近的佛蒙特滑雪,或去波士顿和纽约市欢度周末。联邦学院为国际学生提供 3 126 326 美元的经济资助。如果你喜欢联邦学院,建议你也查看一下巴克内尔大学、盖茨堡学院以及汉密尔顿学院的相关信息。

范德堡大学 Vanderbilt University

地址:Admissions, 2305 West End Ave., Nashville, TN 37203

网址:www. vanderbilt. edu

电话:001-615-343-7765

邮箱:admissions@ vanderbilt. edu

  范德堡大学是一个以文科、工程学、商科、音乐和教育学为主的大型研究型大学,地处美国南部音乐之都田纳西州的纳什维尔市。学校有 6 900 名本科生,其中 7% 为亚裔美国人,348 名来自 50 个不同国家的国际学生,还有约 4 500 名研究生,85% 住校。学校的音乐、英语、教育和工程学方面的课程实力雄厚;最受欢迎的专业包括心理学、社会学和工程科学。范德堡大学以其"荣誉准则"著称,这对一所大型大学来说是比较少见的。学生参加无人监考的考试,他们对自己的学术行为负责。学校大力推崇出国留学,在 19 个不同国家设有学习项目。此外,学校还开设一个"5 月份学期",向学生提供到国外或美国境内其他任何地方学习的机会。范德堡大学享有盛誉的另一个原因是其美丽的校园环境,校内绿树成荫,种类繁多。

校内有 300 个俱乐部,37% 的学生加入兄弟会。学校参与全美大学运动联合会一级运动赛事。男生运动队中,篮球和棒球是最强的,保龄球则给女生带来冠军荣誉。社交生活丰富多彩,包括参与校内的兄弟会、俱乐部和各种小组的活动,以及在校外欣赏纳什维尔的乡村音乐和蓝草音乐。在观看橄榄球赛时,那些穿外套打领带的男士和穿裙子戴珍珠项链的女士表明这是一所南方大学。范德堡大学每年为国际学生提供 1 665 003 美元的经济资助。如果你喜欢范德堡大学,建议你也查看一下艾默里大学、图兰大学以及华盛顿圣路易斯大学的相关信息。

瓦萨学院 Vassar College

地址:124 Raymond Ave, Poughkeepsie, NY 12604
网址:www. vassar. edu
电话:001-845-437-7300
邮箱:admissions@ vassar. edu

瓦萨学院是一所治学严谨的文理学院,校园美丽壮观,坐落于距纽约市北约两小时路程的工业小城波基普西。一道石头垒成的墙环绕着湖泊,历史建筑掩映于绿树间,校园四周遍植种类繁多的树木。瓦萨学院约有 2 400 名学生,其中 9% 为亚裔美国人,137 名国际学生中有 24 名来自中国大陆。学校的艺术史系、英语语言与文学系、生物系实力雄厚。最受学生欢迎的专业是英语文学、心理学和政治学。瓦萨学院的学生聪明好学,在入学申请中表现出强劲的竞争力。

虽然不少学生常去不远的纽约市观看戏剧、参观博物馆以及体验夜生活,但大多数学生(98%)都住在大学宿舍内,很少去市区闲逛。女子排球、网球、橄榄球校队和男子排球校队都是给学校带来冠军荣誉的队伍。男子篮球在 Liberty League(隶属于全美大学运动联合会三级联赛赛事的高校体育运动联合会)中具有很强的竞争力。一半的学生参加校内或俱乐部体育运动,选择范围极为广泛,包括撞球、高尔夫球、飞碟、乒乓球和水球等。社交生活围绕着100个俱乐部、各种体育活动以及音乐和戏剧进行。学校有很多全校性的社交活动,有一家面向21岁以上的学生开放的酒吧以及频繁前往纽约市的旅行活动。瓦萨学院为国际学生提供4 786 555美元的经济资助及优胜奖学金。如果你喜欢瓦萨学院,建议你也查看一下康涅狄格学院、斯基德莫尔学院以及威廉姆斯学院的相关信息。

佛蒙特大学 University of Vermont

地址:194 S. Prospect St., Burlington, VT 05401

网址:www. uvm. edu

电话:001-802-656-3370

邮箱:admissions@ uvm. edu

佛蒙特大学是一所州立大学,是最初的"公立常青藤"成员之一。校园坐落于佛蒙特的格林山与美丽的尚普兰湖之间的小山上,俯瞰美国一流大学城之一的伯灵顿小城。学校的大部分学生并非来自本州,只有36%来自佛蒙特州。学生中2%为亚裔美国人,146名国际学生,本科生有11 600人,还有2 000名研究生。佛蒙特大学在医学预科、兽医预科、卫生科学、护理和物理疗法方面开设的课程非常优秀。广受欢迎的课程有通俗科学、环境研究和商科。所有学生必须选学一门关于种族和文化的课程。

大一、大二学生住在校内,大多数高年级学生则搬到校外居住。冰球和滑雪是学校最具实力的体育项目,具有国家级排名的冰球队吸引了大量忠实且狂热的学生球迷。学校非常适合进行户外活动,许多学生都选择徒步旅行、骑自行车、划皮艇和露营等休闲性运动作为主要活动。校内外的社交生活都很丰富,伯灵顿市中心以及不远的滑雪坡为学生提供了很多社交机会。离学校仅一个半小时路程的加拿大蒙特利尔市是法国境外最大的具有浓郁法国文化的城市,该市有着众多的艺术博物馆、音乐会、爵士音乐节以及餐馆,吸引着大量的学生。如果你喜欢佛蒙特大学,建议你也查看一下罗彻斯特大学、雪城大学以及科罗拉多大学博尔德分校的相关信息。

弗吉尼亚大学 University of Virginia

地址：P. O. Box 400160, Charlottesville, VA 22904

网址：www. virginia. edu

电话：001-434-982-3200

邮箱：undergradadmission@ virginia. edu

弗吉尼亚大学因其建于绿地之上的壮观华丽的历史性建筑而闻名，这些建筑由托马斯·杰斐逊设计，他是美国《独立宣言》的主要起草人之一、美国第三任总统，也是弗吉尼亚大学的创始人和设计者。这所"公立常春藤"州立大学大约有 15 600 名本科生，其中 70% 来自弗吉尼亚州，学生中 11% 为亚裔美国人，国际学生 860 人。学生选择这所学校是因为这所州立大学享有极高的声誉，并且在英语、经济学、管理学、心理学和商学方面有着不凡的实力。弗吉尼亚大学在文科、工程学、护理学以及建筑学领域开设了本科学院，学生可以在第二年末申请学校的商学院。

大约一半学生住在校内三个住宿学院内，其中一个是国际住宿学院，还有根据兴趣划分的宿舍，例如外语社。30% 的学生加入兄弟会或姐妹会，他们对大学校园有着重要的社会影响。校男子篮球比赛是重要的体育赛事。其他夺得冠军的校代表队包括男子和女子游泳队、女子划船队、男子和女子长曲棍球队。学校拥有超过 65 个体育俱乐部，为学生参与各种级别的校内运动提供了便利。夏洛茨维尔（弗吉尼亚大学所在地）是一个著名的大学城，生活极为便利，镇内的商店、餐馆和音乐会充分满足学生的需求。如果你喜欢弗吉尼亚大学，建议你也查看一下北卡罗来纳大学教堂山分校、印第安纳大学以及得州大学的相关信息。

弗吉尼亚理工学院 Virginia Polytechnic Institute

地址：Blacksburg, VA 24061

网址：www. vt. edu

电话：001-540-231-6267

邮箱：vtadmiss@ vt. edu

弗吉尼亚理工学院是一所公立大学，位于弗吉尼亚州的蓝领群山，坐落于森林、河流和群山之间,邻近国家森林公园。学校约有 23 700 名本科生学习工程学、建筑或商务。学生中 8% 为亚裔美国人,国际学生 542 人,还有 7 500 名研究生。最受欢迎的专业是机械工程,学校在航空航天工程、海洋工程、生物工程、土木工程、计算机工程、工业工程和采矿工程方面实力也很强大。商学院广受欢迎,而五年制的建筑学院是全美顶尖的学院之一。深受学生喜爱的专业还包括森林学、艺术、戏剧和创意写作。

约一半学生住在校内宿舍,高年级学生住在布莱克斯堡这个大学城的公寓和分租房屋里。学校和小镇都热衷于体育活动,全年参与各种赛事,橄榄球更是热门话题。全校有 400 多支垒球队,校内运动盛行。除垒球外,还有橄榄球、水下曲棍球、水球以及任何你能命名与参与的校内运动。约 20% 的学生加入兄弟会,校内还有 600 个学生俱乐部。学生们还常去布莱克斯堡打撞球、听音乐等。如果你喜欢弗吉尼亚理工学院,建议你也查看一下凯斯西储大学、得州农工大学以及佛罗里达理工学院的相关信息。

维克森林大学 Wake Forest University

地址:PO Box 7225, Wake Forest U., Winston-Salem, NC 27109

网址:www.wfu.edu

电话:001-336-758-5938

邮箱:undergrad@wfu.edu

维克森林大学是一所涵盖文理科、商科和会计学的学校,坐落于北卡罗来纳州中部的一个城市,校园古老而美丽,南方风格显著。学校有 4 660 名充满生气、勤奋好学的本科生,其中 5% 是亚裔美国人,还有 101 名国际学生,2 500 名研究生。大约 70% 的学生居住在校内以及兄弟会宿舍。学校校风严谨,其经济和金融、化学、英语以及数学这些强项学科吸引了世界各地的学生。学校最受欢迎的专业是英语、经济、通信、商务和金融。所有学生必须选修下列课程:三门历史、哲学和宗教课程、两门文学课程、一门美术课程、三门行为科学课程、三门自然科学、数学和计算机科学课程。

45% 的学生是兄弟会或姐妹会成员,社交生活围绕着兄弟会或姐妹会以及体育运动进行。维克森林大学的篮球队属于全美大学运动联合会一级球队,在赛季期间篮球是整个大学的话题。女子曲棍球、男子和女子高尔夫球及网球都获得过全国冠军。85％的学生参与校内体育运动,健身中心长期开放。特别通告:该校不向国际学生收取申请费!如果你喜欢维克森林大学,建议你也查看一下巴克内尔大学、戴维逊学院以及艾默里大学的相关信息。

华盛顿大学 University of Washington

地址:Seattle, 1410 NE Campus Parkway, WA 98l95

网址:www. washington. edu

电话:001-206-616-3867

邮箱:kcowan@ u. washington. edu

华盛顿大学是美国顶尖的研究型大学,位于美国西北部的大城市——西雅图市,可以俯瞰太平洋。校园哥特式建筑非常壮观,置身于校内就能领略到喀斯喀特山脉和奥林匹克山的美景。学校有 29 500 名本科生,其中 26％为亚裔美国人,1 352 名国际学生,以及12 000 名研究生。约 65％的新生居住在校园内的大学宿舍,这意味着有大量学生走读,还有 35％的新生必须自己去找住处,而且他们还需要多花点时间来寻找社交生活。学校的商学院、医学院、工程学院、研究渔业和海洋学的环境研究系实力雄厚,吸引了世界各地的学生。商务、计算机科学、生物工程学、生物和海洋学是最受欢迎的专业。在文学院,大部分学生主修英语、心理学和戏剧学。

橄榄球是全校性的体育项目,它把整个学校紧密结合在一起。学校最强的大学运动队有女子篮球队、划船队和网球队,以及男子篮球队、足球队、划船队和网球队。美国西北部以户外休闲运动著称,相比有组织的体育运动,大多数学生更热衷露营、徒步旅行等户外活动。学校有超过 500 个俱乐部,10％的学生加入校内兄弟会和姐妹会。如果你喜欢华盛顿大学,建议你也查看一下加州大学伯克利分校、俄勒冈大学和威斯康星大学的相关信息。

华盛顿与李大学 Washington and Lee University

地址:204 W. Washington St., Lexington, VA 24450

网址:www. wlu. edu

电话:001-540-458-8710

邮箱:admissions@wlu.edu

华盛顿与李大学是美国南部一所很有竞争力的、具有浓厚学术氛围的文科大学,希腊式复古风格的校园位于弗吉尼亚西部郊区的一座山上。校内有1 800名学生,3%为亚裔,还有72名国际学生,61%住校。古典而传统的校园文化以及经济学、商学和新闻学等强项学科吸引了世界各地的学生。学校最受欢迎的专业是商学、政治学、生物学和通信。"荣誉准则"的施行是该校的一个重要特征,学生为自己的荣誉负责,参加无监考考试,并尊重他人的财产。学生甚至可以将自己的笔记本电脑留在图书馆,自行车不用上锁,宿舍也无需锁门。

学校里超过一半的学生住在校内或兄弟会宿舍,剩下的学生住在学校附近的公寓。体育方面,虽然女子橄榄球和排球也都曾获得过冠军,但长曲棍球比橄榄球更加受欢迎。不远的阿巴拉契亚山脉为学生提供了户外娱乐场所,学生们可以在那里打猎、捕鱼、野营或徒步。85%的学生是兄弟会的成员,社交生活围绕各种校内的社团派对、体育活动以及90个俱乐部展开。该校的另一个特色是经常为大学生举办正式舞会,并安排最新的乐队来学校演出。华盛顿与李大学为国际学生提供2 910 944美元的助学金。如果你喜欢华盛顿与李大学,你还可以查看一下戴维逊学院、维克森林大学以及威廉玛丽学院。

华盛顿圣路易斯大学 Washington University in St. Louis

地址:Campus Box 1089, Wash U., St. Louis, MO 63130
网址:www.wustl.edu
电话:001-314-935-6000
邮箱:admissions@wustl.edu

华盛顿圣路易斯大学是一所位处中西部的研究型职前大学,坐落于距离小城圣路易斯六英里远的一个大型公园的旁边。请注意!华盛顿圣路易斯大学和华盛顿大学是两所不同的大学!华盛顿圣路易斯大学是一所位于美国中西部的私立大学,美丽的校园里有很多大理石建筑,以及种类繁多的树木和常春藤;而华盛顿大学是太平洋沿岸的一所州立大学。华盛顿圣路易斯大学有7 100名本科生,10%为亚裔,435名国际学生,6 600名研究生。该校的医科实力强大,吸引了大量的医学院预科生,同时其生物学和化学也是强项学科。该校设有文学院、建筑学院、艺术学院、商学院和工程学院五个学院。

约75%的学生在校园内居住,其余的住在兄弟会宿舍或学校附近的公寓。华盛顿圣路易斯大学的运动项目大多属于全美大学运动联合会第三等级,校内有优秀的女子篮球队和排球队,羽毛球运动在校内也得到了很好的发展,受到学生的广泛欢迎。社交生活主要集中于大学生联盟中各个社团的社交派对以及大学和宿舍举办的各项全校性社会活动,如校内音乐会、艺术节、主题派对等。此外,圣路易斯拥有一个大型的美术博物馆,距学校很近的森林公园里还有高尔夫球场、湖泊和户外剧场。华盛顿圣路易斯大学为国际学生提供3 734 441美元的助学金。如果喜欢华盛顿圣路易斯大学,你还可以查看一下艾默里大学、西北大学以及宾夕法尼亚大学。

威尔斯利学院 Wellesley College

地址:106 Central St., Wellesley, MA 024481
网址:www. wellesley. edu
电话:001-781-283-2270
邮箱:admission@ wellesley. edu

你知道吗,宋美龄女士就毕业于威尔斯利学院! 同样毕业于此的还有希拉里(美国国务卿,美国前总统克林顿的妻子),和马德琳·奥尔布赖特(美国前国务卿)。威尔斯利学院是美国的五大女校之一,并且是全美顶尖大学之一。其办学目的是给那些渴望学习的优秀学生提供最好的学习条件,培养出遍布世界各地的优秀领导者。在这个充满艺术气息的校园里,有着2 425名青年女学生,22%为亚裔,以及来自75个不同国家的257名国际学生。学校学术实力最强的专业是经济学。有一点可以印证:美国最成功的女性经济学家全毕业于威尔斯利学院。科学、政治学、心理学和英语在这里都是非常受欢迎的专业。学生们遵循学校的"荣誉准则"制度,这意味着她们可以在学校的考试周自行安排考试,并且这些考试都是无监考的。

为学校获得最多奖杯的体育运动项目是曲棍球、游泳和网球。该校的体育中心拥有游泳池、网球场、舞蹈室、健身房,充分满足学生们的运动需求。威尔斯利学院的学生可以通过跨科注册位于剑桥的麻省理工学院的课程来丰富自己的社交生活。许多学生会去离学校不到30分钟路程的波士顿和剑桥参加各校学生联合会的社团活动、欣赏乐队演出,或去咖啡馆和酒吧社交。威尔斯利学院每年为国际学生提供 4 880 754 美元的助学金。如果你喜欢威尔斯利学院,你还可以查看一下布林莫尔学院、乔治城大学以及斯坦福大学。

卫斯理安大学 Wesleyan University

地址:237 High St., Middletown, CT 06459
网址:www.wesleyan.edu
电话:001-860-685-3000
邮箱:admissions@wesleyan.edu

在美国有可能存在另一所像卫斯理安大学一样自由和开放的大学,但是绝对没有一所学校能像卫斯理安大学一样拥有这么多聪明、睿智且敢于对外宣称要改变整个世界的学生! 该大学位于哈特福德(康涅狄格州首府)与纽黑文(耶鲁大学所在地)之间的一个小城市。学校有 3 215 名学生,7% 为亚裔,还有 216 名国际学生。这所综合文科学校有很多吸引人的地方——这里是非洲音乐、鼓、异国情调舞蹈等表演的天下,这里经常进行政治示威和辩论,这里的分子生物学和生物化学实力尤为强大,这里有着最为出色的数学家,这里拥有最好的电影学习专业和一个美丽的图书馆。除此之外,东亚研究和天文学也位列最强的学科专业之中。这所学校有着严格的传统和纪律,拥有独立的、对学习充满兴趣和创造力的学生,他们当中很多人本科毕业后继续在这里攻读研究生。

校园内的社交生活异常丰富,主要围绕着表演艺术和政治活动等活动,这吸引了大量的学生。尽管传统的全校性活动每年都有,但学生大部分的社交生活还是以小团体聚会和派对形式进行的。学生大都在校内进行体育活动。拥有室内赛道、游泳池以及健身中心的体育中心是大部分学生的选择。如果喜欢卫斯理安大学,你还可以考虑加州大学伯克利分校、布朗大学以及格林内尔学院。

威廉玛丽学院 College of William and Mary

地址:PO 8795, Williamsburg, VA 23187
网址:www.wm.edu/admission
电话:001-757-221-4223
邮箱:admiss@wm.edu

威廉玛丽学院是少数的几个州立文科大学之一,学校位于弗吉尼亚州威廉斯堡的一个历史古迹保存完好的小镇。校内有5 900名学生,7%为亚裔,198名国际学生,还有2 000名研究生。威廉玛丽学院最吸引人之处在于其勤奋好学的学生共创的学习氛围,以及强项学科如医学院预科、法律预科以及会计学的美誉。最受学生欢迎的专业是国际关系研究、商务、社会科学和英语。

住宿方面,76%的学生住在校内宿舍和公寓里。33%的学生加入了兄弟会或姐妹会,其中许多选择住在其会社宿舍里。学生们都忙于自己的学业以及研究生入学申请,因此橄榄球或篮球等体育活动在校内不是很盛行。女子排球和网球是学校的强项,篮球队也经常为学校捧回冠军奖杯,而男子体操经常在赛场上大放异彩。75%的学生参与了校内的各运动俱乐部。学校有多达500个俱乐部,近1/3的学生加入了兄弟会或姐妹会。学生经常参加校内的派对、音乐演出、学生戏剧和舞蹈表演。在这个有着300年传统的学校里,全校性的大型活动往往以歌唱和校庆活动为主要形式。尽管如此,在这所学校里,学业始终比社交生活占据着更为重要的位置。如果你喜欢威廉玛丽学院,你还可以查一下艾默里大学、乔治·华盛顿大学以及里士满大学。

威廉姆斯学院 Williams College

地址: Williamstown, MA 01267
网址:www. williams. edu
电话:001-413-597-2211
邮箱:admission@ williams. edu

威廉姆斯学院是美国顶级文科院校之一,以其艺术史专业和校园内具有重要意义的艺术博物馆著称。校内有2 000名学生,10%为亚裔,142名国际学生。小班教学、大量的课堂讨论以及教授对学生的重视是该校的教学特点之一,这也造就了学生热爱阅读、出勤率高以及勤奋向上的品质。威廉姆斯学院的经济学、生物学、艺术史等文科专业实力强大。校园位于一个美丽的新英格兰风格的小镇,距离任何市中心都有数英里之遥(距离纽约四小时路程)。学生们喜欢这儿"与世隔绝"的环境,返校率高达98%,93%住校。

威廉姆斯学院经常在竞争激烈的校际体育赛事中赢得最高荣誉。他们在运动联合会一级赛事中参与滑雪比赛,而男子和女子游泳队则参加第三等级的赛事,并且经常获得冠军。此外,男子网球和篮球以及女子垒球和曲棍球都获得过冠军。由于校外周边几乎没有任何娱乐场所,因此,学生的社交生活几乎完全在校内进行。传统的全校性活动,如冬季和春季狂欢节,吸引了校内的每一位学生。电影系列展放、讲座、音乐会以及体育活动都在学生的选择之列。威廉姆斯学院是第一所对国际学生实施"需求回避政策"(即录取过程不考虑学生是否需要资助)的学院。目前,威廉姆斯学院每年向国际学生提供6 425 046美元的助学金。如果喜欢威廉姆斯学院,你还可以了解一下阿默斯特学院、鲍登学院以及达特茅斯学院。

威斯康星大学 University of Wisconsin

地址:716 Langdon St., Madison, WI 53706

网址:www. wisc. edu

电话:001-608-292-3961

邮箱:onwisconsin@ admissions. wisc. edu

威斯康星大学是一所州立大学,拥有30 555名学生,5%为亚裔,1 714名国际学生,以及12 000名研究生,大部分大一新生都住校。校园位于美国中西部偏北,一边与湖泊毗邻,另一边是群山以及通往首府的州际公路,公路旁是餐馆和小型商店。威斯康星大学是美国前十位的公立大学之一,以其政治活动和很强的科研实力著称。最强的专业是政治学、心理学和经济学。除了申请人数最多的文学院以外,学校还设有商学院、工程学院以及农学院。最受学生欢迎的专业是商务、英语和新闻学。威斯康星大学拥有全美最强的培养博士人才的美国历史学专业项目。

威斯康星大学是"十大"体育联盟高校之一,这意味着她是一所极具校园精神的学校。学校的大型体育项目有橄榄球、篮球和冰球,大部分学生对这些赛事都抱以极大的关注和热情,他们自行组织赛前动员会、鼓乐队游行等活动。10%的学生加入了兄弟会,并经常参加各种兄弟会组织的活动。学生会经常主办全校性活动,特别是摇滚乐队和爵士乐队的演出,还有一些来麦迪逊(威斯康星大学所在地)演出的其他音乐团体也吸引了大量学生。如果喜欢威斯康星大学,你还可以了解一下印第安纳大学、密歇根大学以及西北大学。

伍斯特理工学院 Worcester Polytechnic Institute

地址:100 Institute Rd, Worcester, MA 01609

网址:www. wpi. edu

电话:001-508-831-5286

邮箱:admissions@ wpi. edu

　　伍斯特理工学院规模较小,因其工程学院和团队合作为人所知。校园位于马萨诸塞州的伍斯特市,离波士顿有一小时的路程。石建筑和大量的绿青藤让校园看起来十分美丽。校园附近有两个公园,城内还有另外几所学院,周围不远处就是商店和咖啡馆。校内有 3 650 名学生,6% 为亚裔,427 名国际学生,以及1 700 名研究生。与实践相结合的工程学和音乐剧专业吸引了大批申请者。该校最强的学科是机械和计算机工程、生物技术以及剧场技术。伍斯特理工学院以项目著称:学生们在一个为期七周的阶段集中合作进行某个工程项目,附近的生物医学实验室提供两个为期八个月的全薪实习工作机会,很多学生从中受益匪浅。

　　住宿方面,61% 的学生在校园内居住,另一半住在附近的公寓,近 1/3 的学生选择住在兄弟会宿舍。大部分的研究项目都有国际合作,因此,70% 的学生有机会去欧洲、澳洲、中国香港或非洲进行深入学习。体育方面,男子和女子划艇是非常受欢迎的运动。大部分学校体育代表队在运动联合会三级赛事中参与竞争。由于学校的工程研究导向,学生们有机会在团队中相互了解,因此,社交生活不是问题。伍斯特理工学院为国际学生提供 6 603 730 美元的助学金。你如果喜欢伍斯特理工学院,还可以了解一下卡耐基·梅隆大学、东北大学以及罗彻斯特理工学院。

耶鲁大学 Yale University

地址:PO Box 208234, New Haven, CT 06520

网址:www. yale. edu

电话:001-203-432-9300

邮箱:undergraduate. admissions@ yale. edu

常青藤盟校的"三大"之一、美国最好的大学居住社区以及极高的声誉吸引了全世界最聪明、最有才华的学子们来到耶鲁大学求学。哥特式建筑以及遍布校园的美丽庭院——这正是学子们梦寐以求的高等学府。耶鲁大学拥有 5 300 名本科生,14% 为亚裔,541 名国际学生,以及大约 6 000 名研究生,90% 住校。历史学是最优秀的专业,同时政治科学、生物学和经济学也同属顶级学科。许多学生来到耶鲁大学是为了从享有世界级声誉的课程中选择一两门进行学习,这些课程涵盖建筑艺术、戏剧、音乐和美术。

耶鲁大学的体育队在全美大学运动联合会中参加一级运动赛事。与大学体育赛事相比,耶鲁大学的学生更加注重学术方面的学习与研究,但与哈佛大学之间的橄榄球赛却是个例外——这不仅是一项体育赛事,更是一个社交活动。超过一半的学生参加体育运动,任何级别和水平的运动员都可以参加校内的体育竞赛。社交生活的中心是校内的居住区,有着共同兴趣爱好的学生也经常组织各种各样的社交派对。校园内的俱乐部会所、秘密社团(该类社团大多产生于老牌名校)、特殊兴趣俱乐部,以及位于校外的餐馆、音乐俱乐部和电影院都为学生提供了社交机会。耶鲁大学每年为国际学生提供 17 712 388 美元的助学金。你如果喜欢耶鲁大学,还可以了解一下哈佛大学、普林斯顿大学以及斯坦福大学。

第二部分　美国大学校园文化

Part II: Campus Culture

第 一 篇

美国大学文化分类

招生官想要知道,在他看到的SAT和高中成绩背后,你是个什么样的孩子。你自己也想要知道!

寻找适合你的大学!

我曾经和一个马里兰大学的大三学生聊天,这个年轻的男孩说:"我从其他大学转到马里兰大学的建筑系,但是在我转来这个大学的第一个学期,建筑系因为经费不足而关闭了。"我问他:"你为什么不转学去其他学校呢?"

他说:"我非常喜欢这个大学!同学们转学是因为他们不适合原来的环境,但是一旦你找到了合适的大学,你会在很轻松的环境下找到自信,并且做生活和学习中最好的自己。"

你适合什么样的大学?什么样的大学文化适合你?并且可以帮助你成就你想要达到的目标?

请做以下测试:

1. 你最喜欢的学校社团和活动是什么?

   a. SAT培训小组

   b. 环保社团

   c. 体育运动

   d. 哲学社

   e. 音乐或戏剧社团

2. 你正在计划你的周五晚间活动,你会和怎样的朋友们在一起?

   a. 玩乐队

   b. 中美学生交流项目

   c. 高中艺术节

   d. 科学研讨活动

   e. 有关气候转换的纪录片

3. 你高二那年最喜欢的科目是什么?

   a. 美术音乐或舞蹈

   b. 化学或物理

   c. 社会科学

   d. 历史

   e. 英语文学

4. 你是什么类型的学生?

   a. 我喜欢阅读,然后和同学们小组讨论某一个作家的作品

   b. 我喜欢有足够的时间和空间,尝试不同的材料来完成我的设计和创意

   c. 我喜欢在图书馆学习,一直到我完全了解我的功课,我才能放松

   d. 我喜欢尽快完成我的作业,这样我才能够有足够的时间参加社区服务等活动

   e. 我喜欢学习我最喜欢的科目,而且我不在乎偶尔放弃其他的科目

5. 你最喜欢的运动和娱乐活动是什么?

   a. 健身中心:跑步机、划船机和举重

   b. 骑自行车、划船和野外露营

   c. 团体运动:足球、篮球和棒球

   d. 网球、游泳和体操

   e. 瑜伽、舞蹈

6. 你觉得你的哪一项特质在大学申请时是值得特别强调的?

   a. 好奇心

   b. 想象力

   c. 道德标准

   d. 同情心

   e. 忠诚度

7. 如果让你想象星期六的晚上在大学校园里面,你想你会做什么?

   a. 为水源净化的团体筹款

   b. 为学校的校队加油打气

   c. 参加文学讲座

d. 参加市里面的慈善音乐会

e. 参加医疗研究实习的活动

8. 你正在填写大学的住校申请表,你希望选择怎样的住校安排?

a. 学校附近的公寓

b. 校园里面的住房

c. 兄弟会和姐妹会的宿舍

d. 校园里的生活和学习中心

e. 市中心的公寓

9. 请想象你正走在校园里,忽然开始下雪,你谈话的内容将会是?

a. 周六的度假滑雪计划

b. 法国哲学家的电影

c. 冬季摄影展

d. 周末可以在宿舍里面卖匹萨

e. 慈善救济中心本周末可能需要帮手

10. 你上大学希望结交什么样的朋友?

a. 有创意的朋友,也喜欢欣赏艺术表演和画廊画展

b. 认真严肃的朋友,他们喜欢走在世界的最前端

c. 喜欢打抱不平的朋友

d. 喜欢参加各种比赛,并且知道怎么样享受人生的朋友

e. 喜欢和几个熟识的好友小聚,而不喜欢一大群人在一起参加吵闹派对的朋友

你的答案

将以上十个问题里你所选择的答案打圈,根据以下的颜色给自己一个分数。每一个答案你都可以得到十分。将你所有的颜色和答案加起来,比如说,你有七个红色两个金色和一个蓝色,那么你的结果就是 70% 的学术类,20% 的专业类和 10% 的创意类。接下来请将你所得到的分数,参照以下的大学文化描述。

	红	紫	蓝	金	绿
1	c	d	e	a	b
2	a	b	c	d	e
3	d	e	a	b	c
4	e	a	b	c	d
5	c	d	e	a	b
6	e	a	b	c	d
7	b	c	d	e	a
8	c	d	e	a	b
9	a	b	c	d	e
10	d	e	a	b	c

结果：
红_____个
紫_____个
蓝_____个
金_____个
绿_____个

大学文化的分类

红色：学术类大学，这类大学包括得克萨斯大学、杜克大学、西北大学、乔治城大学、宾州州立大学、范德堡大学或是一些小型的学术类大学，如科尔盖特大学、丹尼森大学和维克森林大学等。在这一类大学里你往往可以看到很多的运动员、兄弟会，而且同学之间喜欢谈论球队、派对，在宿舍和课堂间也有很多的朋友。

紫色：知识类大学，包括卡尔顿学院、芝加哥大学、格林内尔学院、波莫纳学院和斯沃斯莫尔学院等。在这一类大学里，你和你的朋友将谈论着你们所读过的书，很有可能你们将课堂里的讨论带入校园，你们会为了学术、政治和经济等话题争执、辩论。

蓝色:创意类大学,设计和表演艺术专业的大学,包括朱丽亚音乐学院、欧柏林学院。或是设计类大学,如罗德岛设计学院、萨瓦纳艺术设计学院等,在这一类大学里,你和你的朋友们在学校里喜欢谈论的话题,通常有关艺术、表演排练、画廊开幕、时尚、近期的艺术演出等。

金色:专业预科类大学,在这一类大学,无论在课堂或宿舍,你和你的朋友都喜欢谈论的话题大多有关学习成绩、MCAT—医学院入学考试、GRE—研究生院入学考试、LSAT—法学院入学考试、MBA—工商管理硕士、创业、乔布斯、国际经济、医学院、法学院、商学院、工学院和建筑学院等。这类大学包括康奈尔大学、普渡大学、北卡大学、斯坦福大学、沃顿商学院、麻省理工学院、加州大学伯克利分校、伊利诺伊大学和卡耐基·梅隆大学等。

绿色:激进类大学,在这一类大学里,你和你的朋友们喜欢谈论的话题包括组织抗议活动、人权、保护动物、环保和气候问题等,这类大学有:格林内尔学院、哈弗福德学院、欧柏林学院、匹泽学院和卫斯理安大学等。

如何? 你的测试结果告诉你最适合哪一类大学? 第二呢? 激进类的大学文化是否对你特别重要? 请记住,这些类别取决于学生在课堂外喜欢讨论的话题。你知道吗? 在早餐、午餐和晚餐、在课堂间、在宿舍里、换衣间、学生会、体育竞技场、咖啡厅、图书馆等,这些话题无所不在,大学文化充满在校园里以及每一个大学生的生活中!

请仔细想想,有道理吗? 你心里面可能已经有了适合你的大学类别,"你"将会是你选择大学的最重要因素。对适合你的大学越是了解,你就越能准备一个最合适你自己的大学名单。大学的招生官也会想要知道为什么你选择他们的大学,清楚地知道每一所大学的文化将会是你最好的选择!

◆ 我适合什么

美国有 2 400 所四年制颁发本科学位的大学,你打算将你优秀、有趣、独一无二的申请送到哪里?

你不光要看你能看到的各种排名,你还要考虑你想学的专业、喜欢的地点,还有很多人迫不及待地想给你各种建议。你应该带着"你想体验的那种大学生活"去思考以上问题。每一所大学对某名学生来说都是最好的大学,但是没有一所大学是对所有人都合适!

◆ 我如何知道

现在你要把你自己变成一个人类学家，观察大学生的自由栖息地。你将会知道学生们在课堂外做些什么、聊些什么。他们在课堂间、宿舍里、学生会、喝咖啡和可乐时都在聊些什么。从你之前所做的十个步骤的小测试，你知道了美国有哪些类别的大学。你觉得你可以适应学术类的大学吗？例如南加大、印第安纳大学、杜克大学、西北大学、密西西比大学、范德堡大学或是小型的学术性文理学院，例如科比学院、戴维逊学院、丹尼森学院和维克森林大学等，这些大学有大型球队兄弟会，同学们在课间课外谈论体育、派对、交友等话题。

或是在知识型文化大学里，如卡尔顿学院、芝加哥大学、哥伦比亚大学、格林内尔学院和斯沃斯莫尔学院等，在这里同学们喜欢讨论他们所阅读的书籍、课堂上的讨论。在这类校园里，他们会在宿舍里争论和辩论有关政治、经济、文学和艺术等话题。

在创意类文化大学和表演艺术专业的大学里，如朱丽亚音乐学院、欧柏林学院或罗德岛设计学院、萨瓦纳美术设计学院等，同学们在课堂内外谈论有关艺术、演出排练、画廊开幕和近期的表演活动等。

创业类文化的大学，如麻省理工学院、巴布森学院、纽约大学、宾大沃顿商学院、凯斯西储大学、得克萨斯大学还有很多拥有商学院的州立大学等，同学们在课堂内外喜欢谈论股市、创业、企业家、比尔·盖茨、还有报上的商业信息等。

专业预科类文化的大学，同学们在课堂间和宿舍里喜欢谈论 GPA、MCAT、GRE、LSAT、工作、法学院、医学院、工程学院、建筑学院、工商管理学院、研究生院等，如康奈尔大学、普渡大学、斯坦福大学、乔治亚理工学院、约翰霍普金斯大学、卡耐基·梅隆大学和雪城大学等。

激进类文化的大学校园里，同学们倾向于谈论示威和抗议活动、组织人权活动、动物保护、环保、气候变化等议题，如比罗伊特学院、哈佛福德学院、欧柏林学院、匹泽学院和卫斯理安大学等。

◆ 我如何选择

你接下来要做的就是人类学家做的事。你先观察同学们在校园里面的行为，才能做出选择。你会观察到在校园里不同年龄组群的关系（学生和教授），学校的饮食状况。在学习中的人类学家——你将会记录人类生活的细节，区分

工作(上课)、玩乐(体育运动和兄弟会)、社区政府(学生会)、种族文化的排序
(人文、科学、宗教、创业、体育、创意、玩乐、游戏及对他人的服务)、建筑外观(大
学外貌)、服装(学生的 T 恤上面写些什么,同学们上课时如何打扮,下课后如何
打扮,出去玩的时候如何打扮)等。通常人类学家会研究家庭结构、如何求爱、
结婚守则、性行为等(同学们在大学里谈恋爱吗? 他们出去玩的时候集体行动
吗? 他们会一起住在校外吗? 同性恋学生在校园里受到尊重吗? 是否有很多已
婚的本科同学?)。

对一个人类学家来说,在你知道你有什么选择之前,你不会轻易地做决定。
你会先看看有什么可选,在你看到选择之前,你必须保持一个开放的心态,一个
成熟的态度;在你做出决定之前,你会收集足够的信息,只有在研究工作完成以
后,你才能找出解决的方案或答案。就像你的科学实验课——在你收集好所有
资料以后,才能够决定你要申请什么大学。

根据大学的排名决定申请或是只申请自己听过的几所大学,都不是一个人
类学家会做的事。在你观察学生生活的同时,找出你喜欢或是不喜欢这所大学
的种种线索。那里的同学会让你想和他/她交朋友吗? 他们是否给你带来新的
视角? 他们看起来像不像和你是同一类人? 那里有很多国际学生吗? 这所大学
是否让你感觉明年以后可以在这里生活? 你走入教学楼的感觉如何? 学生会里
的同学相处得如何? 午餐的时间同学们谈论什么话题? 所有的亚洲学生是否都
坐在同一桌? 餐厅里是否有给运动员预留座位? 亲眼观察大学里学生的生活,
要比只是听说更有说服力。你要找的是像磨中的谷物这样的无形资产——校园
里的友谊,同学们对于学术、运动的激情等。

如果你无法亲自参观校园,你可以发邮件给在校的学生,问他们同样的问
题。如果你没有认识的人,你可以发邮件给招生办,让他们推荐两三个来自中国
的学生、足球队员或是任何你想参加的球队队员、音乐社成员等。

接下来要介绍的150 多所大学,也可以帮你找到你所向往的学生生活的大
学。现在你对于不同的大学文化有了概念,你可以专心找到那些和你有共同理
想而且兴趣一致的大学。最好的大学文化是什么? 你的文化! 相信你自己、相
信你的直觉。如果你找到看起来适合你的大学,请注意最后一行字:"如果喜欢
密歇根大学,你也可以看看杜克大学、西北大学、得克萨斯大学",这些类似的大
学代表着他们有相似的大学文化,但是他们的地点、专业和入学标准都不一定一
样。请记住,当某大学问你为何选择他们大学的同时,他们也在观察你是否对你

自己和他们的大学有相当的了解,招生官也在考量你是否合适。他们也想找出接受一个合格学生的原因,你有责任给出他们这个答案!

建立你的大学名单

最终要申请的大学名单,你的目标必须明确,此时此刻你不需要做出选择。你希望多选几个最有可能在明年四月录取你的大学。你会喜欢你了解最多的大学,如果你的哥哥在约翰霍普金斯大学,你就有可能最喜欢这个学校。如果你最喜欢杜克大学或是圣母大学的校队,那也很好。千万不要因为你多听说了两个大学你就必须申请南加大或是维克森林大学。你一定要清楚了解你名单上的全部十所大学。

怎么样开始建立你的大学名单呢?这个名单应该由你先开始,你是谁?这个问题也是大学在决定录取哪位同学之前,需要从你身上得到的答案。如果你对自己够了解,知道你的目标,你就能够在大学申请作文里面更清楚地描述你自己。在大学招生官看到你的数字之后(高中课程难度及成绩和标准考试分数),招生官会根据你的课外活动和你怎么安排你的休闲时间来衡量你是谁。他们在找合适的学生,也就是说你是否能够适合他们的大学环境。排名、申请难度、学费都没有办法告诉你学生的生活品质,也就是所谓的大学文化。想要了解你感兴趣的大学,有一个方法就是先了解他们有什么样的学生。从他们的学生在教室外的谈话内容你可以了解他们是什么样的人,包括在餐厅内、课堂上、宿舍里、换衣间、学生会、比赛场、咖啡厅、图书室和校园里的任何一个角落。大学文化是学生校园生活的心脏。

本书介绍了150个美国大学的学生生活,让你可以开始建立你的大学名单。主要根据来自学生在课堂外喜欢谈论的内容,大学文化最主要分成以下五个类别:激进类、学术类、专业预科类、知识类和创意类。有一个方法可以判断你喜欢的大学类型,就是回想你在高中和同学或是在家里和家人喜欢谈论什么话题。你在学校的时候包括学校餐厅、体育场、音乐会和艺术戏剧表演、课外或是在周末喜欢谈论什么话题。你也可以想想,从高中到大学时的生活,你是否希望有所改变。在你决定大学申请名单之前先检视这些大学的校园文化。

当你找到最合适你的大学文化时,你会看到很多"你"在这些大学里面,这时你就可以开始建立你的大学名单。你将不再仅仅考虑排名、申请难度、学费、地点等,大学文化将成为你最有价值的选择因素。接下来我将会介绍最重要的

150 所美国大学和他们的校园生活和文化。你越了解你自己的需要和目标,就越能够建立一个好的大学申请名单,从而选择到最适合你的大学。所有的大学都希望知道你为什么觉得他们的大学适合你。真正了解你想申请的大学文化,就最有机会申请成功。

以下是来自五名学生"建立大学名单"的真实案例。阅读之后你就可以了解为什么熟悉大学校园文化可以帮助你建立你的最佳申请名单。请注意你不是选择你将要去哪里——最终申请名单的确定,代表最终录取你的大学来自这份名单。在你高三(十二年)级开学(秋季)的时候所选择的大学,你将在十二年级的春季收到入学通知。这些故事可以帮助你更清楚地了解同学们如何利用大学的校园文化来决定你的大学申请名单。帮助你做决定的因素将不仅是排名、专业和地点等。

就算有些同学知道了自己合适的大学,也有可能因为某种原因决定选择其他校园文化的大学。重点是在你知道了最合适的大学之后,你可以更明白决定申请或不申请的理由。继续读下去,你可能可以感觉到这些同学在选择大学申请最终名单时的心情。

◆ 寻找学术类大学

学术类大学:你可以在这类大学里面找到大型的体育团队、围绕着兄弟会和姐妹会的学生生活,同学们在课堂间和宿舍里喜欢讨论体育活动和派对等。学术类的大学例如得克萨斯大学、杜克大学、乔治城大学、西北大学、范德堡大学和一些小型的学术类大学,如科尔盖特学院、丹尼森学院和维克森林大学等。

在他十一年级的 2 月份,克里斯第一次兴奋地走进纽约汉亭顿高中的大学升学顾问老师办公室。克里斯是两个体育校队的队员,有时候还会代表一个校队外出比赛。他的生活中充满了运动和朋友。克里斯是一个好学生,他的英语、基础微积分、物理、西班牙语(三)和美国历史成绩都非常不错,而且他五月将要参加美国历史的 AP 考试,在 6 月份他要参加 SAT 考试。在十一年级的时候克里斯的 PSAT 考试成绩是:阅读 63 分、数学 65 分和写作 62 分。

克里斯心里面只想去一个大学,就是密歇根大学……蓝色!已经深刻地印在他的脑海里。他想:我可能计划申请提前录取,也可能之后再申请密歇根州立大学和凯斯西储大学。但是我的表哥去了波士顿的东北大学,那里是一个不错的大学城,我也可以考虑。但是一名学生能去几个大学呢?对了,我爸爸说如果预算不足的话,纽约州立大学也是不错的选择,纽约州立大学水牛城分校怎么样?

让我们从以下几个方面来看看他的大学名单:是否合适(大学文化)?录取标准(是否有可能被录取)?地点?学费?

对于一个生活里充满运动和朋友的学生,密歇根大学是一个非常好的选择。这里属于一个学术性的大学文化(有主流的体育项目和球队,兄弟会/姐妹会)正好是克里斯最想要的环境。但问题是,如果克里斯不以运动员的名义申请的话,凭他的成绩是没有可能进入这样的大学的。来自密歇根州外的学生需要提供更高的学术成绩,SAT 的各项分数最少要在 700 以上。并不是因为这个大学入学后的课程难度较高,只是因为密歇根大学太受欢迎了。足球的精神弥漫在校园里的每个角落,所以大家都喜欢在这样的环境里面生活。在学术成绩没有达标的情况下,从招生的角度来说,这是个错误的选择。提早录取通常会在 12 月发出结果,如果你到时候被拒绝,那将会影响你准备 1 月份正式申请的心情。在 9 月份你就要考虑到 12 月被拒绝的可能性,那将会影响你整个大学申请周期的心情和状态。1 月份的正式申请截止,你可以申请很多个大学,所以在 4 月份就算收到拒绝结果,你也会有候补或是其他的选择机会。

另外,他应该考虑纽约州和密歇根州的学术性大学校园文化,而不是他们的地点——克里斯仅仅是听说而已(东北大学和凯斯西储大学)。这两个大学都是属于专业预科类的大学校园文化,在那里同学们喜欢谈论的是有关的工作和实习,而不是运动、兄弟会/姐妹会或是朋友之间的话题。在克里斯的大学名单里,应该加上宾州州立大学(学费 29 000 美元)和俄亥俄州立大学(学费 26 800 美元),这样就符合他所有的要求了。运动、朋友、较高的录取率、地点,还有预算也比密歇根大学便宜(学费 41 000 美元)。

最好要加上纽约州立大学在他的申请名单里,因为这对他来说是性价比最高的学校,那就加两个纽约州立大学吧!宾汉姆顿分校(州内学生学费 6 815 美元)和水牛城分校(州内学生学费 6 010 美元)。虽然克里斯一定会申请密歇根大学,但这其实是一个浪费时间的做法,他真正应该试着申请的大学是威斯康星大学和印第安纳大学,因为这两所大学的文化都比较适合克里斯的程度、要求和预算。

寻找知识型大学

知识型大学：在这类大学里，你会和你的同学不仅在教室内，甚至在课堂外或是校园的任何一个角落，讨论、辩论有关学术、政治和经济方面的话题。在知识型大学的校园文化里，你和你的朋友们喜欢探讨你们所读过的书籍，这类大学包括卡尔顿学院、芝加哥大学、格林内尔学院、波莫纳学院和斯沃斯莫尔学院等。

夸米是新泽西州纽瓦克中学的一名好学生。他在十一年级的时候，就已经取得了拉丁语和微积分 AP 5 分的好成绩。他还会讲流利的西班牙语。他的英语和历史老师说，他在戏剧班上是最好的学生，非常热爱阅读，而且他喜欢并且愿意花心思把他所有的作业做到最好。我们都知道，像这样一个好学生，喜欢努力学习的非裔美国人，在十一年级的时候就已经有很多大学代表鼓励他申请。我们也知道，为了让校园更加多元化，录取非裔美国人的男同学，是所有文理学院的首要任务之一。对于夸米来说，大型的运动竞赛和学生派对，对他没有任何的吸引力。他知道他喜欢的大学，能够让他在课后和同学们讨论他所喜爱的文学，也给他足够的时间阅读和研究。在我们第一次见面前，夸米曾经调查也拜访过斯沃斯莫尔学院和波莫纳学院、各常青藤名校、芝加哥大学、卡尔顿学院、威廉姆斯学院、阿姆赫斯特学院。他自己觉得斯沃斯莫尔学院最适合他，但是他的家人比较喜欢普林斯顿大学，因为那是大部分人所公认的三大常青藤名校之一。另外，也因为普林斯顿大学位于新泽西州，那是他的家乡。他的家人希望他不要离家太远去上大学，最好是开车几个小时就可以回家，而不是要飞到遥远的芝加哥或是开长途车到马塞诸塞州。

正如大家所预期的，他申请并被所有他申请的大学所接受，并且所有的大学都给他全额奖学金——但是他还在纠结于斯沃斯莫尔和普林斯顿之间，他甚至丢铜币来帮忙他做决定，到最后，夸米决定去了普林斯顿大学。其实他很清楚地知道这不是他最合适的选择。他说，喝酒派对是在普林斯顿唯一的社交生活，而他执意选择普林斯顿的原因并不是因为他合适。他选择常春藤学校的原因，是因为他觉得以一名非裔美国人的背景，最顶尖的常青藤大学光环可以帮助他拥有更顺利的职业人生，夸米在普林斯顿选择了主修英语，大一时他当了少数民族的辅导员，并在毕业后申请到斯坦福大学心理学专业博士学位课程，之后就和他所计划中的一样，他在工作上非常成功。他在选择大学的时候,选择了一个他明知道不合适的大学,度过了没有社交生活的四年。夸米在名气和合适之间做出了选择。

寻找专业预科类大学

专业预科类大学:这一类大学文化里,你和你的朋友们谈论的可能是有关成绩和申请专业类学院的各项考试,包括 MCAT、GRE、LSAT、MBA、组建公司、乔布斯、全球经济、医学院、法学院、商学院、工程学院和建筑学院等,例如康奈尔大学、普渡大学、北卡罗来纳大学、斯坦福大学、沃顿商学院、麻省理工学院、伯克利大学、得克萨斯大学、伊利诺伊大学和卡耐基·梅隆大学等。

李同学在南京出生,八年前,当她还只有十岁时,她和父母一起到了美国加州。十一年级的时候,她根据大学排名建立了自己的大学申请名单。她不在乎这些大学的地点也不在乎学费……李同学想要成为一名工程师,她想要申请的大学包括斯坦福大学、麻省理工学院、加州理工学院、乔治亚理工学院和卡耐基·梅隆大学。在学校里她的数学和科学 AP 考试都得到最高分,她的西班牙语、法语和历史也都得到非常好的成绩。她的家人坚信她一定可以被她想申请的大学所录取——斯坦福大学是她的首选。我们探讨的典型的亚洲学生,有优秀的数学、科学成绩和远大的职业目标,通常在工程、会计等专业,相同的民族文化背景通常目标也比较类似,这些同学如果都向美国顶尖大学申请,那么光靠优秀的分数是不够的。我们谈论了美国大学如何在筛选分数的关卡过后选择合适的学生。他们如何从申请者课后的活动和兴趣爱好来判断同学们的个性。大学的招生老师想知道这些考高分的亚洲女孩对他们的校园会有什么样的贡献。这些问题都和排名、学费、地点无关。

李同学开始观察她和其他同学有何不同,构思她的大学申请文章,并且仔细考虑如何回答为什么选择斯坦福大学,为什么选择麻省理工学院等问题。同时她开始寻找哥伦比亚大学和斯坦福大学的不同。哥伦比亚大学的工程专业对学生英语课程的要求和文理学院的英语课程要求是一样的。他们需要更大量的阅读。因为李勉的中国家庭背景,她每周末都参加中国文化课程学习,对于唐代诗人白居易的诗词特别着迷。太好了!她的作文里面可以提到中国诗词对她的影响,而不是像其他中国同学,写些有关美国大学的好处和被录取以后是何等的荣幸,或是成为一名成功的工程师以后,可以赚很多钱并且对家乡有所贡献,等等。在她的个人介绍里,加上中国文化和诗词的色彩,李勉利用她文学的基础来申请工程学院。跳越过排名的障碍之后,其实有很多机会的。

当李勉知道了在美国大学,很多学生在大一以后还可以转换专业之后,她决定扩大她的大学申请名单。她开始寻找大学校园里同学们喜欢谈论的书籍、诗词、评论作者的观点,而不是讨论 GPA、实习和研究生院。她开始关注有工程学系的文理学院,如博科内尔学院、哥伦比亚大学、拉法叶学院、史密斯学院和斯沃斯莫尔学院等。这样一个大学申请名单不但帮助她寻找到合适的大学,更增加了她被录取的概率!除了光看排名之外,李同学的大学名单里,有不同录取难度的大学,同时她可以确定,接受她的大学文化里,同学们除了讨论职业发展之外也会讨论她最喜欢的文学话题。

寻找激进类大学

激进类大学:在这一类大学里,你和你的朋友们在课间、宿舍和校园里可以组织抗议活动、游行并探讨人权、保护动物、环保、气候转变等话题。例如格林内尔学院、哈佛福德学院、欧柏林学院、匹泽学院和卫斯理安大学等。

罗夫对于气候转变的话题非常感兴趣,他来自北卡罗来纳州的法业镇,一直都是北卡罗来纳大学球队的忠实粉丝。在他的高三全年级三百名学生里面,罗夫的数学和科学都是名列第一的。他高中毕业以后申请北卡罗来纳大学是理所当然的,因为他大部分的同学都是要申请这所大学,而且他家里的长辈很多都是北卡大的校友。罗夫喜欢阅读、冲浪,他也花很多时间在脸书和推特上讨论并说服其他读者接受有关保护地球的种种方法,他曾经参加好几个有关水资源保护的科学竞赛,也曾组织水源净化以及利用水和风力创造新能源的科学项目。上个暑假,罗夫参加了在佛罗里达州南海岸半岛上举办的海洋生物课程,这个课程的辅导员来自美国各地的大学,有环保专业的大学生,也有海洋生物专业的博士生。有一位辅导员来自缅因州的鲍登学院,一位来自佛蒙特大学,一位来自卫斯理安大学,还有一位来自加拿大纽芬兰的圣金斯大学。罗夫从这些大学生的身上发现他们对专业的热爱和激情,以及与他的高中同学对于大学球队的痴迷程度是截然不同的。他更愿意在接下来的大学生活中,花精力每天钻研在水资源和温室效应的议题上。

从海洋生物夏令营回到家之后,在十二年级开学之前,他的父亲准备带他去参观几所大学。他去参观了斯坦福大学、东北大学、加州大学圣塔克鲁兹分校,这些大学都有很好的海洋生物专业研究生课程,他希望将本科注重在文理学院,因为他发现在这里可以找到和他类似的同学,愿意花时间和精力讨论气候变化的话题,并举办相关的活动。从缅因州的鲍登学院开始,他的辅导员觉得他会喜欢那里的校园和学生生活,他也去参观明德学院和卫斯理安大学。10月份学校放假的时候,他可以飞到洛杉矶去参观克莱蒙学院,特别是波莫纳学院和匹泽学院,最好还可以路过格林内尔学院和卡尔顿学院去看看。罗夫最后根据他参观大学时从学生身上感觉到的认真态度和参加夏令营时辅导员给他带来的专业印象,来决定他最终的大学申请名单。到了十二年级那年的 11 月 1 日,他从容地开始写申请大学的作文,因为他很清楚并自信地知道他要的是什么。最后他锁定八所大学,都符合他的理想和要求,虽然每个大学的录取标准不同,他很自信地知道至少有一半会接受他的申请,而且他很清楚这些大学可以帮助他打好基础,准备好完成他的博士研究目标。

罗夫决定利用接下来的四年,研究可以控制气候的政治因素和他有同样想法的同学们一起,从经济学角度、激进的观点以及他所关心的科技焦点,以科学的根据研究气候的变化。他明白接下来四年的大学生活,他除了主修环境科学专业外,还需要一个真正激进的校园文化,才能真正帮助他实现发展的目标。他意识到环境研究的政治因素必须和科学因素结合在一起,才能够帮助我们的地球达到控制气候变化的目标。

◆ 寻找创意类大学

创意类大学:这一类大学是为了设计和表演艺术专业的学生创办的,在这里同学们茶余饭后喜欢讨论的话题包括艺术、演出练习、画廊开幕、游戏设计、时尚和近期演出,等等。这一类大学包括朱丽亚音乐学院、欧柏林学院、罗德岛艺术设计学院、萨瓦纳艺术设计学院等。

麦克在明尼苏达州的高中读十一年级,他参加乐队,热爱电子、数学和设计。他的家人和亲友们告诉他,他应该学习工程学、图像设计、建筑设计和动画设计。他在课后的时间喜欢抱着他的手提电脑,研究最新的游戏,然后想着怎么样改善这些游戏的程序。他爸爸的朋友向他介绍 SCAD,位于南卡罗来纳州查尔斯顿的萨瓦纳艺术设计学院,这位朋友曾经在那里学习,他说在这里你可以选择学习你能想象得到的所有设计课程,包括家具设计、服装设计、动漫制作、珠宝设计、影视设计、摄像和电子游戏设计等。电子游戏设计?那可是麦克的梦想!接下来他们学校来了一个 RISD 罗德岛设计学院的代表,他介绍在他们学校里所有的学生第一年可以选择任何的设计课程作为基础,之后再决定自己想要专修哪一方面。一个月后,麦克去参观了欧林工程学院,并了解到如果他将他的 SAT 考试成绩提高,就有可能申请到欧林这样的大学,在这个学校里只有 350 名学生,他们的生活里充满了数学、图像设计、各种不同形式的设计,在校外,欧林的学生在行业间是著名的设计狂人。虽然欧林的学术难度要比其他两个设计学院高,他也没有一定进得了欧林学院的把握,他还是决定将萨瓦纳艺术设计学院和罗德岛设计学院放在他的最终大学申请名单里,因为他希望在接下来的四年,可以每天接触到设计和艺术。

麦克的家人不断地告诉他,他的选择太过于专业,还有一个在明尼苏达大学读大三的表哥告诉他,其实很多大学里面都有设计艺术等专业的学院。麦克在网上搜寻了很多有艺术设计专业的州立大学,然后他决定去参观密歇根设计艺术学院、纽约州立大学、佛罗里达州立大学和加州州立大学洛杉矶分校等。现在他很清楚地知道他的目标专业是电子游戏设计,那里的学生都跟他一样为设计痴狂。虽然他还没有决定他的最终申请名单,可是他会同时考虑专业的设计学院和大学里面的设计专业。他很清楚地知道他所希望生活的大学环境里,其他朋友也和他一样每天睁开眼就想到设计方案,而且他要带着这些设计方案去参加很多比赛。对于麦克来说,参加电子游戏设计的比赛就是他心目中最棒的生活。

第 二 篇
美国大学校园文化

美利坚大学 American University

专业预科 40%

学术 30%

激进 20%

创意 10%

美利坚大学的学生对于政治活动比较感兴趣,他们的校园文化充满了政治和社会因素。学生们比较热衷于时事的探讨而不是球队的比赛成绩。在课堂间和宿舍里,学生们喜欢讨论社会问题和人权问题等。在"和平队的参与"排名里,美利坚大学排名第十二。大一的学生在学校保证有宿舍的安排,有很多大二的学生还是决定住在学校的宿舍里,但是大三、大四的学生如果想要继续住在宿舍,就需要靠抽签来决定仅剩的几个位子。学校里有1/3的同学参加兄弟会或姐妹会,很多会员住在学校具希腊风格的公寓里。大学里的社交圈大多在兄弟会、学校社团和心灵相通组织等进行,也有很多同学喜欢在校外高年级同学的公寓或是附近的大学活动。如果喜欢美利坚大学,你也可以考虑波士顿大学、布兰迪斯大学和塔夫斯大学等。

阿默斯特学院 Amherst College

专业预科 30%

学术 30%

知识 30%

创意 10%

阿默斯特学院在新英格兰的文理学院中是数一数二的,他们学习的方式是在小班制课堂里辩论和讨论。学生选择阿默斯特学院是因为它的学术性校园文化而不是为了准备一个特定的职业。所有的学生都住校或是住学校附近。运动在阿默斯特学院是非常重要的,有3/4的学生活跃在学校校队、校内运动队、各个社团和非专业团队等。学校的社交生活包括体育竞赛和艺术表演等——不仅是在宿舍或是校内活动,阿默斯特的学生也可以在校外找到丰富的校园生活:北安普敦的五校联盟,有好几千名大学生,周末都在这个镇上活动。如果喜欢阿默斯特学院,你也可以考虑鲍登学院、波莫纳学院和威廉姆斯学院等。

亚利桑那州立大学 Arizona State University

专业预科 60%

学术 40%

亚利桑那州立大学是最大的公立研究型大学,只有少数的核心课程要求,坐落在美国的西南部,共有 41 260 名本科生。学校只有 17% 的学生住在校内,也有一些住在兄弟会和姐妹会的宿舍里。其他学生都住在校外公寓或是合租住房。亚利桑那州立大学的校队非常有名,男子棒球和田径每年都为学校带来很多的奖牌。女子的垒球和田径也赢得很多冠军。学生的校园生活由好几百个社团组成,地点除了校内之外还有在兄弟会和姐妹会的校外公寓。很多学生拥有自己的汽车,他们可以利用周末到克罗拉多滑雪,到南加州的海滩或是去大峡谷的国家公园。你如果喜欢亚利桑那州立大学,也可以考虑普渡大学、纽约州立大学宾汉顿分校和华盛顿大学等。

巴布森学院 Babson College

专业预科 80%

学术 20%

巴布森学院一直都很注重企业家精神,也就是说同学们在课内外常常讨论创办企业和商业话题等。85% 的学生住在校内非常有设计感的宿舍里,还有很好的食堂。10%~12% 的学生参加兄弟会或姐妹会。大一新生在前两年留在学校活动的机会较多,高年级同学就经常出校参加其他大学的社交活动。同学们常常参加红袜队棒球比赛、凯尔特篮球比赛,也经常去酒吧和俱乐部等地。巴布森学院的足球属于二类校队,还有篮球、棒球,最受欢迎的室内运动是排球和冰上曲棍球。你如果喜欢巴布森学院,也可以考虑本特利学院、波士顿大学商学院和宾夕法尼亚大学的沃顿商学院等。

巴德学院 Bard College

专业预科　20%

学术　10%

激进　30%

创意　30%

知识　10%

　　巴德学院位于纽约市北部约两小时车程,哈德森河边的郊区。这里的环境非常自由,学生的生活中心就是辩论。同学们在校园里喜欢谈论的话题包括气候变化、能源、权利平等、世界和平等。巴德学院在音乐表演方面的专业也非常有名,他们拥有一个由著名设计师 Frank Gehry 所设计的豪华音乐厅。大部分的同学都住校(77%),也有的同学在校外附近租房。校园里有70 个社团,同学们在学校里面喜欢谈论文艺方面的话题或是小团体里面共同的兴趣。你如果喜欢巴德学院,也可以考虑贝茨学院、比洛特学院和欧柏林学院等。

巴纳德学院 Barnard College

专业预科　40%

知识　20%

激进　10%

创意　30%

　　巴纳德学院是一所女子大学,位于纽约的曼哈顿。和哥伦比亚大学共用所有的教室、体育设备、艺术中心和朋友圈。巴纳德学院的学位就是哥伦比亚大学的学位。来到巴纳德学院的年轻女孩喜欢城市生活,他们是一群有创意、崇尚自由、有野心的学生。特别吸引学生们来到这个大学的课程有科学、写作、音乐、戏剧和舞蹈等专业预科课程,还有很强的领导力课程,提供创业、商业和判断力训练等课程。这个学校有着非常紧密的校园文化,这些严肃认真的同学大多都住在学校的宿舍里,当然她们常常有机会外出,因为纽约市有太多的机会提供给她们。如果喜欢巴纳德学院,你也可以参考布林莫尔学院、纽约大学和瓦萨学院等。

贝茨学院 Bates College

专业预科　30%

学术　30%

激进　30%

创意　10%

　　以自由派学生而著名的贝茨学院,小班制的教学方式和校园文化吸引了很多同学。学生到贝茨学院的原因包括他们喜欢一个有史以来都提倡平均主义的社区环境,大部分的同学都住校,学校没有任何兄弟会或是有入会限制的社团,大家都享受着友好和团队合作的气氛。他们的冰上曲棍球是属于一类运动,其他运动则属于三类。几乎所有的同学都参加室内运动,极限飞盘是最受欢迎的活动之一,接下来是足球和篮球。校园里有 100 个社团,同学们在学校里可以参加所有的校内活动,也可以在宿舍组织小型的派对。你如果喜欢贝茨学院,也可以考虑比罗特学院、哈佛福德学院和路易克拉克大学、马卡莱斯特学院等。

比洛特学院 Beloit College

专业预科　30%

学术　20%

激进　40%

创意　10%

　　几乎所有的学生都住校,在这个团结的校园里。学生实行小班制教学,通过与老师同学们商讨和辩论的方法来获得学问。校园里有 80 个社团,20% 的学生参加兄弟会或姐妹会。大部分社交生活的重心都在校园里,有很多以共同兴趣所组成的小团体,也有以社会服务活动为目的的社团,例如保护地球等社团。还有很多校园内的社会活动,特别是从各个地方来的乐团在校内举办的音乐会。比洛特学院属于第三类运动大学。最大的赢家通常是男子足球队和女子排球队,75% 同学参加室内运动,极限飞盘是最受欢迎的体育项目之一,其他还有足球、篮球和排球都备受瞩目。你如果喜欢比洛特学院,也可以考虑贝茨学院、路易克拉克大学和马卡莱斯特大学等。

本特利大学 Bentley University

专业预科 80%

学术 20%

本特利是一个比较注重商业和企业家精神的大学,即便一开始所有的学生都必须通过基础课程来学习商业和科技知识。80%的学生住在校内宿舍或是兄弟会宿舍。93%的学生在四年学习期间有实习机会。校内有100个以上的社团,其中很多都是有关商业主题的。冰上曲棍球是一类运动,其他校队也有属于二三类运动的。女子篮球非常优秀,男子高尔夫及男女网球都是他们最好的校队团体。一半以上的学生参加室内运动,特别是室内足球和平地曲棍球。你如果喜欢本特利大学,也可以参考巴布森学院、东北大学和沃顿商学院等。

波士顿学院 Boston College

专业预科 40%

学术 50%

创意 10%

波士顿学院吸引到的学生,通常除了在教室内努力学习之外,对于体育和运动竞赛很热衷。9 000名学生,70%信奉天主教。一般大一到大三都住在校内,大四就离开校园住在校外。男子足球和女子曲棍球校队通常都得到冠军。校园文化非常热衷体育活动,大部分的学生参加室内运动,有42项活动可以选择,包括篮球、滑雪和高尔夫球等。学校没有兄弟会,校园里的社交生活围绕体育活动展开,波士顿专业棒球队波士顿红袜队——波士顿学院的学生都热爱这支球队。很多学生参加波士顿市中心的丁字裤活动,也可以在其他大学里面展开他们的社交生活。如果喜欢波士顿学院,你也可以考虑柯尔盖特学院、乔治城大学、圣母大学等。

波士顿大学 Boston University

专业预科 50%

学术 30%

创意 20%

　　波士顿大学是一所具有学术—专业预科校园文化的大学,这里有很多法学院预科和医学院预科的学生,在11个本科学院里,还有最好的音乐戏剧、古典音乐和企业管理专业的学生。70%的学生住在校内的宿舍和公寓里,也有人住在校外的公寓。对于波士顿大学的学生来讲,这是一个非常热闹的学校,除了有450个社团之外,波士顿大学附近还有很多其他的大学学生。男子篮球校队、女子网球和足球校队都是最有名的。最受欢迎的运动还是冰上曲棍球。大部分的学生说,他们的社交生活一半的时间在校内,其他时间在校外。如果喜欢波士顿大学,你也可以参考纽约大学、塔夫斯大学和华盛顿大学等。

鲍登学院 Bowdoin College

专业预科 30%

学术 30%

激进 20%

知识 20%

　　鲍登学院所吸引来的学生是聪明、健康、充满活力的,他们准备好从各个方向学习。他们来到这所大学是为各项文理专业而学习,而不是为了准备特定的职业。鲍登学院在缅因州还拥有一座小岛,专门提供给学校环保和气候专业的学生进行高阶的研究。大学有自己的宿舍和学生活动中心,93%的同学住校,校内的食堂所提供的餐饮也是全美数一数二的。在校的学生生活围绕着各种不同的活动展开,包括艺术、休闲运动和团体运动等。鲍登学院的同学们非常喜欢登山、露营、独木舟、海上皮划艇和滑雪等。校内就是一个非常快乐的社区,平均每年有98%的学生留在学校。如果喜欢鲍登学院,你也可以参考布朗大学、哈佛大学和马卡莱斯特大学。

布兰迪斯大学 Brandeis University

专业预科　40%

学术　10%

知识　20%

激进　20%

创意　10%

　　布兰迪斯大学的校园文化以聪明和政治立场明显亲以色列而著名。也是在美国唯一的世俗犹太教大学。55%同学来自犹太教,45%来自其他宗教(这其中包括200名穆斯林学生),其余是没有宗教信仰的学生。大部分学生都住校(82%)也有其他学生住在家里或是附近的公寓。这个大学没有足球队,球队竞赛并不是这里的学生最关心的事。当然校内也有很好的室内运动,也有很多同学喜欢使用校内的健身设施。学生的社交生活围绕在250个不同的社团活动以及很多在校内的社交活动展开。政治和音乐貌似在这个校园里面占了很大的社交空间。很多高年级的同学喜欢到波士顿附近的其他大学参加社交活动。如果喜欢布兰迪斯大学,你也可以参考美利坚大学、艾默里大学、华盛顿大学等。

布朗大学 Brown University

专业预科　20%

学术　20%

知识　30%

激进　20%

创意　10%

　　在常青藤大学里面,布朗大学拥有最多的自由派学生——他们没有规定的必修课。校园生活的种类非常多,从诗词欣赏到数学拼图和兄弟会等。很多政治团体转换成社交活动,并宣扬他们对国际问题的关心和对个人及社区自由的意见。布朗大学有非常好的体育设施,他们的棒球校队是常青藤大学里面最强的一支队伍。男子网球和女子划船都是很强的校队,室内运动在布朗大学的学生生活里是非常重要的一部分。校内有很多有关诗词和文学的日报和周刊。

"布朗社区对外服务计划"是校园里最大的组织,由义工们组成,来帮助社区里需要帮助的人。

如果喜欢布朗大学,你也可以考虑卡尔顿学院、卫斯理安大学和耶鲁大学等。

布林莫尔学院 Bryn Mawr College

专业预科　50%

知识　10%

激进　20%

创意　20%

布林莫尔学院是一所女子大学,拥有全美最顶尖的考古学本科课程。因为背负着贵格教背景的使命,布林莫尔学院的学生生活围绕着学生荣誉守则进行,也就是说同学们必须对自己的社交和学术行为负全责。布林莫尔学院的宿舍有传统式壁炉,装饰非常雄伟,他们的食堂还经常赢得国内最高荣誉的奖项。很多社交生活和邻近的哈弗福德学院在一起。校园里最常见的社交活动包括讲座、辩论、社团和政治活动等。校内有 12 种室内运动,曲棍球、英式足球、田径、排球等属于最受欢迎的体育活动,也有很多同学会到哈弗福德学院参加和男子组共同举办的体育项目。如果喜欢布里莫尔学院,你也可以考虑巴纳德学院、哈弗福德学院和曼荷莲女子学院等。

巴克内尔大学 Bucknell University

专业预科　40%

学术　60%

巴克内尔大学属于小型大学里少数拥有超过 40% 的学生参加兄弟会和姐妹会的学校。大部分的同学都住校或是住在兄弟会的宿舍里,只有 15% 的同学住在学校附近的公寓里。这里的学生生活比较倾向保守派和预科类的活动,大部分的学生都在校园里或是参加兄弟会的派对。有很多社交活动完全可以在校内完成:乐队和外聘的演说,同学们特别喜欢电影和体育活动。巴克内尔大学有超过 200 个学生组织和社团。体育项目对于巴克内尔大学来说非常重要,这里有 25 个一类校队。经常得到冠军的校队有男子长跑、田径、曲棍球等。男女游泳和跳水校队非常有竞争力,女子划船也经常为校争光。40% 的同学喜欢室内运动。如果喜欢巴克内尔大学,你也可以考虑科尔盖特学院、里海大学和维克森林大学等。

加州大学伯克利分校 University of California：Berkeley

专业预科 30%

学术 30%

知识 20%

激进 20%

加州大学伯克利分校和其他美国顶尖私立大学最大的不同就是课堂大小,有很多课程超过 500 名学生一起上课。另外一个不同就是这里对新生的照顾比较少,所以申请这样的学校学生必须比较独立而且成熟。学校保证大一的新生有校内住房,但是大二以后很多学生必须搬出校园。10% 的同学参加兄弟会和姐妹会。同学们的生活圈散布在伯克利市区的各个角落,这里有很多健康有机食品餐厅、酒吧、咖啡厅、现场音乐表演和政治辩论等。足球和篮球是最受欢迎的运动,男子体操和划船校队是学校的冠军团体。伯克利的健康和健身中心都非常受学生欢迎,每个人都健身。你如果喜欢伯克利大学,也可以考虑布朗大学、加州大学圣克鲁兹分校、哥伦比亚大学等。

加州大学戴维斯分校 University of California：Davis

专业预科 40%

学术 20%

激进 20%

创意 20%

加州大学戴维斯分校拥有加州大学最大的校区,在校园里有森林、田园、奶牛、花园,也是加州大学系统里著名的农业中心。骑自行车的学生多过开车的学生。大一的学生可以住在学校的宿舍和公寓里,高年级的同学住在校外公寓或是分租房里。虽然大部分的同学是希望拯救世界的科学家,戴维斯也有很强的艺术表演课程。室内运动比校队和球队比赛更受欢迎,65％的学生参与室内运动。也有同学喜欢参加户外的休闲活动,包括骑自行车、慢跑、掷垒球和飞盘等。三藩市大约在一个小时车程以外,一个小时车程之内可以到达内华达山,爬山或滑雪都是同学喜欢的活动。你如果喜欢加州大学戴维斯分校,也可以考虑加州大学圣克鲁兹分校、佛蒙特大学和威斯康星大学等。

加州大学欧文分校 University of California：Irvine

专业预科　60％

学术　20％

创意　20％

　　医学院预科是加州大学欧文分校的小名。美丽的校园里,充满专业预科类的校园文化。这里有很多医学院预科的同学,用功努力地学习,而且他们有明确的职业目标。学校保证大一的新生有校内宿舍,但是在接下来的三年里要找到价廉物美的校外住房可不容易,因为大学的地点在一个富人聚集的郊区。除了科学之外,在戏剧、舞蹈和音乐表演方面欧文分校也有很好的艺术学院。体育项目在这里并不是最受欢迎的活动,学校没有自己的足球队,体育活动只属于专业的校队运动员,其他同学不大关心。男子水球是该大学赢得最多奖项的运动项目,当然也有很多室内运动的机会。在校园里社交生活并不是最重要的,只有20％以下的同学参加兄弟会,虽然大部分的校园派对等活动都是他们赞助的。在这里学校的社交生活比较轻松,也有一些科学或是有创意头脑的学生组成的小团体。你如果喜欢加州大学欧文分校,也可以考虑卡耐基·梅隆大学、加州大学戴维斯分校、威廉与玛丽大学等。

加州大学洛杉矶分校 University of California：Los Angeles(UCLA)

专业预科　40％

学术　50％

创意　10％

　　加州大学洛杉矶分校 UCLA 在阳光灿烂的加州,有着一大群努力学习又活泼好动的学生。洛杉矶分校地处一个美丽的校园,有一个个花园围绕着喷泉,距离著名的好莱坞很近。大学里的影视戏剧学院也非常受欢迎。40％以上的学生在校园住校,高年级的同学喜欢在学校附近租公寓。体育校队在洛杉矶分校非常受关注,包括足球、篮球和棒球。这里培养出来的奥林匹克等级选手是全美国大学最多的。女子体操和水球为大学赢得很多冠军。25％的学生住在兄弟会或姐妹会的宿舍里。学生的社交圈在校园里、洛杉矶市、运动场和兄弟会的宿舍里。你如果喜欢加州大学洛杉矶分校,也可以考虑加州大学伯克利分校、南加州大学、得克萨斯大学等。

加州大学圣地亚哥分校 University of California：San Diego

专业预科 70％

学术 30％

　　位处山丘,眺望太平洋,加州大学圣地亚哥分校在美丽的高档社区——拉荷雅,提供加州大学系统里最强的科学和工程课程。学生喜欢这种对比文化,它凸显了阳光明媚的加州富人区同学们的勤奋刻苦。1/3 的学生住校,其他同学住在圣地亚哥各个不同种族背景的区域,靠近戴尔马海滩或是市中心的油灯区等。学生的社交生活散布在 280 多个社团里,10％的同学参加兄弟会,也有同学喜欢去校外的海滩、海边的酒吧、俱乐部、打沙滩排球等。女子排球和网球,男子水球和排球都是学校最强的校队。在美丽的太平洋,帆板、帆船、潜水和皮划艇都非常受学生的欢迎。如果喜欢加州大学圣地亚哥分校,你也可以考虑加州大学洛杉矶分校、加州大学圣巴巴拉分校、约翰霍普金斯大学等。

加州大学圣巴巴拉分校 University of California：Santa Barbara

专业预科 50％

学术 50％

　　听到圣巴巴拉,你可能只联想到有关冲浪和海滩的悠闲生活。两面沿海,第三面是自然保护公园,还有一面就是 Isla Vista 理想大学城。事实上这所大学的科学和专业预科课程和它所处的环境一样优秀。学校保证大一的新生有校内宿舍安排,其他学生住在校外附近的公寓里。大学里的冠军校队有水球、排球和游泳。这里的学生也热爱校内运动,最受欢迎的有水球、排球和极限飞盘等。大部分学生都喜欢户外的休闲活动。校园里有 500 个社团,10% 同学属于兄弟会。如果喜欢圣巴巴拉大学,你也可以考虑加州大学欧文分校、加州大学圣地亚哥分校、威廉与玛丽大学等。

加州大学圣克鲁兹分校 University of California：Santa Cruz

专业预科 30%

学术 20%

激进 20%

创意 20%

知识 10%

圣克鲁兹分校有先进的校园文化,雄伟美丽的校园眺望着蒙特利湾。UCSC 在知识型的校园里实行小班制教学,教授们给学生的成绩单不只是分数,还有对个人的评价。表演艺术和影视课程广受关注。每个宿舍都有一个主题:政治、科学、人文学、影视等等。他们各自都有自己的活动空间,同学们可以在不同的学院之间选课,下课后在学院间的红木森林穿梭。一半的学生住在校园里的宿舍和公寓,也有一半的学生住在太平洋边的圣克鲁兹城里。这是一个看起来像 20 世纪 60 年代的西海岸城镇。小型的派对很多,同学们享受的社交生活可以是冲浪、品尝海鲜、坐咖啡厅或逛圣克鲁兹市中心的书店等。UCSC 的校队著名吗?他们球队的吉祥物是一只香蕉虫……男子网球和女子英式足球属于比较有竞争力的团队。如果你喜欢圣克鲁兹分校,你也可以考虑布朗大学、加州大学伯克利分校、卫斯理安大学等。

加州理工学院 California Institute of Technology

专业预科 60%

创意 10%

知识 30%

加州理工学院是全美国最有竞争力、最专注于数学和物理研究方面的大学。大学的校园坐落在洛杉矶郊区的富人区:帕萨迪纳,雄伟的校园建筑像在炫耀他们有最多的诺贝尔奖得主。87% 的学生住校,在大一新生介绍会的时候,在八个宿舍楼里面选定他们的住所,在接下来的四年里他们住在同一个寝室。同学们的社交生活围绕着这些宿舍展开。共同住校和家庭式的餐饮以及和其他宿舍间的体育竞赛,营造了家人般的环境,培养了学生互相支持、关怀的精神。有别于一般大学的体育竞赛,这里学生的社交生活围绕电脑程序的恶作剧和机械工程的设计比赛等进行。你如果喜欢加州理工学院,也可以考虑卡耐基·梅隆大学、哈佛大学、麻省理工学院等。

卡尔顿学院 Carleton College

专业预科　30%

学术　20%

激进　20%

知识　30%

　　卡尔顿学院在美国国家科学奖学金的竞赛中一直是名列前茅的。小班制教学,每班平均只有20名以下的学生人数,除了课程内容强度高之外,同学们必须通过课堂的讨论来学习。学生住在校内或是学校在校外的宿舍里。非正式的朋友会、132个社团、主题宿舍、政治活动、体育运动等都是同学们的生活中心。

　　学生很喜欢校内运动和休闲运动,很多同学参加各种校队或校内运动团体。在漫长寒冷的冬天里,同学们喜欢参加的滑雪和越野滑雪都是比较有竞争力的运动项目,室内运动如健身和体操也都很受欢迎。卡尔顿学院的学生除了崇尚自由之外,他们喜欢辩论和对时事提出质疑。如果喜欢卡尔顿学院,你也可以考虑布朗大学、斯沃斯莫尔学院、卫斯理安大学等。

卡耐基·梅隆大学 Carnegie Mellon University

专业预科　70%

学术　10%

创意　20%

　　卡耐基·梅隆大学是美国唯一有艺术学院提供专业戏剧课程的综合类大学,他们的工程学院也有最好的机器人教育课程。你可以称他的校园文化为"创意工程"。大一的新生都住在校园里,66%的学生住在大学宿舍。同学们的社交圈围绕大学里的音乐、美术和表演展开,对面的匹兹堡大学有 18 000 名本科生,两个大学的同学有很多机会互相交流。在工程学院和商学院里,同学们的社交活动包括设计制作赛车以及推广和举办校际赛车比赛等。很多人喜欢足球,在健身中心里,你也可以见到很多同学。如果喜欢卡耐基·梅隆大学,你也可以考虑乔治亚理工学院、欧林工程学院、莱斯大学等。

凯斯西储大学 Case Western Reserve University

专业预科　70%

学术　30%

　　西储大学充满了专业预科类的校园文化,这里特别吸引工程、科学和商科的同学。这些刻苦勤奋的同学来到西储大学是为了努力学习而不是为了来享受生活的。80%的同学吃住都在学校的宿舍里。30%的同学参加兄弟会的活动,70%的同学选择参加大学里所有的社交活动和派对。最受欢迎的社交活动包括科幻电影马拉松,每年工程节的捕鼠器赛车和一系列的工程活动和竞赛等。校内运动要比校队更受学生重视。如果喜欢西储大学,你也可以参考克拉克森大学、伦斯勒理工学院、西雅图的华盛顿大学等。

查尔斯顿学院 College of Charleston

专业预科　60%

创意　40%

　　查尔斯顿学院同时吸引了医学院预科和艺术历史专业的同学。只有 1/3 的同学住校。查尔斯顿是个小城市,不住校的同学也住得离学校很近,一般走路和骑自行车就可以到学校。这个创意型的大学里没有足球队,最顶尖的校队包括排球、女子高尔夫球、男女帆船和棒球。高尔夫球和帆船是这附近的主流运动。在查尔斯顿,每年举办艺术节的次数远远超过运动比赛。学生的社交生活大部分在查尔斯顿市围绕着大学校园的校外进行。学校附近就有海滩,周末的时候,同学们还可以去萨凡纳、希尔顿海德和亚特兰大度假。你如果喜欢查尔斯顿大学,也可以参考库柏联合学院、纽约大学和罗德岛设计学院等。

芝加哥大学 University of Chicago

专业预科　20%

学术　10%

激进　10%

创意　10%

知识　50%

芝加哥大学是美国少有的几个知识型大学之一。什么是知识型大学呢？在这样的大学里，同学们的主意和想法要比特定的职业和运动有趣得多，在这里同学们喜欢谈论他们阅读的书籍，并将课堂讨论延续到教室外和宿舍里、用餐时，以及其他社交场所。一半以上的学生住在大学宿舍里，10%的同学住在兄弟会的寝室，其他的同学住在附近的公寓。男子足球和摔跤及女子足球都是最好的校队团体，70%的学生参与校内运动。学校的社交生活围绕朋友们随意组成的小团体展开，他们喜欢看电影，在校园里聊政治和社会现象等。芝加哥大学也有些全校一起参与的传统社交活动，例如一年一度知名的寻宝活动，还有一些有创意的方法让大家可以时常聚在一起。你如果喜欢芝加哥大学，也可以参考哥伦比亚大学、哈佛大学、斯沃斯摩尔学院等。

克莱蒙学院 Claremonts College

克莱蒙麦肯纳学院、哈维姆德学院、匹泽学院、波莫纳学院、斯克利普斯学院（Claremont McKenna，Harvey Mudd，Pitzer，Pomona，Scripps）

克莱蒙学院联盟是由多所小型并且申请难度较高的文理学院所组成，他们在同一个校区，但是每个学院有不同的建筑、学术重点和校园文化。克莱蒙学院联盟的好处就是虽然每个学院有自己的教学内容，他们分享同样的体育校队、音乐团队、图书馆、咖啡厅和社交生活，所有的同学也可以去其他的学院上课。你可以仔细观察每一个校园的文化，如果你已厌倦波莫纳学院的知识，你可以走到匹泽学院去上一堂自然栖息课或是到哈维姆德学院听一节工程学课，也可以跑到斯克利普斯学院校园里的露天咖啡馆喝一杯。以下分别介绍这些学院的校园文化。

克莱蒙麦肯纳学院 Claremont McKenna College

专业预科　60%

学术　30%

知识　10%

96%的学生住在校园内有服务生的豪华宿舍里。如果你对经济学、政治学、国际关系研究或第三类运动有兴趣,那你应该仔细考虑克莱蒙麦肯纳学院。这里有较强的核心课程要求,你要有心理准备。克莱蒙麦肯纳学院是克莱蒙学院联盟的运动明星。你如果喜欢克莱蒙麦肯纳学院,也可以参考乔治城大学、波莫纳学院、塔夫斯大学等。

哈维姆德学院 Harvey Mudd College

专业预科　70%

学术　20%

知识　10%

大部分的学生(96%)住校,漂亮的校舍有宽敞的房间,先进全面的上网设备连接着学院的主机。所有的同学除了学习数学和工程学之外,还必修人类学和社会科学。主修科学的同学除了要在毕业前完成科学课程的作业之外,大四那年还必须写一篇人文科学的论文才能够毕业。如果喜欢哈维姆德学院,你可以参考加州理工学院、麻省理工学院、斯沃斯摩尔工程学院等。

匹泽学院 Pitzer College

专业预科　10%

学术　10%

激进　60%

创意　20%

匹泽学院是克莱蒙学院联盟里最多元化的一个学院。大部分学生住在学校的环保宿舍里,25%的同学住在校外。这里的同学们喜欢学习和旅行的目的地通常是第二第三世界国家。匹泽学院的学生不只是纸上谈兵,他们在校园里面种花养鸡。很多高年级的同学为了实现环保的理想,选择到发展中国家学习和工作。如果喜欢匹泽学院,你也可以考虑比洛特学院、长青学院、欧柏林学院等。

波莫纳学院 Pomona College

知识　30%

专业预科　30%

学术　20%

创意　20%

　　波莫纳学院拥有知识型的校园文化,是西海岸最顶尖的文理学院之一。校内高雅的宿舍拥有庭院和美丽的花园,吸引着98%的学生四年都住在校内。半数以上的学生在暑假或是学期间会到国外去交流学习。如果喜欢波莫纳学院,你也可以参考布朗大学、斯沃斯摩尔学院、威廉姆斯学院等。

斯克利普斯学院 Scripps College

专业预科　50%

学术　10%

激进　20%

创意　20%

　　斯克利普斯学院是克莱蒙学院联盟里的唯一女校。它的位置在克莱蒙学院所有校区的正中间,他们的咖啡厅也吸引了很多周边学院的同学们到这里来聊天或是学习。大部分的同学四年都住在校园雄伟美丽的西班牙地中海式的宿舍里。最受欢迎的专业有国际关系、工作室艺术和英语。你如果喜欢斯克利普斯学院,也可以参考布林莫尔学院、康涅狄格学院、哈弗福德学院等。

克拉克大学 Clark University

专业预科　40％

学术　20％

激进　40％

克拉克大学的学生比较悠闲,学生群体也是著名的多元化,就算他们入学时对其他不同的文化并不了解,毕业时他们都会懂得互相包容并习惯所有的文化。这里没有兄弟会,校园文化提倡平等。大部分同学(74％)住校,其他同学则住在附近的公寓里。男子和女子篮球校队都是冠军团体,有一半的同学参加校内运动,最受欢迎的活动有足球、极限飞盘、腰旗橄榄球。同学们的社交活动大部分在校园里,85个社团里的小组活动包括音乐会、乐队等。你如果喜欢克拉克大学,也可以参考比洛特学院、马卡莱斯特学院、圣劳伦斯大学等。

克拉克森大学 Clarkson University

专业预科　60％

学术　40％

如果你喜欢小型大学、纽约州北部的工程学院和冰上曲棍球校园文化的话,那么克拉克森大学就是你在寻找的地方! 被吸引到这里来的年轻男女同学,学习勤奋、保守并以商业和科学专业为职业目标。大部分同学住在校内宿舍或是兄弟会的住房,15％高年级的同学通过申请以后可以住在校外。社交生活在冰上曲棍球的赛季变得非常"单一",因为所有的克拉克森人都对冰上曲棍球疯狂痴迷。不用说男女冰上曲棍球校队都是一类运动,75％的同学参加校内运动,还有很多同学喜欢在附近的山坡滑雪。如果喜欢克拉克森大学,你可以参考罗切斯特大学、联邦学院、伍斯特理工大学等。

克莱姆森大学 Clemson University

专业预科　30％

学术　70％

克莱姆森是一个足球学校也是个足球城。克莱姆森的学生来自南方,一半左右住在校园里,其他同学住在对街比大学还小的大学城里。整个大学的重心是周六的足球赛和游行活动,周五有运动会,会后派对和赛前的户外烧烤,赛后还有庆祝舞会。美国南方的文化,女性观众比运动员多。社交生活通常和运动项目、兄弟会(12%)和姐妹会(13%)有关。同学们也喜欢参加校园里的300个社团活动,在附近的山区登山露营和休闲运动,或是到两个小时车程外的亚特兰大游玩。你如果喜欢克莱姆森大学,也可以参考北卡罗来纳大学教堂山分校、欧雷米斯学院、得州农工大学等。

科尔比学院 Colby College

专业预科 30%

学术 60%

创意 10%

科尔比学院吸引到一心向学的大学生,他们到这里来向真正关心学生的教授们求教。大部分科尔比学院的专业都有某些国际因素,所以在这里2/3的本科生都有出国求学的经验。94%的同学和教职员工都住在校园的宿舍里。校园里还有三个大的食堂,学生们随时都可以用餐。高山滑雪和北欧滑雪都属于科尔比学院一类的体育项目,其他也有属于三类的体育项目。1/3的同学参加校队运动,还有很多同学喜欢参加校内体育活动和社团运动。科尔比学院的同学喜欢在缅因州的野外活动,包括骑越野单车、爬山、划独木舟。科尔比学院的教育和社交生活包括非常先进的艺术课程,其中有戏剧、演讲和音乐会等。你如果喜欢科尔比学院,也可以参考克莱蒙麦肯纳学院、丹尼森学院、凯尼恩学院等。

科尔盖特大学 Colgate University

专业预科 40%

学术 60%

科尔盖特大学的同学都很喜欢体育活动,对一个不到3 000人规模的大学来说,它是少有的一类体育校队大学。95%的学生住在学校宿舍或是兄弟会的宿舍里。因为这里学术类专业预科的校园文化,有将近3/4的毕业生直接进入职场,很多都得到科尔盖特大学的校友的介绍或帮助。这里有 125 个各式各样正式的社团,62％的同学参加兄弟会和姐妹会。学校的社交生活除了在兄弟会的宿舍之外,很多同学被校队的比赛所吸引,包括男子足球、冰上曲棍球、水球、曲棍球,女子篮球、足球和曲棍球。户外活动的机会很多,科尔盖特大学有最顶尖的高尔夫球场,攀岩用采石场,十分钟就可以到湖里泛舟,到山上爬山和露营也很方便。如果喜欢科尔盖特大学,你也可以参考巴克内尔学院、明德学院、维克森林大学等。

科罗拉多学院 Colorado College

专业预科 30％

学术 60％

创意 10％

　　你从校园的任何一个角度都可以看到雄伟的科罗拉多山脉,特别是很多同学喜欢在那里度过下午时光的派克山顶。所有的同学都会在校园里面吃早餐,上午的课 8 点就开始而且连续 4 个小时。下午是休闲时间,所有的学生都会到山区或湖里划船、飞鱼、骑自行车、滑雪或是在山林里漫步。晚上是学习时间。大一的同学住在学校的宿舍里,高年级的同学在校外租公寓,通常骑自行车或走路就可以到学校。社交生活有很多户外的休闲运动。校园里的活动包括乐团和校队运动,都是非常受欢迎的。男子冰上曲棍球和女子足球都是一类运动,有的其他校队属于三类运动。如果喜欢科罗拉多学院,你也可以参考科尔比学院、迪肯森学院和汉密尔顿学院等。

科罗拉多大学 University of Colorado

专业预科 30％

学术 70％

　　高年级同学通常住在校外,布尔德是个大学城,所有的设施都很靠近校园。大一学生全部都住在学校的宿舍里,大约有 1/4 的高年级同学也住在校内,8％的同学参加兄弟会和姐妹会,住校也是在一起。社交生活在这个学术类文化的校园里,围绕着很多运动项目、300 多个社团还有很多在被大雪覆盖的山里进行的户外活动展开。科罗拉多大学感觉有点像西海岸。虽然这里的校队都很强，每一名同学都很喜欢校内运动,科罗拉多大学的休闲运动也是非常出名的。你如果喜欢科罗拉多大学,也可以参考亚利桑那大学、图兰大学和佛蒙特大学等。

科罗拉多矿业学院 Colorado School of Mines

专业预科　70%

学术　10%

创意　10%

知识　10%

　　这是全美国唯一的矿业工程学院,来到这里的学生都有非常强的职业目标,他们在课堂和实验室非常努力地学习,同时也会在克罗拉多山脉尽情地玩乐。同学们有很多在政府机关实习的机会,包括再生能源实验室、美国矿业局和国家地震检测中心等。一半的同学住在学校宿舍里,也有很多学生住在兄弟会的住房,还有少数的学生喜欢住在校外的公寓里。最强的校队是男子和女子越野和田径队,学校花了2500万美元建造的休闲中心有游泳池、各种健身设施和攀岩设备等。学生的社交生活通常是户外的休闲活动,包括骑单车、滑雪、爬山还有健身等。如果喜欢科罗拉多矿业学院,你也可以参考哈维姆德学院、欧林工程学院和莱斯大学等。

哥伦比亚大学 Columbia University

专业预科　30%

学术　10%

创意　10%

知识　40%

激进　10%

　　纽约市哥伦比亚大学是唯一在大都会城市的常青藤大学。这里的种族多元化要比其他常青藤大学高出50%。哥伦比亚大学对其核心课程要求的严格是出了名的,本科前两年的课程大多是必修的文理课程。这里吸引到的同学和布朗大学没有任何课程要求的情况正好相反。大部分的同学都住在校园里或是学校拥有的校外公寓里。作为一个知识类的校园,学校的精神文化是没有疯狂的球迷,事实上这里的同学们为他们连败的足球队感到骄傲! 社交生活大部分在300个社团里开展,还有艺术、政治、体育等,丰富的课外生活在搭地铁就可以到达的曼哈顿进行。如果喜欢哥伦比亚大学,你也可以参考哈佛大学、斯坦福大学和耶鲁大学等。

康涅狄格学院 Connecticut College

专业预科 30%

学术 50%

创意 20%

康涅狄格学院(不要和康涅狄格大学搞混了)是真正的住校大学,99%的同学住在学校的宿舍里或是学校的主题住房,包括环保主题、外语主题等。康涅狄格学院的荣誉代码就是他们允许学生在没有监考的情况下考试。这份荣誉和责任心从教室延伸到校园生活,包括自行车和门都不上锁。男子冰上曲棍球是最厉害的校队,不过最受关注的还是男女校内运动和社团运动。同学们最喜欢的运动是极限飞盘和扫帚球。校园里有60个不同的社团活动,在这个友好团结的校园里,各个宿舍赞助了很多校园活动,社交生活很自然地在这里发生。如果喜欢康涅狄格学院,你也可以参考凯尼恩学院、明德学院和瓦萨学院等。

库伯联合学院 Cooper Union

专业预科 50%

创意 50%

在纽约格林威治村的中心,你会发现一群专注于艺术、建筑或工程学的学生。他们为库伯联合学院的"创意—专业预科—极度城市化"的校园文化而来。学校的校园可以容下20%的学生,其他同学则住在学校附近的公寓里,附近饮食也都非常方便。比起参加体育活动,这里的同学更喜欢在计算机前或制图桌上做功课。位于纽约市中心,高难度的学术水平,同学们需要相当的独立性及成熟度才能成功地完成本科学位课程。同学们的社交生活集中在纽约市、纽约大学、诗词文艺酒吧、剧院、舞会和音乐会等地。艺术系的同学们在纽约市的任何一个角落都可以素描、绘画,构绘出他们所看到的一景一物。如果喜欢库伯联合学院,你也可以参考卡耐基·梅隆大学、纽约大学和罗德岛设计学院等。

康奈尔大学 Cornell University

专业预科 60%

学术 40%

  康奈尔大学提供了 4 000 门以上的课程可供选择!这是一所将常春藤的文理学院和拥有州政府所提供的大学校园文化合二为一的大学。在这里所有的同学来自不同的学院,都住在校园里的宿舍和兄弟会的住房里。同学们对大学里多样化的用餐选择感到骄傲。一半以上的同学参加兄弟会和姐妹会,校园的社交生活非常精彩,包括 600 个社团和户外的社交活动等。康奈尔最大的校队是滑雪和曲棍球。不光是学校的校队,所有的康奈尔同学都为曲棍球疯狂——这里有超过 100 个男子和女子曲棍球团队,从校队、兄弟会、宿舍团队到随意组成的小团体等,冰球场几乎是 24 小时开放。你很容易想象在康奈尔最主要的社交生活就是户外运动和休闲活动。你如果喜欢康奈尔大学,也可以参考约翰霍普金斯大学、宾夕法尼亚大学、华盛顿圣路易斯大学等。

达特茅斯学院 Dartmouth College

专业预科 40%

学术 50%

知识 10%

  八个常青藤大学里面最小的学院,达特茅斯感觉上比较像文理学院,只有少数几个研究生课程,正如它的兄弟学校阿默斯特学院和威廉姆斯学院。85% 的同学住在 11 个校园的不同区域的 30 个宿舍里,都是步行几分钟就可以到校园的正中心。所以感觉上就像每个人都住在校园里。半数以上的同学都参加兄弟会和姐妹会,校园里的社交活动都向所有的同学开放。选择达特茅斯的同学也都非常喜欢户外活动。这里的户外社团全年都有露营的活动。校园里很容易看到热衷于登山、滑雪和喜欢皮划艇的同学。女子冰上曲棍球校队通常是常青藤的冠军，也是全国数一数二的。你如果喜欢达特茅斯学院，也可以参考阿默斯特学院、克莱蒙麦肯纳学院和明德学院等。

戴维逊学院 Davidson College

专业预科 30%

学术 60%

创意 10%

戴维逊学院的学生住在一个非常有亲和力的社区，美丽的校园有田园诗般的南方环境。在这里荣誉守则就是整个社区的支柱。同学们来到这里是为了戴维逊学院保守的社会环境和它的高学术水平，很多同学来自新教的主流家庭。高水平的核心课程包括两门宗教和哲学必修课。戴维逊学院提供给80%以上的同学在本科期间到海外学习的机会。戴维逊的社交生活包括男子兄弟会、饮食社团、150个以上社团、所有的校园活动和体育活动。总共有25%的同学参加一类运动的校队，篮球是这里顶尖的校队团体。校内运动、社团运动和休闲旅游等都是运动项目的一部分。你如果喜欢戴维逊学院，也可以参考科尔比学院、凯尼恩学院、华盛顿与李大学等。

丹尼森大学 Denison University

专业预科 30%

学术 60%

创意 10%

一个在美丽绿色山丘上的校园，全美国学生的文理学院，所有的同学都住在校园的宿舍、公寓和套房里。小班式的教学，同学们都准备好面对高水平的学术核心课程，有很多必修课程，学习的方式就是讨论和辩论。丹尼森大学也很重视体育，男子曲棍球和女子草地曲棍球是常胜军。同学们无论男女都非常支持学校校队，喜欢参加各种不同的校内运动，也不错过任何健身的机会。校园里有156个社团，在附近的村里还有一个很好的高尔夫球场。在这个学术类的校园文化里，社交生活包括兄弟会的活动、很多校园的社交活动围绕着体育、戏剧、艺

术、音乐剧表演等展开。你如果喜欢丹尼森大学,也可以参考戴维森学院、凯尼恩学院和圣三一学院等。

丹佛大学 University of Denver

专业预科　50%

学术　50%

丹佛大学大一和大二的学生都规定住校或住兄弟会的寝室里。高年级同学可以住在校外公寓或是邻近的住房。冰上曲棍球和滑雪属于一类运动的冠军校队,这里的学生热爱户外运动和休闲运动,包括滑雪、登山、骑越野单车和露营。在校园里的社交生活除了兄弟会之外还有 120 个正式社团。全校师生都参与的社交活动包括每年冬季为期三天的雪祭,所有同学都会到附近的度假中心去滑雪或进行冰雕制作。很多同学的社交生活是利用周末去滑雪,到 30 英里外的科罗拉多大学参加舞会或是到拉斯维加斯去。如果你喜欢丹佛大学,也可以参考凯斯西储大学、里海大学和匹兹堡大学等。

迪肯森学院 Dickinson College

专业预科　30%

学术　60%

创意　10%

迪肯森学院最吸引人的一点就是他们学术类的校园文化,还有一个国际商务课程。参加这个课程的同学都有得到海外实习的机会。所有的同学都住在美丽的校园里,矮石墙将校园和镇上的历史景点隔开。迪肯森属于二类运动校队,男子组和女子组的田径和越野,及女子组的草地曲棍球校队都为学校赢得了荣誉。75% 的同学参与校内运动和球类运动,特别是躲避球、篮球、足球和地上曲棍球。1/4 的同学参加兄弟会和姐妹会,非常有效率的学生会在校园组织了 140 个社团。很多同学的社交生活在兄弟会里展开,另外还有体育活动,校园里的各种活动,包括音乐和舞蹈等。你如果喜欢迪肯森学院,也可以考虑盖茨堡学院、丹尼森学院和汉密尔顿学院等。

德雷塞尔大学 Drexel University

专业预科 80%

学术 10%

创意 10%

　　德雷塞尔大学位于费城市中心,就在宾夕法尼亚大学隔壁,以专业预科为校园文化。1/3 的同学住校,也有很多同学住在校外或是每天搭公交车或开车回家。德雷塞尔大学的合作办学非常著名。同学们花五年的时间得到他们的本科学位,在大三或大四的时候他们花六个月在校外带薪实习,实习的单位通常和他们所学习的专业有关。男子、女子足球和游泳是这里最强的校队。校园里有136 个社团,6% 的同学参加兄弟会。同学们的社交生活通常在费城市中心或是利用周末到郊外游玩。因为很多同学都在校外实习,所以感觉校内住校生比较少。你如果喜欢德雷塞尔大学,也可以参考伊利诺伊理工大学、东北大学、罗切斯特理工学院等。

杜克大学 Duke University

专业预科 30%

学术 60%

知识 10%

　　南方最受欢迎的大学,杜克吸引了聪颖的学术类的学生,他们上大学除了努力学习有难度的课程之外也很尽情享乐。所有的本科学生都住在校园不同主题的宿舍里,环境都非常优美。没有任何大学的校队精神比杜克的男女棒球队更强(蓝色恶魔)。女子高尔夫球校队和男子曲棍球校队都为学校带来很多冠军名次。社交活动除了有深度的学术生活外,半数以上学生参加兄弟会和姐妹会,这些团体给所有的学生开放。校园里的社交生活包括表演艺术、体育活动和朋友之间的小聚。你如果喜欢杜克大学,也可以参考乔治城大学、北卡罗来纳大学教堂山分校和西北大学等。

伊隆大学　Elon University

专业预科　30％

学术　50％

创意　20％

　　伊隆大学提供一个实用性及动手能力较强的学习环境,特别是在商业、传媒和表演艺术方面。半数以上学生住在这个开满鲜花的校园,这里同时吸引了很多南方来的观光客到这里参观。1/3 以上学生参加兄弟会和姐妹会,校园里有 150 个社团。伊隆大学的足球校队属于一类运动,同时也是校园里最重要的社交活动。除了兄弟会和体育活动之外,也有很多同学关注表演艺术。伊隆的学生有团队精神吗? 这里的同学可以填满好几辆大巴去观看他们校队在校外的比赛。这里的环境非常友好,校园的传统可以经常让你认识新朋友。如果喜欢伊隆大学,你也可以参考迈阿密大学、罗琳斯大学和斯基德莫尔学院等。

爱默生学院 Emerson College

专业预科　50％

创意　50％

　　你想要和未来的明星住在一起吗? 媒体主持人,电影编剧,电视节目制作人? 他们平常聊些什么? 他们最新装修的历史剧院在波士顿的正中心,他们有数码实验室、音频制作工作室、混音工作室、广播站、新闻中心和电视制作工作室。半数左右的学生住在学校宿舍里,其他学生住在波士顿地区的公寓里。男子篮球、网球和女子足球、垒球是最常赢得奖项的校队。学校里有一个非常大的健身和健康中心,同学们的使用率也很高。部分专业的同学社交生活围绕着戏剧和媒体展开。如果希望离开校园,同学们也可以参加波士顿附近上百个大学的活动。如果喜欢爱默生学院,你也可以参考伊萨卡学院、纽约大学和南加大等。

艾默里大学 Emory University

专业预科 50%

学术 40%

创意 10%

艾默里是研究类大学,这里吸引了喜欢生动的学术类校园文化的医学院预科同学。大部分学生住校(70%),其他30%学生住在校园附近亚特兰大的市中心。33%的同学参加兄弟会,这成为大部分同学的生活重心。个人组的运动项目比校队赢得更多的冠军。男子和女子网球和游泳都是该校学生比较擅长的项目。艾默里是一个校内运动的校园,所有的同学在本科期间都参与不同的运动。同学们的社交生活非常活跃,包括在校园里和校外亚特兰大。全校随时都有很多单位赞助的社交活动包括经典电影、音乐会、乐团等。如果喜欢艾默里大学,你也可以参考华盛顿圣路易斯大学、宾夕法尼亚大学、塔夫斯大学等。

长青州立大学 Evergreen State University

专业预科 20%

创意 20%

激进 60%

这一所州立大学位于郊外——周围有绿色的森林和蓝色的大海,中心是一个美国原住民的图腾。长青州立大学有着非常激进的校园文化,同时也提供同学们在校外主修新兴第二和第三世界国家专题的好机会。作为一所州立大学,他们也为同学提供得到州立教育证书的机会。这里的同学平均年龄是26岁,很多同学在工作或旅游多年后才到长青州立大学学习。体育活动在这里并不特别受重视,户外休闲活动和极限飞盘倒是很受欢迎。平等主义的校园文化,让他们根本不可能有兄弟会和任何限制会员的社团。社交生活大多是与朋友小聚、背包旅游、皮划艇或是到一小时车程外的奥林匹亚和西雅图去参加音乐会或参观画廊。如果喜欢长青州立大学,你也可以参考路易斯克拉克大学、匹泽学院和加州大学圣克鲁兹分校等。

佛罗里达大学 University of Florida

专业预科 20%

学术 80%

佛罗里达大学是全美国最大的公立研究型大学之一。1/4以下的同学住校,15%的同学参加兄弟会和姐妹会同时包含食宿。很少有大学像佛罗里达大学这么注重体育运动。足球和篮球都是这里的冠军团队。在足球比赛开始之前,这里有全国最大的运动会——"鳄鱼之吼"。其他运动像高尔夫、网球、体操、排球和游泳都是这里的常胜军。这里也有校内运动,但是更多的同学喜欢健身。健身课程提供给学生们非常多的选择,包括有氧体操、武术和壁球等。社交生活围绕观看各种球类比赛和兄弟会的派对进行。在盖恩斯维尔也有一些文化活动,吸引了很多百老汇音乐剧和从世界各地来的交响乐队、管弦乐团和芭蕾舞团等。你如果喜欢佛罗里达大学,也可以参考乔治亚大学、密西西比大学和俄亥俄州立大学等。

福德汉姆大学 Fordham University

专业预科 30%

学术 20%(布朗克斯校区)

创意 50%(林肯中心校区)

福德汉姆是一个耶稣会信徒(罗马天主教)大学,在纽约市有两个校区。其中一个校区属于学术类型的校园文化,在布朗克斯的玫瑰山,一个多种族的区域。另外一个在曼哈顿的林肯中心,主要是表演艺术专业。半数以上同学住在校内的宿舍里,有的同学住在家里每天上学,也有同学在校外附近租公寓。福德汉姆大学属于一类运动的校队——女子划船校队为学校带来很多奖杯,而男子篮球为学校带来很多观众。社交生活有健身中心,校内运动和玫瑰山的社团运动等。林肯中心校区的社交活动大多放在校外,文化、社交和体育竞赛等都在曼哈顿的其他大学校园里展开。如果喜欢福德汉姆大学,你也可以参考波士顿大学、(纽约城市大学)汉特学院和纽约大学等。

富兰克林与马歇尔学院 Franklin & Marshall College

专业预科　60%

学术　40%

　　比起准备上医学院和法学院,体育项目在这里不大被重视。这里最有名的就是顶尖的医学预科课程,毕业生被医学院录取的概率非常高。大一开始医学院预科指导顾问就让同学们提早开始准备,帮助他们在大四之前可以考出满意的 MCAT。这些政策创建了完美的预科校园文化。所有的同学都住校,或者住兄弟会宿舍,或校园附近的公寓。校队运动最强的有男子和女子游泳队,足球和女子曲棍球。大约半数的同学都参与校内运动。校园里有超过100 个社团活动,35% 男同学参加兄弟会和 15% 的女同学参加姐妹会。如果喜欢富兰克林与马歇尔学院,你也可以参考拉法耶特学院、列治文学院、联邦学院等。

乔治城大学 Georgetown University

专业预科　50%

学术　50%

　　乔治城大学是一个罗马天主教大学,教徒和没有信仰的同学都在这里居住和学习。这里最有名的就是篮球和外交学院。大约 25% 的本科毕业生毕业后直接去读研究生课程,大部分是法学院和医学院。乔治城的学生大部分住在校内宿舍或是大学所拥有的联体别墅和公寓。同学们的社交生活分布在校内的体育活动、校园派对、乐团和咖啡厅,也可以在校外乔治城的餐厅和酒吧,住在华盛顿的居民也都很喜欢来这里。这里的篮球队非常有名,观看的球迷也很多。女子曲棍球时常在东部学联冠军赛得到金奖。波托马克河的划船和帆船校队都是最受欢迎的,很多同学参与校内运动。你如果喜欢乔治城大学,也可以参考杜克大学、宾夕法尼亚大学和西北大学等。

乔治·华盛顿大学 George Washington University

专业预科　80%

学术　20%

　　一群预科学生涌进位于美国首都白宫边上宾夕法尼亚大街的乔治·华盛顿大学。在政府单位实习是这里的一大优势。半数以上同学住校,学校保证大一、大二的同学可以申请到宿舍。20%的同学参加兄弟会,同学们的社交生活覆盖整个城市而不仅限于校园。他们和其他大学的学生一起参观博物馆,在杜邦环岛和乔治城喝咖啡、吃饭、聊天,和美利坚大学和乔治城大学的学生在一起。篮球、女子曲棍球和划船校队都是他们最骄傲的团体。25%的同学参与校内运动,体育和健身中心都很受同学们的欢迎。你如果喜欢乔治·华盛顿大学,也可以参考美利坚大学、波士顿大学和纽约大学等。

乔治亚大学 University of Georgia

专业预科　20%

学术　80%

　　充满南方风情、美丽的乔治亚大学校园有树木、花丛和19世纪的传统建筑,吸引了来这里参加足球赛和接受预科教育的同学们。大一新生通常住在学校的宿舍里,因为宿舍空间有限,高年级的同学大部分住在校外。就算住在校外的同学通常也到学校里来用餐,因为这里的食物非常美味,还曾经赢得常春藤大学餐饮优秀奖项。约1/4的同学参加兄弟会,除了希腊同乡会之外,这里还有500个学生组织和社团。从校园步行十分钟就可以到达"雅典"这个理想大学城,这里有各式各样的餐厅、咖啡厅,音乐团体随时都在为大学球队喝彩。除了有一个常胜的足球队和疯狂的球迷外,女子体操队也为学校带来很多国家级的冠军奖项。如果喜欢乔治亚大学,你也可以参考佛罗里达大学、密西西比大学和弗吉尼亚大学等。

乔治亚理工学院 Georgia Institute of Technology

专业预科　70％

学术　30％

　　大家都知道,乔治亚理工学院的同学都说他们只有学习而没有玩乐……不是典型的大学经历。其实,他们的校队还是受重视的。位于亚特兰大的市中心,美丽的绿色校园,乔治亚哥特式的建筑物,这里很多建筑都被评为国家历史古迹。同学们都非常努力,因为这是一个非常有竞争力的校园,每个人都希望胜过他的同学。一半左右的同学住校,25％的同学住在兄弟会宿舍。努力学习之余的闲暇时光,同学们的社交生活通常在兄弟会或是亚特兰大度过。当然也有很多同学留在校园里面继续学习。大部分的同学到乔治亚理工学院来,都是为了他卓越的学术成就,当然他们都不会失望！如果喜欢乔治亚理工学院,你也可以参考约翰霍普金斯大学、麻省理工学院和莱斯大学等。

盖茨堡学院 Gettysburg College

学术　60％

专业预科　30％

创意　10％

　　地点靠近内战的战场,盖茨堡学院吸引了对美国历史特别有兴趣的同学,虽然英语是这里的强项,但管理专业却是最受欢迎的。所有的同学都住在学校的宿舍、公寓和主题住房。70％的同学参加兄弟会。社交生活围绕兄弟会、100多个社团活动和体育活动进行。足球属于三类运动,但也吸引了不少人,游泳和田径都是这里的常胜军。值得一提的是90％的同学参加校内或社团运动,充分地使用健身中心。你如果喜欢盖茨堡学院,也可以参考迪肯森学院、汉密尔顿学院和科罗拉多学院等。

古彻学院 Goucher College

专业预科　30％

学术　30％

创意　40%

对于想要主修表演艺术和创意写作的同学来说,古彻学院是再好不过的选择。校园文化混搭着非常有强度的科学课程。所有的同学都住校,而且他们一致公认学校的饮食特别好。男子和女子曲棍球都是最强的校队。你想要带你的马到学校吗? 古彻学院不但可以让你住校,你的马也可以住校。这里有少见的室内马术训练场、喂食中心和美丽的户外跑马场。在校内的社交生活有舞蹈课、戏剧表演课等,也可以在学校附近的约翰霍普金斯和安纳波利斯活动。同学们常常开车到华盛顿和费城去工作和游玩。你如果喜欢古彻学院,也可以参考巴德学院、纽约大学和西方学院等。

格林内尔学院 Grinnell College

专业预科　20%

学术　20%

知识　30%

激进　30%

一个进步论者的飞地,好奇的知识分子聚集的乡村,位于艾奥瓦州的不知名小镇。他们在这里愉快地生活。同学们选择格林内尔学院是因为他们可以自由地专注在学习上。无论他们选择什么专业,大部分的学生都非常热衷于政治活动。他们想要让世界变得更美好。大部分同学都住在学校的宿舍,也有少部分同学在校外对街的镇上租公寓。这里的社交生活大部分是志趣相投的小团体聚会或是由各个宿舍举办的不同主题派对。在格林内尔所有的社团活动都没有对学生限制。半数以上同学都参加校内运动,在这里校内运动比大型的校队要重要得多。田径、游泳和网球为学校赢得大部分的冠军。如果你喜欢格林内尔学院,你也可以参考卡尔顿学院、瑞德学院和卫斯理安大学等。

汉密尔顿学院 Hamilton College

专业预科　30%

学术　60%

创意　10%

同学们为了学术和预备课程的校园文化来到汉密尔顿学院,这里的学生来自上流社会的家庭,喜欢运动,政治倾向保守。校园出名的随和,有强烈社区意识的生活,因为学校的人数不多,志趣相投的同学们可以在小班制教学的田园环境下学习。所有的学生都住在学校的宿舍、公寓或兄弟会宿舍。社交生活可以在兄弟会(约35%的男同学参加)、校园里的100个社团和运动中进行。朋友小聚和音乐是同学们休闲生活的重心。男子和女子足球是这里最强的校队,还有男子高尔夫球,男子、女子游泳和跳水校队。你如果喜欢汉密尔顿学院,也可以参考戴维逊学院、丹尼森学院和圣三一学院等。

哈佛大学 Harvard University

专业预科　30%

学术　20%

知识　40%

激进　10%

"H"代表 heaven,天堂。什么是天堂? 大型课堂和助教是最常见的,同学们必须采取主动才能够得到自己想要的学习经验。哈佛有全美大学最多的运动校队,41个男子和女子组的运动队。最大的社交活动和校园精神就是每年秋季哈佛 VS 耶鲁的足球赛。几乎所有的同学都住校,他们的社交生活和学术紧紧相连,在校的活动包括著名的日报和幽默杂志。表演艺术、政治和社区活动组织都有优秀的学生领导,让同学们的日常生活更加充实。你如果喜欢哈佛大学,也可以参考哥伦比亚大学、斯坦福大学和耶鲁大学等。

哈弗福德学院 Haverford College

专业预科　30%

学术　20%

知识　10%

激进　40%

哈弗福德学院位于美丽的大学绿地,19世纪的石料建筑和社区式安逸的学习环境。这是一个贵格教学校,也就是说所有的学生管理(包括招生办)都需经过一致同意来实行。他们有严格的荣誉制度和一直以来对于种族和性别的平等对待。所有同学都住在学校设备一流的宿舍里，甚至有 60% 的教职员工也住在校园里。足球、男子和女子田径都是最受欢迎和最成功的校队。60% 以上的同学参加校内运动。哈弗福德有全美唯一的板球校队。同学们的社交生活大多在校园里进行，包括参加讲座、欣赏影片、在附近其他校园观看乐团演出，例如布林莫尔、斯沃斯莫尔和宾夕法尼亚大学等。高年级同学也很喜欢去费城游玩。如果喜欢哈弗福德学院，你可参考鲍登学院、波莫纳学院和斯沃斯莫尔学院等。

夏威夷大学 University of Hawaii

专业预科 20%

学术 80%

夏威夷大学的校园文化就是东方和西方的交汇——63% 的同学是亚洲人或亚裔美国人。大部分同学都走读，只有 14% 的同学住在校园的宿舍或是学校的公寓里。足球、篮球和游泳都是最强的校队团体，而女子排球校队给学校带来最多的冠军荣誉。最流行的运动是休闲冲浪和沙滩排球。社交生活？你可能已经猜到，最主要的社交场景是户外的海滩生活包括冲浪、风帆、皮划艇，还有排球和你梦想中的各种水上和海滩运动。如果你喜欢夏威夷大学，你也可以参考南加大、佛罗里达大学和迈阿密大学等。

圣十字学院 College of The Holy Cross

专业预科 50%

学术 50%

圣十字学院是一个严格的罗马天主教学院，无论是历史文化还是现今学生的日常生活都体现了其风格。这里提供了十足的家庭式校园环境。大部分学生是天主教徒，每周参加校园的弥撒，虽然也有一些同学为非天主教徒和无神论者，这些同学在圣十字的校园也并不孤单。运动团队属于一类，在这里非常受重视。足球、男子和女子篮球及曲棍球都是校队团体的常胜军，经常吸引全校学生到场参与。社交生活围绕体育活动和很多学校的传统活动进行，这些构成了同学们大学精神的重要因素。如果喜欢圣十字学院，你也可以参考波士顿学院、乔治城大学和圣母大学等。

纽约城市大学亨特学院 City University of New York：Hunter College

专业预科 80%

创意 10%

知识 10%

位于曼哈顿市中心的公立学校，在这里你可以找到全世界最多样化的大学。亨特学院的学生在这里所说的外语比你在任何其他大学校园可以找到的都更多。很多同学白天有工作，晚上到这里参加夜间课程。同学们的社交生活也多样化。纽约市就是他们的校园，根据个人对体育、艺术、商业或政治的喜好，他们可以在学校附近找到专业协会、专业体育活动、实习、文化和音乐方面的各种机会。全球最好的博物馆、医学研究中心和有实习机会的商业场所等都在走路就可以到达的地方。如果喜欢亨特学院，你也可以参考德雷塞尔大学、福德汉姆大学和纽约大学等。

伊利诺伊大学香槟分校 University of Illinois：Urbana—Champaign

专业预科 40%

学术 60%

香槟分校是最好的公立研究型大学之一，有深厚的预科类校园文化，校园里有美丽的树林和乔治亚式建筑。伊利诺伊大学有全美最多的国际本科生。半数左右的学生住在学校宿舍和兄弟会宿舍。伊利诺伊属于中西部十大体育协会联盟之一，男子篮球和网球都是常胜军。女子越野校队和田径也时常获得奖项。高达90%的同学参加校内运动。这里的体育设施非常先进，包括一个500万美元建造的网球中心。社交生活围绕兄弟会和姐妹会、运动、艺术、当地酒吧以及校园里1 200个正式社团进行。如果你喜欢伊利诺伊大学香槟分校，请参考印第安纳大学、明尼苏达大学和威斯康星大学等。

伊利诺伊理工大学 Illinois Institute of Technology

专业预科 90%

创意 10%

上大学是为了找一份工程或建筑方面的工作？愿意努力学习并且不在乎错过足球比赛？上大学不是为了玩乐？那么位于芝加哥的伊利诺伊理工大学的校园文化正合你口味！IIT 的众多建筑物被绿色围绕着，这些建筑由 Van der Rohe 所设计，也就是 IIT 建筑学院的领导人。平均人数为 25 个人的小班制教学，几乎所有课堂都在 50 人以下，有全职教授包括经常得奖的建筑师和物理学家授课。半数的学生住在校园里，也有很多同学住在家里，其他学生分别住在八个兄弟会宿舍或校外附近的公寓。在这里学习代替了体育和社交活动。20% 的同学参加兄弟会和姐妹会。如果你喜欢 IIT，也可以参考德雷塞尔大学、东北大学和华盛顿大学等。

印第安纳大学 Indiana University

专业预科　20%

学术　60%

创意　20%

　　印地安纳看起来像一个好莱坞版的美国大学，有美丽的校园，包括古老的歌特式建筑和现代的贝聿铭式建筑，数百棵大树和丛林，池边有倒影，还有喷泉和小河。所有大一学生都住校，一半以上的高年级生住在校外的公寓里。很多同学为了这里的商业和音乐学院到印第安纳大学。篮球在 IU 非常受重视，他们在十大体育联盟里有军乐队伴奏和拥挤的学生争相观看。女子高尔夫球和网球为学校带来很多冠军。体育活动、音乐剧、媒体活动很容易和同学的学术及兴趣结合在一起。如果你喜欢印第安纳大学，也可以参考密歇根大学、西北大学和威斯康星大学等。

伊萨卡学院 Ithaca College

专业预科　50%

创意　50%

　　在伊萨卡预科类和创意类的校园文化里，亲切友好的教授采取小班制教学。大部分学生都住在校园里，高年级同学住在宽敞的大型六人公寓。有的大四同学在校外租房，同时也提供给其他高年级同学社交场所。校队体育活动包括足球、篮球、网球、女子校队包括垒球、游泳和跳水。学校也提供校内运动,但是大部分伊萨卡同学喜欢花时间在他们的个人爱好上,包括小型演唱会和卡拉OK之夜。在校园里的社交生活包括有表演、喜剧表演和乐团参加的音乐晚会。如果你喜欢伊萨卡学院,也可以参考波士顿大学、爱默生学院和雪城大学等,这些学校也都有非常好的音乐剧场。

约翰霍普金斯大学 Johns Hopkins University

专业预科 60%

学术 30%

知识 10%

世界知名也是难度最高的医学院预科,约翰霍普金斯也提供广泛的本科教育。大一、大二学生以及25%的高年级同学住在大学宿舍,其他同学住在大学附近的公寓和别墅里。曲棍球校队在约翰霍普金斯属于最大的一类运动,经常得到冠军。曲棍球在这里是最能振奋人心和学校精神的运动,三类运动的校队包括足球、美式橄榄球、篮球和网球。显然霍普金斯著名的形象是"努力学习,没有玩乐",这么多的大学生当然也有社交生活。1/4的同学参加兄弟会和姐妹会;200个不同的社团活动包括政治、音乐、戏剧和科学相关的社团。如果你喜欢霍普金斯大学,请参考康奈尔大学、麻省理工学院和华盛顿大学。

朱利亚学院 Julliard School

专业预科 50%

创意 50%

朱利亚是一个世界知名的音乐学院,位于纽约市中心的林肯表演艺术中心,唯一的校园文化:创意—专业预科。大部分同学到朱利亚学院学习音乐,尽管舞蹈和戏剧专业各有90名同学。一半左右的学生(包括大一新生)住在学校宿舍,也有很多高年级同学喜欢住在校外接触大都会生活圈。同学们花很多精力在个别艺术课程上,所以社交生活的时间非常有限。在朱利亚学院的社交生活通常是同学的艺术作品展、和朋友们在林肯中心小聚或是在市中心游玩。你如果喜欢朱利亚学院,也可以考虑巴德学院、欧柏林音乐学院和纽约大学的蒂诗艺术学院。

凯尼恩学院 Kenyon College

专业预科　30%

学术　60%

创意　10%

　　凯尼恩学院靠着它的学术类和住校校园文化吸引学生。最适合在传统校园里寻找小班制教学、以小组讨论为学习方式的同学。创意写作和写作学习最能吸引创意类学生。所有同学都住在美丽哥特式建筑的校园里,包括宿舍、公寓或套房。大多数的社交生活在兄弟会,他们在宿舍有自己的区域。凯尼恩学院有135个社团,有丰富戏剧创作、音乐剧和艺术表演,吸引很多在校同学参加。三类运动包括男子和女子组游泳,为学校争取到不少冠军。校内运动和社团运动包括季节性的水球。社交生活包括全校传统的社交舞会,一年一度和丹尼森学院的冰上曲棍球比赛和大学歌唱庆典。如果喜欢凯尼恩学院,你也可以参考科尔比学院、戴维逊学院和圣三一学院等。

拉法耶特学院 Lafayette College

专业预科　50%

学术　40%

创意　10%

　　拉法耶特是一个有工程学院的文理学院,同学们为了可以和教授近距离学习的小班制教学而来到这里。这是一所住校型大学,有96%的同学住在学校宿舍里。拉法耶特是一个保守的预科类社区,同学们参加所有在校内的社交活动包括体育活动、音乐和戏剧。美式橄榄球是学校的常胜军,男子和女子组的篮球和田径都是属于最有竞争力的一类运动。最值得球迷们骄傲的是一流的体育中心,这里是健身和校内运动的总部。大部分同学都不同程度地参与体育活动,包括校内运动和社团运动,除了通常较受欢迎的运动项目之外,还有夺旗橄榄球、冰上曲棍球和划船都有非常高的参与度。如果喜欢拉法耶特学院,你也可以参考巴克内尔学院、富兰克林与马歇尔大学和里海大学等。

劳伦斯大学 Lawrence University

专业预科 20%

学术 30%

创意 40%

知识 10%

劳伦斯大学最有名的是它的古典音乐,在这里最受欢迎的专业就是音乐表演。小班制教学,教授和同学相处的时间不只在教室内,在课后的机会也很多。这是一个知识和创意类的校园文化,同学们喜欢在课后探讨文学和音乐。几乎所有的同学都住校(98%),校园里有不同主题的宿舍,包括一个舞蹈宿舍,一个同性恋宿舍和一个辩论宿舍。美式橄榄球校队每周六吸引了大量的球迷,男子篮球和女子垒球校队都为学校带来不少冠军。极限飞盘和扫帚球是最受欢迎的校内运动。即便如此,在劳伦斯大学的同学们花在音乐上的时间和精力要远远大过于体育活动。学生的社交生活大多在音乐会、咖啡厅、学生中心、电影中心、艺术活动开幕式、宿舍和校内派对上。如果你喜欢劳伦斯大学,你也可以参考巴德学院、朱利亚学院和欧柏林学院等。

里海大学 Lehigh University

专业预科 50%

学术 50%

里海大学是一所以专业职业为主要校园文化的大学,这里有很多特别的学位课程,例如和其他大学合作的七年制医学院和牙医课程。80%的学生都住在学校的宿舍、公寓和兄弟会宿舍。在校园的正中心还有一个壮观的哥特式图书馆。同学们的社交生活主要是兄弟会和姐妹会的活动。除了兄弟会的派对,还有140个校内社团和很多里海的同学喜欢参与的一类运动。最强的校队运动是男子篮球和足球。游泳和摔跤也为学校带来不少荣耀。大约一半的同学参加校内运动,还有更多同学到健身中心参加健身活动。如果喜欢里海大学,你也可以参考巴克内尔学院、克拉克森大学和联邦学院等。

路易克拉克大学 Lewis & Clark College

专业预科　20%

学术　20%

创意　10%

激进　50%

　　到路易克拉克大学的同学们,是那些喜欢在一个有教授关怀的紧密社区的环境里学习的学生。这里有激进类的校园文化,位于美国西北部美丽的太平洋海岸高档社区。路易克拉克的学生以为了热衷于改善地球而著名。这里的校园文化孕育了很多悠闲却又愿意冒险的同学,喜欢探索新的想法和目标。他们倾向于不同的政治见解并对于有争议性的社会问题表明自己的立场。很多同学的社交生活涉及户外背包旅游、越野滑雪、水上运动和海上皮划艇等。如果喜欢路易克拉克大学,你也可以参考贝茨学院、比洛特学院和马卡莱斯特学院等。

马卡莱斯特学院 Macalester College

知识　10%

专业预科　20%

学术　20%

创意　10%

激进　40%

　　马卡莱斯特学院是一个友好的文理学院,这里的学生以明显的政治取向和勇于表达对社会问题的观点而著名。全球公民学院的政治非常有名,用世界观来探讨国际问题和社会正义。这是一所团结合作的学校,同学们的作业由互相帮助完成而不是互相竞争。80个社团里,有很多和政治及辩论相关,所以在这里需要有好口才。校队运动在校园里并不受重视,校内运动和社团运动倒是很受欢迎。板球、飞盘和足球是最受欢迎的社团运动。马卡莱斯特的社交生活在校园里有小组聚会,有时他们去校外其他的大学参加活动或到双城游玩。如果喜欢马卡莱斯特学院,你也可以参考贝茨学院、哈弗福德学院和路易克拉克大学等。

马里兰大学 University of Maryland

专业预科　40%

学术　50%

激进　10%

受到邻近美国首都华盛顿 DC 的影响,来到马里兰大学的学生通常会变成在政治或社会问题上的激进分子。将近半数的学生住在学校宿舍,其他同学住在兄弟会宿舍或者学校附近的公寓和别墅里,当然家住在附近的同学也可以住在家里。篮球是这里最受欢迎的运动,女子排球和游泳,男子曲棍球团队为大学赢得很多冠军。篮球校队的比赛总可以将全校聚在一起。其他的社交活动包括兄弟会(13%参加),500 个以上学生社团,也有同学和 DC 其他大学的学生一起活动。如果你喜欢马里兰大学,你也可以参考明尼苏达大学、俄勒冈大学和威斯康星大学等。

麻省理工学院 Massachusetts Institute of Technology(MIT)

专业预科　50%

学术　20%

创意　10%

知识　20%

美国理工大学的金色标杆,麻省理工学院是最聪明严谨的未来工程师想要去的学校。95%的同学住在查尔斯河校区,其他同学住在附近地铁沿线的公寓。个人组的校队运动最受欢迎,男子网球和越野是最成功的校队。每个人都有机会参与校内运动,包括乒乓球,半数以上同学参与最少一项运动。一半以上同学参加兄弟会和姐妹会。同学们的社交生活围绕兄弟会、学术、工程设计活动(不但 MIT 同学内部互相恶搞,还和哈佛的学生们互相恶搞)、工程竞赛、电影和宿舍派对等进行。波士顿在地点上的优势,可以提供给学生很容易地参加专业运动竞赛的机会,周边还有很多餐馆、艺术博物馆、剧院和音乐会。如果喜欢麻省理工学院,你也可以参考加州理工学院、哥伦比亚工程学院和斯坦福大学等。

迈阿密大学 University of Miami

专业预科 20%

学术 60%

创意 20%

　　同学们来到阳光灿烂的迈阿密,有树林、草丛、花园和不可思议的多样化的热带校园,学术性的校园文化,大家都为足球而疯狂。半数的学生住在学校宿舍,有些同学住在兄弟会宿舍,也有同学住在校外离学校很近的公寓和别墅里。这里的社交生活非常丰富,包括兄弟会派对、海滩、南海岸的艺术景观、画廊和高档休闲度假酒店。所有迈阿密大学的同学都热衷参与校园活动,例如足球赛,都是提前到达并且支持到最后才离开的。如果你喜欢迈阿密大学,请参考南加大、图兰大学和范德堡大学等。

密歇根大学 University of Michigan

专业预科 20%

学术 70%

创意 10%

　　Go Blue! 无论你喜欢体育运动与否,一旦你接触到了密歇根的校园文化,你就会爱上足球。这是一所大型的州立大学,全美国化的学术环境,安娜堡是个一流的大学城。天然美景、咖啡屋、餐馆、小商店、视觉和表演艺术活动、电影剧院等在街上排成一队,欢迎着学生的光临。这里有各种住校和饮食选择——对于众多热情和活跃的学生来说,选择课程和社交生活根本不是个问题。除了足球是个神话象征,冰上曲棍球也是一个被众多学生欢迎的运动项目。你如果喜欢密歇根大学,也可以考虑杜克大学、北卡罗来纳大学教堂山分校和得州大学奥斯汀分校等。

密歇根州立大学 Michigan State University

专业预科 50%

学术 50%

你很难找到比这里有更多的国际学生的学校,美国同学也出国学习。在密歇根州立大学的校园文化里,你可以找到更多的国际机构和服务项目。密歇根州立大学的使命之一就是全球化教育。作为十大体育联盟成员的大学之一,同学们最主要的社交生活围绕体育和出色的军乐队进行。篮球是带出密歇根州立大学学生狂野精神的体育活动之一。校园里有500个社团供所有的学生参加,其中50个社团是特别为国际学生创办的。如果你喜欢密歇根州立大学,你也可以参考亚利桑那州立大学、罗格斯大学和弗吉尼亚理工学院等。

明德学院 Middlebury College

专业预科 30%

学术 60%

知识 10%

明德学院坐落于佛蒙特州北部,美丽的新英格兰寄宿制文理学院。聪明的学生都知道,从小山上的教堂可以望见整个大学校园和村庄,明德能给学生提供非常学术的体验。女子和男子的冰上曲棍球及滑雪,都是这里数一数二的校队运动。最受欢迎的校内运动是男子和女子冰上曲棍球和足球。明德学院的学生热爱户外活动,而且不光是体育运动,还包括了赏鸟观星、骑越野单车和爬山等。社交生活几乎可以在校园里面或是在附近的村庄进行,走路就可以到镇上的餐馆,开车没有多久就可以到雪山滑雪。如果喜欢明德学院,你也可以参考科尔比学院、达特茅斯学院和戴维逊学院等。

明尼苏达大学 University of Minnesota

专业预科 40%

学术 50%

激进 10%

全美最大的州立大学之一,明尼苏达大学最著名的就是这里的冰上曲棍球团队(男子和女子的冠军团队)和这里的工程及环境科学课程。大一同学通常住在校内,高年级同学住在大学拥有的公寓、兄弟会宿舍或是在校外合租别墅。

"金鼠"校队是十大体育联盟团队之一,吸引了同学们参加冰上曲棍球和棒球队的比赛,他们通常是学校的冠军团队,有时候篮球也可以进入四强。除学校的休闲设施外,户外滑雪、登山、露营等都是北方郊区学生喜欢的活动。体育活动、户外休闲、兄弟会和有多种多样选择的艺术活动,无论在校内和校外,圣保罗—明尼阿波利斯双城提供给学生广泛的社会活动机会。如果喜欢明尼苏达大学,你也可以考虑俄勒冈大学、佛蒙特大学和威斯康星大学等。

密西西比大学 University of Mississippi

专业预科 30%

学术 70%

密西西比大学是你能在传统和态度上想象到的"最南方"的大学。壮观的校园有很多友好的南方人,让你在这里很容易交到朋友。大一新生住在大学宿舍,这里有真正的南方传统,除了大部分宿舍都是单一性别之外,大学宿舍还有严格的探访时间限制(从上午 11 点到晚上 11 点)。1/3 的同学参加兄弟会和姐妹会,他们的社交生活也在这里。密西西比大学是一所足球学校。同学们都聚在一起为球队欢呼。而社交生活的高潮从赛前的庆祝派对开始到赛后的晚餐派对才结束。女子组最强的校队是篮球,他们经常为学校带回冠军。如果你喜欢密西西比大学,你也可以参考克莱蒙学院、乔治亚大学和弗吉尼亚大学等。

曼荷莲女子学院 Mount Holyoke College

专业预科 50%

创意 20%

知识 10%

激进 20%

曼荷莲女子学院有一种像家庭一样的大学社区文化,聪明的年轻女孩在像图画一般美丽的新英格兰村庄里学习。五校联盟之一,其他包括阿默斯特学院、汉普石耳学院、史密斯学院和马塞诸塞大学。同学们为了她传统的女性教育,同时也注重科学和戏剧的课程来到这里。曼荷莲女子学院有一流的运动设施,特别受欢迎的运动项目包括划船、骑马和英式足球。附近其他大学的学生也会来到这里练习马术,因为这里有 20 英亩的跑马场,57 个马厩和两个骑马场。社交生活通常在校园里,同学们也可以去附近五校联盟的大学校园或是北安普敦,到了周末镇上有数千名大学生在这里聚会和游玩。你如果喜欢曼荷莲女子学院,也可以参考布林莫尔学员、斯克里普斯学院和史密斯学院等。

纽约大学 New York University

专业预科 70%
创意 30%

大部分同学来到纽约是为了在大苹果城的格林威治村生活,体验这个最伟大的全球化城市。他们到这里可以得到更多在艺术、国际商务、医疗保健等行业实习的机会。半数以上学生住在校园里不同形式的宿舍,从老饭店到现代宿舍,所有的大一新生都保证有四年的大学住房。纽约大学的校队属于三类运动,但是并非全校都会参与这些体育活动。这里的同学偏向于创意类型,他们热衷于努力学习让自己全速前进。社交生活绝对不是个问题,因为他们处于 SOHO、唐人街、小意大利、博物馆、世界级音乐厅、洲际国际电影和好几百名学生社团的社交生活中。如果喜欢纽约大学,你也可以参考波士顿大学、林肯中心的福德汉姆大学和乔治·华盛顿大学等。

北卡罗来纳大学教堂山分校 University of North Carolina at Chapel Hill

专业预科 30%
学术 70%

最美丽的"公立常春藤"是这里的外号;UNC 有很多树木,完美的草坪,在蓝色的南方天空下一年四季都花团锦簇。80% 的学生来自北卡罗来纳州。所有大一新生和半数高年级生住在学校宿舍,这里的餐饮服务非常著名,也提供了丰富的素食选择。UNC 是所篮球学校也是个篮球城。处处可见黑脚(Tar Heels)的标语,他们为这所大学赢得最多的冠军。女子篮球和健身非常受欢迎。美式橄榄球也很热门,但是都没法和 UNC 篮球相提并论。大部分社交生活围绕着校队和校内运动进行。在教堂山,户外休闲活动也很强,有越野单车专用山路通道,高尔夫球场和一个 500 万美元建造的学生健身中心。如果喜欢北卡罗来纳大学教堂山分校,你也可以参考杜克大学、密歇根大学和弗吉尼亚大学等。

东北大学 Northeastern University

专业预科 90%

学术 10%

东北大学属于专业预科类的校园文化,位于波士顿的市中心,在波士顿大学的正对面。大部分的学生参与这里有名的"建教合作"("co—op" program)课程。半数的学生住在学校特地建在校园中心的宿舍,其他 8% 的同学住在兄弟会的宿舍。社交生活在校园或是波士顿市区。校园里有 225 个社团,校队运动在这里比较难维持,因为很多同学在校外实习期间离校好几个月。校内运动相对比较重要,其中扫帚球最受欢迎。可以吸引到所有学生的体育活动是一年一度和其他波士顿的大学一起举办的冰上曲棍球大赛。如果喜欢东北大学,你也可以参考德雷克塞尔大学、伊利诺伊理工学院和罗切斯特理工学院等。

西北大学 Northwestern University

专业预科 40%

学术 50%

创意 10%

十大体育联盟的唯一私立大学,西北大学吸引了专业预科类的学生到他们的五个学院学习,这里的毕业生申请研究生专业有非常高的录取率,90% 的同学顺利进入商学院或法学院。半数以上的学生住在校园里各种不同的宿舍和兄弟会宿舍里。约 1/3 的同学住在校外公寓里。虽然西北大学是十大体育联盟之一,大部分学生来到这里并不为了这些体育活动。最强的校队团体是个人组运动,女子网球和男子高尔夫都为学校赢得很多冠军。西北大学非常重视兄弟会,所以很多社交生活都围绕着兄弟会活动、体育活动、戏剧表演等进行。你如果喜欢西北大学,也可以参考杜克大学、乔治城大学和范德堡大学等。

圣母大学 University of Notre Dame

专业预科　40%

学术　60%

　　圣母大学吸引了82%的罗马天主教学生,其他学生到这里来寻找自己道德和个性的闪光点。另外一个选择圣母大学的原因,是因为他们热爱体育运动,这也是他们社交生活的中心。大学打造了一个家庭式的社区环境,所有的大一新生都被分配到和其他同学同住的宿舍里,接下来的四年他们住在同样的宿舍。社交生活从此围绕于宿舍生活和体育运动进行。每个宿舍经常举办不同主题的派对或舞会并邀请所有的学生参加。该校在美式橄榄球上以"战斗爱尔兰"著称,圣母大学对美式橄榄球的热爱无人能比,甚至超越密歇根大学! 如果喜欢圣母大学,你也可以参考波士顿学院、乔治城大学和维克森林大学等。

欧柏林学院 Oberlin College

专业预科　10%

学术　20%

创意　30%

激进　40%

　　欧柏林是一个自由的、政治激进的学校,这里有文理学院和音乐学院。同学们住在校园的宿舍、主题别墅和合作宿舍里,在这里同学们可以自己做饭。校园里的250个社团很多有关政治、社会正义和改善地球之类的主题。男子草地曲棍球校队和女子越野校队都为学校带来很多奖杯。在欧柏林休闲活动比团队运动受欢迎得多。极限飞盘是欧柏林学生最喜爱的团体活动,每名同学都参加。无论何时,欧柏林的同学喜欢全员参与活动,就算是体育竞赛也一样。社交生活包括同学们在校园里举办的小型派对,有关社会问题的辩论,宿舍里的主题派对,还有在音乐学院参加音乐会。你如果喜欢欧柏林学院,也可以参考贝兹学院、比洛特学院和路易克拉克大学等。

西方学院 Occidental College

专业预科 20%

学术 40%

创意 30%

激进 10%

Oxy 位于洛杉矶,以富有多元化、创意、文理学院类的校园文化而著名。这里有很多音乐家、演员和舞蹈家——这些表演艺术家和全球化的国际学生相处得非常融洽。西方学院最有名的校友就是现任的美国总统奥巴马。学生住在学校宿舍里,13% 的同学参加兄弟会和姐妹会。在这里音乐和艺术比体育更受欢迎。社交生活围绕着同学们的表演和兄弟会的派对进行。在这个小型的社区校园里,也有很多全校同学参与的社会活动。这里的学生也会到附近的山上去滑雪或是到海滩去游泳,也很方便到洛杉矶去享受城市生活。你如果喜欢西方学院,请参考古彻学院、南加大和斯基德莫尔学院等。

俄亥俄州立大学 Ohio State University

专业预科 20%

学术 80%

俄亥俄州立大学是美国中西部十大学院及美式橄榄球大学之一。这个闻名大学(Big Red university)有数百个社团活动和体育团队供学生选择,随时创造出高能量的校园文化。比如说,除了提供给各种不同程度参与者的体育活动之外,还有 800 个社团可供同学选择。约 1/4 的同学住校,12% 的同学住在兄弟会和姐妹会的校内宿舍里。俄亥俄州立大学最有名的就是这里的美式橄榄球,他们的超豪华军乐队,俄亥俄州立大学 VS 密歇根大学的比赛,就光这一场比赛,每年都可以吸引全校五万学生参加。男子和女子篮球、棒球和男子网球都是校队的最大赢家。校内运动对于校队"Buckeyes"来说也非常重要,他们可以从 44 个团队中选拔成员,再加上 51 个学校的运动社团。如果喜欢俄亥俄州立大学,你也可以参考密歇根州立大学、乔治亚大学和宾州州立大学等。

欧林工程学院 Olin College of Engineering

专业预科 50%

学术 20%

创意 20%

知识 10%

欧林是全美国最小(300名学生)、最新(2002年成立),现代思维式以项目为导向的文理工程学院。当你一看到欧林工程学院,你就会想到21世纪的创新。创意工程项目的团队合作是欧林的基础哲学,就如同所有同学的校园生活一样。所有同学都住在大学的超现代宿舍里,学生会和学生荣誉守则创造了一个互相信任的校园文化,校内没有任何东西需要上锁,学生甚至可以在家考试。被吸引到欧林工程学院的同学多是比较外向和有创意的人。这个小型学院里没有校队,但学生之间自己组织了足球、飞盘和篮球队。同学们的社交生活通常在校园内、波士顿地区其他大学里和波士顿的市中心进行。你如果喜欢欧林工程学院,也可以参考其他工程学院如加州理工学院、哈维姆德学院和斯沃斯莫尔学院等。

俄勒冈大学 University of Oregon

专业预科 40%

学术 50%

激进 10%

俄勒冈大学被美丽的山脉环绕着,一小时的车程就可以到太平洋海岸。70%的同学住在校园里,这里有2000种不同的树木和19世纪大理石结构的美丽建筑,还有一个图书馆面对着市里的地标建筑物:学院美术博物馆。在俄勒冈的同学都很环保,他们都喜欢户外活动也不介意下雨。美式橄榄球非常受重视,男子和女子田径也常赢得冠军。俄勒冈的同学非常喜欢爬山、滑雪、攀岩。10%的同学参加兄弟会和姐妹会,总共有250个社团,同学们也喜欢在尤金的咖啡厅度过休闲时光。如果喜欢俄勒冈大学,你也可以参考明尼苏达大学、佛蒙特大学和威斯康星大学等。

帕森斯设计学院 Parsons School of Design

专业预科　50%

创意　50%

　　位于时尚之都——纽约的服装区中心，最棒的服装设计学校。帕森斯设计学院的同学为了准备自己在设计领域方面的职业目标而来。他们的校园就在纽约市中心，同学们也很高兴住在服装设计的买家和卖家聚集之地。1/4 的同学住在学校的宿舍，其他同学在校外租公寓，包括曼哈顿、布鲁克林和布朗克斯。如果你寻找的是一个学术性的校园文化，那你就别考虑帕森斯学院。来到帕森斯的同学职业规划只有设计，他们专注并渴望设计，创造和经营他们的时尚作品。同学们都非常有竞争力，并期望在毕业时就可以靠设计给自己带来收入。你如果喜欢帕森斯学院，也可以考虑 FIT 服装科技学院、纽约州立服装设计学校、萨瓦纳艺术设计学院等。

宾夕法尼亚大学 University of Pennsylvania

专业预科　60%

学术　40%

　　宾大和康奈尔是两个最富有预科校园文化的常青藤大学。宾大位于费城的镇中心，这里是美国的历史名城。体育项目特别是美式橄榄球和田径在宾大非常受重视，创造了该校的学术校园精神和预科类校园文化。半数左右的学生参加兄弟会和姐妹会，他们也住在沿着娄克思特大道的宿舍里——本科校园的正中心，沿着大道边的大树、果树、还有很多春夏盛开的花。总共有 11 个宿舍楼，有些主题宿舍如亚洲研究、出版、艺术等都提供给同学们生活和学习丰富的选择空间。宾大的社交生活大多在校园、兄弟会和主题宿舍里，尤其是大型比赛前后。同学们也可以随意到费城市中心参观艺术表演、逛餐馆、看专业球赛、泡酒吧等。如果喜欢宾夕法尼亚大学，你也可以参考康奈尔大学、约翰霍普金斯大学和华盛顿圣路易斯大学等。

宾州州立大学 Pennsylvania State University

专业预科 20%

学术 80%

宾州州立大学(不要和宾夕法尼亚大学搞混了)是十大体育联盟之一,美式橄榄球比赛非常出名,同时也有很强的科学课程。全校同学都喜欢观赛,美式橄榄球最受欢迎,女子排球和足球及男子足球也经常赢得冠军。社交生活围绕着体育活动展开,就算有同学并不喜欢体育竞赛,他们也热衷于参加竞赛前后的各种派对。很多同学喜欢参加宾州州立大学里"快乐谷"的各种不同音乐会、校内运动和摇滚乐队。你如果喜欢宾州州立大学,也可以参考克莱姆森学院、佛罗里达大学和俄亥俄州立大学等。

匹兹堡大学 University of Pittsburgh

专业预科 40%

学术 60%

同学们来到匹兹堡大学,是为了获得在这个强烈的学术文化环境所提供的预备课程的好机会。大学保证三年的住房,大约半数左右的学生住在学校宿舍。体育活动在这里非常受重视。匹兹堡大学的篮球队曾经多次打入全国联赛的四强,美式橄榄球也将同学们的精神带到最高点。校园里的社交生活通常有兄弟会、篮球比赛前后的各种活动,也有很多校外活动场所,包括匹兹堡公园、咖啡厅、博物馆和对街的卡耐基·梅隆大学等。如果喜欢匹兹堡大学,你也可以参考雪城大学、罗切斯特大学和佛蒙特大学等。

普林斯顿大学 Princeton University

专业预科 30%

学术 40%

知识 30%

普林斯顿大学是美国的三大名校之一,尤以它的科学明星和教授而出名。

这所雄伟壮观的校园里的哥特式建筑造就了整个校园的美丽景观。坐一小时的火车就可以到达纽约和费城。几乎所有的同学四年都住在校内的宿舍。普林斯顿的学生热爱体育活动。美式橄榄球、篮球、女子足球等校队为学校争取到最多的冠军。男子和女子划船、女子垒球、英式足球和曲棍球也都是常胜团队。有竞争力强的校内运动团队,吸引了大部分学生。普林斯顿的社交生活围绕半数学生都参加的饮食社团进行。其他一半的学生在社交生活方面就比较困难,因为有很多限制参加的社团。如果喜欢普林斯顿大学,你也可以参考杜克大学、斯坦福大学和耶鲁大学等。

普渡大学 Purdue University

专业预科 60%

学术 40%

　　每年从普渡大学毕业的工程师和宇航员是全美国大学中最多的。1/3 的同学住在校园单性别的宿舍里,有严格的探访时间限制。大一新生不需要住校,但是如果他们需要,学校保证大一新生的住房。大部分的同学住在学校附近的镇上,通常走路就可以到学校。20% 的同学参加兄弟会,校园里有 500 个学生社团。普渡大学也是十大体育联盟之一,代表体育活动在校园文化里有重要的地位——只要有校队比赛,全校都会热情参与,特别是男子和女子篮球。正如其他的工程学院,最受欢迎的学生活动是机械工程比赛,例如赛车、卡丁车和其他同学们所设计的创意游戏。如果喜欢普渡大学,你也可以参考乔治亚理工学院、密歇根州立大学和弗吉尼亚理工学院等。

瑞德学院 Reed College

专业预科 20%

学术 20%

创意 10%

知识 30%

激进 20%

　　瑞德学院有全美国最富知识、激进类的校园文化,位于俄勒冈州,骑自行车就可以到波特兰市。这里有很多必修的核心课程,来确保同学们打下广泛扎实的教育基础,大部分同学毕业后会继续深造。半数以上同学住在学校的宿舍和主题宿舍里。高年级同学比较喜欢住在校外附近的公寓,走路就可以到学校。瑞德学院没有最受欢迎的体育活动,很多同学的体育活动是极限飞盘。这里的同学享受很多校内的派对和愉快的时光,也有周六晚上在小型宿舍举办的便装派对。同学们并不为他们喝多少瓶啤酒而骄傲,而是他们学习的时间。如果喜欢瑞德学院,你也可以参考卡尔顿学院、斯沃斯莫尔学院和卫斯理安大学等。

伦斯勒理工学院 Rensselaer Polytechnic Institute

专业预科 70%
学术 30%

这个工程学院里男同学是女同学的三倍,所以社交生活很不平衡。有创业目标的同学到这里来学习专业技术课程。半数左右的同学住在校内宿舍,也有很多高年级的同学住在校外的大学公寓。RPI 的同学都为了他们一类运动的冰上曲棍球校队而疯狂。女子篮球和地上曲棍球校队、男子美式橄榄球和棒球校队都是学校的常胜团队。对于运动不是强项的同学来说,"D 队"冰上曲棍球是最好玩的,因为谁都可以参加。社交生活经常在实验室和图书室进行,也有 1/3 的同学参加兄弟会。因为女同学较少,很多同学会到附近的大学参加他们的社交活动。如果喜欢伦斯勒理工学院,你也可以参考乔治亚理工学院和弗吉尼亚理工学院等。

罗德岛设计学院 Rhode Island School of Design

专业预科 50%
创意 50%

罗德岛设计学院(RISD)建造在布朗大学对面山丘的一个历史城区上。大一新生和一些高年级同学住在学校男女同住的宿舍和公寓里,但大部分学生在校外城市里住公寓。这些对职业有野心的同学,可能每周超过三天、每天花八小时在课堂上或工作室里,所以根本没有很多时间社交。这些有创意的同学来到 RISD 发挥独立的创作力,所以他们花很多时间和精力专注在自己的设计作品

上。体育活动在这里不是特别受重视,虽然有些同学偶尔会去健身中心。希望在学术方面有社交生活的同学,到对街的布朗大学去参加他们的活动。如果喜欢罗德岛设计学院,你也可以参考欧林工程学院、帕森斯设计学院和萨瓦纳艺术设计学院等。

莱斯大学 Rice University

专业预科 70%

学术 20%

创意 10%

莱斯大学对于遵守规则的工程师和建筑师来说有最完美的校园设计,这里有完美的花园和整齐的树雕。70% 的同学住校,从大一开始就被分配到和教职员家庭住在一起的如小社区般的宿舍。同学们学习刻苦,而且都很喜欢这里平等的校园文化和对荣誉准则的责任感,包括没有老师监考的考试。社交生活很多通过各个宿舍的校园派对和体育活动展开。每一名同学都参加校队美式橄榄球比赛,男子棒球几乎每次都可以赢球。女子越野和网球都是冠军,很多同学也参加校内运动。如果喜欢莱斯大学,你也可以参考卡耐基·梅隆大学、哈维姆德学院和欧林工程学院等。

里士满大学 University of Richmond

专业预科 50%

学术 50%

在里士满大学所有的学生都住校,高年级同学住校园里的联体别墅和公寓。将近半数的学生都参加兄弟会和姐妹会,大学里有 275 个正式社团。生活在学术校园文化氛围里的学生通常比较保守,他们的兴趣倾向于职业规划,而不是政治或改变世界。校园里的社交生活活跃在兄弟会、宿舍和学生公寓。大学社区里的社会服务活动和体育活动都是里士满大学的主要活动之一。一类校队的女子团队有游泳、跳水和网球。男子校队参加篮球、棒球、高尔夫球和网球的比赛。大部分学生围绕他们宿舍和兄弟会参加校内运动。你如果喜欢里士满大学,也可以参考圣三一学院、联邦学院和维克森林大学等。

罗切斯特大学 University of Rochester

专业预科　30%

学术　50%

创意　20%

　　罗切斯特大学吸引了严肃的科学、医学院预科和音乐系学生,及学术类学生,学生喜欢为他们的主队加油。住在校园里的学生有1/4住在兄弟会宿舍。最强的校队包括男子篮球、女子足球、网球和越野。校内有一个非常高档的运动中心,有夜间灯光的屋顶网球场,八条泳道的游泳池,健身中心提供给有兴趣的同学休闲。在校内的社交生活有兄弟会、宿舍派对和全校都可以参与的活动包括电影、乐团、咖啡屋活动等。伊斯特曼音乐学院几乎每晚都有各种不同的表演开放,给所有学生欣赏。你如果喜欢罗切斯特大学,也可以参考丹佛大学、里海大学和雪城大学等。

罗彻斯特理工学院 Rochester Institute of Technology

专业预科　60%

学术　20%

创意　20%

　　以职业导向和预科类的校园文化为主,有非常成熟的实习项目,罗切斯特理工学院是一个很注重实用性的大学。RIT主办聋哑国家科技学院,是为聋哑学生在科技服务和科学教育上的先驱。大多数学生(70%)住在大学宿舍。靠近加拿大的寒冷天气,男子和女子冰上曲棍球都是学校最活跃的校队。冰上曲棍球甚至吸引了非运动类型的学生也到场参加。社交生活包括校园里的派对或是开车到附近的大学如水牛城、雪城大学和加拿大。很多罗切斯特理工学院的学生对于寻找职业方向和工作机会的热情超过社交生活。你如果喜欢罗切斯特理工学院,请参考克拉克森学院、德雷塞尔大学和伍斯特理工学院等。

罗琳斯学院 Rollins College

专业预科　30%

学术　60%

创意　10%

　　如果你喜欢享受阳光,喜欢美丽的湖边校园,喜欢地中海式的灰色建筑旁边种满棕榈树,那就去罗林斯学院吧。学生住在大学宿舍和兄弟会宿舍,30%的同学在校外靠近文特公园的地方租公寓。兄弟会是校园里社交生活很重要的一部分,1/3的同学参加兄弟会或姐妹会。同学们说整个校园充满了兄弟会和姐妹会的活动。有90个学生组成的社团活动,其中很多都和戏剧和水上运动相关。罗林斯有一个滑水冠军团队,还有一个很强的游泳和跳水团队。校内运动包括乒乓球和保龄球,还有一些水上运动。你如果喜欢罗琳斯学院,也可以参考伊隆大学、迈阿密大学和圣三一学院等。

罗格斯大学 Rutgers University

　　罗格斯是个公立的研究型大学,预科类的校园文化,同学们必须独立去探索这里的系统。这里的特点就是大,100个专业和4 000门以上的课程可供选择。接近半数学生住在学校的宿舍、公寓和特色住房里。有400个社团,少部分同学参加兄弟会,并且住在校外的兄弟会宿舍。在罗格斯经常胜出的校队团体包括男子足球和棒球,女子篮球和垒球。除了校队运动之外,校内运动和社团运动也都很强,并且提供好几百个机会给希望参加的同学。你如果喜欢罗格斯大学,也可以参考伊利诺伊大学、密歇根州立大学和纽约州立大学宾汉顿分校等。

圣劳伦斯大学 St. Lawrence University

专业预科　20%

创意　10%

知识　40%

激进　30%

憧憬北方森林,同时喜爱下雪和户外运动的同学选择来到圣劳伦斯大学。这里的校园文化非常友好,外向活泼的学生在小班制教室里学习,和教授关系很好,关心世界环保问题,而且喜欢运动。所有同学都住校,大一新生分为 12 个不同的学院,但是第一年都上同样的课。男子和女子冰上曲棍球校队是学校最受欢迎的一类运动。男子和女子足球都经常赢得比赛。高达 90% 的同学参加校内运动。登山、攀岩、皮划艇和露营都是同学们喜欢的休闲运动。社交生活都在校园里,20% 同学参加兄弟会和姐妹会,117 个有组织的社团,户外休闲社团是最活跃和最受欢迎的户外活动和体育运动。如果喜欢圣劳伦斯大学,你也可以参考比洛特学院、马卡莱斯特学院和佛蒙特大学等。

萨凡纳艺术设计学院 Savannah College of Arts and Design

专业预科 50%

创意 50%

到萨凡纳艺术设计学院来的同学都是为了往设计方向的职业规划发展的。学校简称 SCAD,校舍点缀在市中心主街的两边,好几栋教学楼都是当地的建筑地标。这里有全美国最大的艺术设计学位课程。大一新生住在学校位于市区的宿舍内,高年级的同学喜欢在附近租公寓。这里也有校队但是体育运动在这个创意类的校园里并不特别受重视。整个小城市就是校园,所以社交生活也都在这里的艺术工作室和市中心的画廊等处进行。你如果喜欢萨凡纳艺术设计学院,你也可以参考帕森斯设计学院和罗德岛设计学院等。

斯基德莫尔学院 Skidmore College

专业预科 30%

学术 50%

创意 20%

斯基德莫尔在现代的建筑里,有一个和谐的社区和创意类学生文化环境。同学们选择斯基德莫尔是为了这里像家庭一样的社区及和教授近距离交流的学习环境。大学轻易地将同学们的艺术兴趣和商业课程用实用的方法导向专业的职业规划。运动校队有 19 个团体属于三类运动,男子棒球和高尔夫球为学校带来最多的冠军。在斯基德莫尔的男同学和女同学都非常喜欢校内运动,篮球和壁球最受同学们欢迎。斯基德莫尔的社交生活围绕小型的宿舍派对展开,也有很多戏剧和音乐活动以及 80 个社团,在这里的休闲度假村萨拉托加温泉还有一个著名的径赛场地。你如果喜欢斯基德莫尔学院,也可以参考康涅狄格学院、古彻学院和瓦萨学院等。

史密斯学院 Smith College

专业预科　60%

知识　20%

激进　20%

　　女子大学五校联盟里最大也是最自由的学院,史密斯的毕业生在政坛和国家机构任职的机会比其他大学都高。同学们到史密斯学院主要是为了它对女子教育的悠久历史和这里高水平的学术而来。这里也是唯一有工程学院的女校。人文科学和激进的社会问题都是史密斯每天生活的一部分。史密斯的同学不住在学校宿舍里,她们住在有家庭氛围的古老别墅里,食宿的安排都不同于传统宿舍。同学们四年都住在同一个别墅,社交生活和体育活动都和他们的居住环境相关。史密斯也有非常强的运动团队,包括划船、马术、滑雪都经常赢得冠军。你如果喜欢史密斯学院,也可以参考布林莫尔学院、达特茅斯学院和卫斯理安大学等。

南加州大学 University of Southern California

专业预科　20%

学术　60%

创意　20%

　　欢迎来到阳光灿烂的加利福尼亚州,这里有对电影、电视和音乐最热爱的校园文化。南加大活跃的校园生活里有喷泉、水池等,音乐系学生在户外表演,还可以时常看到专业的电影摄像团队在传统的校园和现代的研究实验室取景。大一新生住在绿阴环绕的校园宿舍,里面还有游泳池和网球场等配套设施。大部分高年级同学住在校园附近的公寓。大约 20% 的同学住在兄弟会和姐妹会的宿舍。南加大的同学都为美式橄榄球而疯狂,也经常赢得冠军。女子足球和排球团队都很强,还有男子和女子的水球也都经常赢球。在南加大的生活就是社交。有这么多想要成为明星和音乐家的同学,校园随时都有不同的活动吸引很多学生参加,同学们也很喜欢到附近的海滩冲浪。你如果喜欢南加大,可以参考加州大学洛杉矶分校、加州大学圣克鲁兹分校和图兰大学等。

斯坦福大学 Stanford University

专业预科 40%

学术 40%

知识 20%

斯坦福大学惊艳的美丽校园,沿路一排美丽的棕榈树和红瓦屋顶相映,吸引了最聪颖和有天分的学生,他们热爱这里的预科和企业家学术校园文化。95%的同学大学四年都住在学校宿舍里,宿舍规模从30名学生自带厨师的别墅到有美丽山景的大型宿舍楼。体育活动在校园里有重要地位,美式橄榄球校队和棒球校队经常赢得冠军。这里有游泳池、高尔夫球场,还有一个马术团队。户外休闲,特别是慢跑、自行车和帆船都是斯坦福的热门活动。社交生活大部分在校园里进行,13%的同学参加兄弟会和姐妹会,周末的派对对所有的学生开放。很多学生筹划周末和夜晚的活动,可以开车45分钟到太平洋海岸,搭火车也可以在很短时间内到达三藩市。如果喜欢斯坦福大学,你也可以参考杜克大学、哈佛大学和普林斯顿大学等。

纽约州立大学宾汉姆顿分校 State University of New York: Binghamton

专业预科 60%

学术 40%

纽约州立大学宾汉姆顿分校属于预科类的校园文化,最著名的是这里所有的课程专业都强调全球化教学。所有同学都住校,17%的同学参加兄弟会,也住在兄弟会的宿舍。社交生活围绕兄弟会联谊会、体育活动和160个大学的正式社团进行。独立的校园生活也很丰富,包括在校周末和夜晚的免费电影、音乐和乐团。篮球是这里最强的校队运动,男子和女子曲棍球为大学带来很多冠军。最值得一提的罕见运动是他们的男女美式橄榄球团队,每年和康奈尔大学的比赛的团队成员包括三男三女和一个四分卫女球员。你如果喜欢纽约大学宾汉姆顿分校,也可以参考罗格斯大学、雪城大学和纽约州立大学水牛城分校等。

纽约州立大学水牛城分校 State University of New York：Buffalo

专业预科 70%

学术 30%

水牛城最著名的就是每年冬天的下雪量。纽约州立大学水牛城分校的专业预科类校园文化吸引了有明确职业规划的同学,特别是在健康医疗和计算机科学领域。大一新生规定住校,全校只有38%的同学住在学校宿舍。其他同学住在水牛城市中心的公寓或是家里。这里有500个社团,6%的同学参加兄弟会和姐妹会。UB美式橄榄球,这里有一个可以容纳30 000名学生的球场,通常可以吸引全校学生到场参加,这里还有一个全纽约州最大的篮球场。每年春秋各一次的音乐庆典是全校最大的社交活动,吸引了全校同学的参加。纽约州立大学水牛城分校的两个专业体育团队:美式橄榄球 Buffalo Bills 和冰上曲棍球 Sabres,引起众多同学的关注。如果喜欢纽约州立大学水牛城分校,你也可以参考凯斯西储大学、罗格斯大学和纽约州立大学宾汉姆顿分校等。

斯沃斯莫尔学院 Swarthmore College

专业预科 20%

学术 10%

知识 50%

激进 20%

斯沃斯莫尔玲珑小巧的校园孕育着全美国最有智慧的校园文化。同学们来到这里思考、辩论、提问和探讨行为原则、哲学问题,简单来说就是生活在精神世界里。校园就是一个亲密的社区,所有同学都住在校园里。斯沃斯莫尔历史上就是一个贵格教学院,深信平等主义。同学们在很多方面表现他们对平等的信仰、互相尊重、社区服务还有他们对社会正义的激进观点。女子的游泳、垒球、网球校队和男子网球校队都为学校带来很多冠军。为慈善募款举办的校内运动和体育活动在斯沃斯莫尔非常受欢迎。校园里有 110 个正式社团,7% 的学生参加兄弟会。如果喜欢斯沃斯莫尔学院,你也可以参考卡尔顿学院、芝加哥大学和哈佛大学等。

雪城大学 Syracuse University

专业预科　30%

学术　10%

创意　10%

知识　40%

激进　10%

雪城大学的学生为这里的篮球队、专业预科类的校园文化还有著名的太空工程和音乐剧院课程而来。同学们住在校园宿舍和兄弟会宿舍里,其余 25% 的学生住雪城镇上的公寓。篮球代表了雪城大学,美式橄榄球也吸引大量的雪城学生。运动员们带回各种不同的奖杯,就算他们没有得到胜利,同学们还是会到场支持。社交生活大多在校园里,包括 40% 的同学参加兄弟会和校运会,全校都参与的活动包括电影、舞会、乐团和保龄球活动等。如果喜欢雪城大学,你也可以参考迈阿密大学、宾州州立大学和罗切斯特大学等。

得州大学奥斯汀分校 University of Texas at Austin

专业预科　40%

学术　60%

得州大学是最原始的常青藤州立大学,有非常少的必修核心课程,奥斯汀也被评为最好的大学城。1/4 的同学住校,其他同学住在步行可达的校外公寓。大学的电影院和桌球室随时都开放使用,学校有 1000 个社团,15% 的同学参加兄弟会。校队运动——美式橄榄球、篮球和棒球就是这里的社交活动,为长角牛(得州大学体育团队象征)创造了一个学术性的校园文化。这里有非常多的校内运动可以选择,85% 的学生参加至少一种运动。奥斯汀是得州的首府,在这个

"小城市"的主街上有热闹的音乐、餐厅、烤肉和酒吧。你如果喜欢得州大学奥斯汀分校,你也可以参考密歇根大学、北卡罗来纳大学教堂山分校和图兰大学等。

得州农工大学 Texas, A&M University

专业预科 30%

学术 70%

我们很难分清楚得州农工大学最著名的是这里的工程学院还是学校精神。得州农工大学的农业,和有军事传统的学校精神无人能比。"社区忠诚因子"创造了一个亲密的大学校园环境。10%同学参加童子军,是全国最大的军事教育课程之一。1/4 的同学住在校园里,其他同学住在大学附近的镇上,这里的体育团队 Aggies 特别有名。美式橄榄球、棒球和女子高尔夫及足球都是冠军团队。校内运动也非常受欢迎,得州农工大学的垒球团队数量比其他大学都多。美式橄榄球是全校师生的最爱,像强力胶一样把全校几千名学生聚在同一个社区。20%以下的同学参加兄弟会,校园里有 700 个社团,而美式橄榄球提供给同学们更多的社交空间。你若喜欢得州农工大学,也可以参考密西西比大学、宾州州立大学和俄亥俄州立大学。

圣三一学院 Trinity College

专业预科 30%

学术 70%

这个拥有哥特式建筑的预科类文理学院,对于喜欢小城学术校园文化的同学来说是最好的选择。同学们住在学校的宿舍和公寓里,36% 的学生参加兄弟会。圣三一学院属于三类运动大学——男子和女子壁球赢得最多冠军,男子高尔夫球和划船团队也是常胜军。圣三一在一个以休闲校内运动为中心的校园,有 100 名学生可参加垒球活动。这里的社交生活在校园和兄弟会都有很多全校可以参与的活动。这里有 105 个大学社团,还有很多由学生会提供的社会活动机会。学生会举办很多校内活动,包括喜剧演员之夜、戏剧、乐团和很多学生会赞助在咖啡厅的活动等。如果你喜欢圣三一学院,你也可以参考迪肯森学院、哈密尔顿学院和华盛顿与李大学等。

塔夫斯大学 Tufts University

专业预科 50%

学术 30%

创意 10%

激进 10%

　　塔夫斯和其他大学相比而言属于专业预科的校园文化,这里的国际关系课程影响了大量的同学参加世界和平组织。在学校里校队运动并不是最受欢迎的社交活动。赢得最多冠军的校队是男子田径和曲棍球,女子帆船和足球。休闲活动对这里的同学非常重要,半数以上学生参与校内运动或是社团运动。社交活动在校园和校外都有,搭地铁可以轻易到附近其他大学,如校内音乐会、戏剧制作、校园电影、校园里的社交活动等,有15%是兄弟会的宿舍派对。如果喜欢塔夫斯大学,你也可以参考布兰迪斯大学、艾默里大学和约翰霍普金斯大学等。

图兰大学 Tulane University

专业预科 30%

学术 70%

　　图兰大学是一个专业预科研究型大学,学术类校园文化,位于美国爵士乐的中心:路易斯安那州的新奥尔良。半数的学生住在校园宿舍里,其他一般住在校外的公寓或共租别墅里。65%的同学参加兄弟会和姐妹会,有250个正式学生社团。男子和女子篮球校队都是学校的冠军团体,男子篮球吸引最多的同学来观赛,并且为之疯狂。体育中心里的游泳、健身和社团运动等设备使用率很高。社交生活围绕兄弟会的派对、社团活动、体育活动和法国爵士乐进行。每年学生可以为了参加新奥尔良狂欢节的游行和庆典活动停课两天。如果喜欢图兰大学,你也可以参考迈阿密大学、范德堡大学和弗吉尼亚大学等。

联邦学院 Union College

专业预科 40%

学术 60%

　　联邦学院属于学术性的校园文化,设有工程学院的文理大学。同学们住在学校宿舍和兄弟会宿舍。联邦学院的一类运动包括男子和女子冰上曲棍球,还有其他项目属于三类运动。冰上曲棍球总能吸引最多的学生到场喝彩。男子和女子足球也为学校赢得不少冠军。60%的学生参加各种不同的校内运动和社团运动,包括极限飞盘和扫帚球。联邦学院的同学社交生活多在校园里,包括兄弟会、100个社团和体育活动等。所有的校园活动都是计划好的,例如音乐会、电影和喜剧演员在咖啡厅的表演,所有同学都可以随时报名参加。同学们也会到斯基德莫尔学院和附近的萨拉索达温泉休闲度假中心去玩。如果喜欢联邦学院,你也可以参考克罗拉多学院、富兰克林与马歇尔大学和里士满大学等。

范德堡大学 Vanderbilt University

专业预科 20%

学术 60%

创意 20%

　　范德堡大学是一个研究型大学,位于田纳西州纳什维尔的乡村音乐城。如果你看到男士们穿着夹克外套还打领带,或是女士们穿着裙装、戴着珍珠项链在美式橄榄球场上,那你就知道这是个南方的校园文化。范德堡大学的荣誉守则非常有名,对于一个大型大学来说非常罕见。学生的考试没有老师监考,每个人都有的荣誉原则,必须对自己的社会行为及学术行为负全责。1/3以上的同学参加兄弟会,校内有300个社团,学校属于一类运动大学。篮球和棒球都是这里最强的校队团体,而美式橄榄球能吸引最多的观众。女子保龄球总是赢得冠军。在校园里有各式各样的社交活动机会,包括兄弟会、社团和朋友小聚,也可以到郊外,纳什维尔有蓝天绿草,是美国著名的音乐之都。如果喜欢范德堡大学,你也可以参考杜克大学、迈阿密大学和图兰大学等。

瓦萨学院 Vassar College

专业预科 30%

学术 20%

创意 30%

知识 20%

同学们为了瓦萨学院严格的文理课程和智慧型的校园文化来到这个美丽的校园。学生住在校内,很少到校外溜达,也有很多同学会到纽约去看戏剧表演,参观博物馆和享受夜生活。校内运动比校队运动更受欢迎得多,男子和女子排球、女子网球和英式足球都经常赢得冠军。半数学生参加校内运动和社团运动,活动选择范围非常广,包括桌球、高尔夫球、飞盘、乒乓球和水球等。在校园里的社交生活有很多艺术和社团活动可选择,比体育活动更受欢迎。校园里经常有音乐和戏剧表演,在校园里的酒吧也有演出,但仅限于 21 岁以上的同学观看。如果喜欢瓦萨学院,你也可以参考阿默斯特学院、波莫纳学院和耶鲁大学等。

佛蒙特大学 University of Vermont

专业预科 30%

学术 60%

激进 10%

UVM 是最原始的"公立常青藤"之一,位于佛蒙特的绿色山脉和美丽的香普兰湖之间的山丘上,是一个最理想的大学城。在这个田园诗般的环境里,每名学生的必修课程之一是种族文化。大一和大二学生住在校内,大部分高年级学生住在校外。冰上曲棍球和滑雪都是最强的运动团队,冰上曲棍球总能进入国家排名,吸引了最多忠实和热情的学生粉丝观赛。这里的户外活动非常盛行,包括登山、越野单车、皮划艇,而露营是同学们最喜欢的活动。社交生活通常有兄弟会、体育活动,或是到校外的伯林顿市中心及附近的滑雪场。如果喜欢佛蒙特大学,你也可以参考明尼苏达大学、俄勒冈大学和威斯康星大学等。

弗吉尼亚大学 University of Virginia

专业预科　40%

学术　60%

　　弗吉尼亚大学著名的雄伟历史建筑环绕于绿色的校园,这里的创办人就是建筑师、美国《独立宣言》作者同时也是美国第三任总统托马斯·杰斐逊。半数左右的学生住在这个有"公立常春藤"之称的学术校园文化的大学校内,三个学生宿舍楼由特别兴趣小组来区别。1/3的同学参加兄弟会和姐妹会,这些同学在校园里最具影响力。男子篮球校队比赛在弗吉尼亚大学是最重要的活动。校内运动就有65个社团提供给不同程度的同学。学校所在的夏洛特城是最好的大学城之一。如果喜欢弗吉尼亚大学,你也可以考虑科罗拉多大学、北卡罗来纳大学教堂山分校和得州大学等。

弗吉尼亚理工学院 Virginia Polytechnic Institute

专业预科　50%

学术　50%

　　弗吉尼亚理工学院是个公立大学,位于弗吉尼亚郊区的蓝岭山脉,沿着森林河流和国家森林附近的山区而建。大约半数的同学住在学校宿舍里,高年级同学住在布拉克斯堡的公寓和别墅里,这个大学城里所有的人全年都热爱美式橄榄球。体育活动在这里非常有竞争性,校内运动也很强,有400个垒球团队。除了垒球之外,还有美式橄榄球团队、水里曲棍球、内胎水球,还有你能够想象到的所有运动都可以在弗吉尼亚理工学院找到。1/4的同学参加兄弟会,在校内有600个学生社团,同学也喜欢到布拉克斯堡休闲活动,包括打桌球和听音乐。如果你喜欢弗吉尼亚理工学院,你也可以参考马里兰大学、普渡大学和得州农工大学等。

维克森林大学 Wake Forest University

专业预科　30%

学术　60%

创意　10%

维克森林大学是一个学术严谨的文理学院,这里的本科生都很勤奋,意气风发,并且有很多规定的必修课程。70%的学生住在校内和兄弟会宿舍。半数的学生参加兄弟会和姐妹会。维克森林大学的篮球属于一类球队,是这里全年都流行的话题。女子草地曲棍球校队是全国数一数二的,男子和女子的高尔夫球和网球也都非常厉害。85%的同学参加校内运动,学校的健身中心随时都有人使用。兄弟会派对和活动总是很受欢迎。体育活动也是社交生活的重心,球赛前后总有不同的活动和庆祝会。如果喜欢维克森林大学,你也可以参考巴克内尔学院、科尔盖特学院和华盛顿与李大学等。

华盛顿大学 University of Washington

专业预科　70%

学术　30%

华盛顿大学是一所顶尖的研究型大学,拥有专业预科类的校园文化。从学校就可以望到太平洋,校园有美丽的哥特式建筑,还可以看到层层的奥林匹克山脉。约有1/3的新生必须自己安排住宿。住在校外的同学社交生活非常丰富。美式橄榄球校队总是能够将全校同学集合在一起。美国西北的户外活动非常有名,这里的同学都很喜欢露营或爬山,胜过喜欢校内的体育活动。这里有500个正式社团,10%的同学参加兄弟会或姐妹会。你如果喜欢华盛顿大学,也可以参考伦斯勒理工学院、普渡大学和纽约州立大学水牛城分校等。

华盛顿与李大学 Washington and Lee University

专业预科　30%

学术　70%

西弗吉尼亚郊区乡村的学术类校园文化,学生为了传统而保守的校园文化来到华盛顿与李大学。对这里的同学来说荣誉守则非常重要,同学们必须对没有监考的考试负责并且尊重他人财产。W&L的学生将他们的手提电脑放在图书室,在校内的自行车和宿舍房门都从来不上锁。半数以上的同学住在校内宿舍和兄弟会宿舍里。高年级同学在校园附近租公寓或共租别墅。在这个高格调的大学,曲棍球比美式橄榄球要更受欢迎。临近的阿帕拉其恩山脉给学生很多户外休闲的机会,包括打猎和钓鱼,还有登山及露营。华盛顿与李大学有85%的同学参加兄弟会。社交生活围绕着兄弟会的派对、体育活动和90个校内的正式社团展开。这里最著名的还有许多兄弟会主办的正式舞会,他们也经常把最新的乐团带进校园。你如果喜欢华盛顿与大学,也可以参考戴维逊学院、圣三一学院和维克森林大学等。

华盛顿圣路易斯大学 Washington University in St. Louis

专业预科　50%

学术　40%

创意　10%

华盛顿大学是一个在密苏里州圣路易斯市的私立大学。请注意这所华盛顿大学和西雅图的华盛顿大学不一样。专业预科——特别是建筑、医学和工程类同学都热爱这里的学术文化。大部分同学住校,有的同学住兄弟会宿舍,大约只有20%以下的同学住校外公寓。华盛顿大学属于三类运动团队,这里最强的团队有女子篮球和排球。兄弟会是最好的社交生活,学校宿舍赞助所有校内的社交活动,并邀请全校同学参加。音乐会、乐团、学生合唱团、戏剧和主题派对等让这里的同学在学习之余都很开心。你如果喜欢华盛顿大学,也可以参考艾默里大学、西北大学和宾夕法尼亚大学等。

威尔斯利学院 Wellesley College

专业预科　60%

知识　30%

激进　10%

五大女校之一,威尔斯利学院吸引了有智慧且充满好奇心、传统的年轻女孩,她们有学习野心,并且希望在世界上达到领导地位。威尔斯利有很强的专业预科类校园文化,这些特质很容易从学生的素质看出来。美国的第一位女国务卿希拉里·克林顿就是威尔斯利的毕业生。美国顶尖女性经济学家也是威尔斯利的毕业生。所有同学都住在校内配备先进的宿舍里。她们生活在自己的荣誉守则标准里,这代表着所有的考试都是自己监考的。为学校赢回最多奖杯的校队团体包括曲棍球、游泳和网球。健身中心的使用率很高,包括游泳池、网球场、舞蹈室和健身房。威尔斯利的社交生活集中在波士顿和剑桥地区,都在 30 分钟车程之内。威尔斯利的女孩们参加波士顿地区其他大学很多的兄弟会和社团等活动。如果喜欢威尔斯利学院,你也可以参考普林斯顿大学、史密斯学院和斯坦福大学等。

卫斯理安大学 Wesleyan University

专业预科　20%

学术　20%

创意　10%

知识　30%

激进　20%

　　美国可能有其他大学和卫斯理安大学一样自由,但是不可能有其他大学有比卫斯理安更多这么多聪明、有智慧、想要改善世界的学生。社交生活几乎就是校园里各种不同的活动,这些活动从表演艺术到政治激进的社会活动都有。虽然全年都有全校参与活动的传统,但很多同学的社交生活还是朋友小聚和家庭聚会。这里最强的体育活动是校内运动,很大部分学生喜欢在体育中心锻炼,这里有室内田径场、游泳池和健身中心。如果喜欢卫斯理安大学,你也可以参考布朗大学、卡尔顿学院和瑞德学院等。

威廉玛丽学院 College of William and Mary

专业预科　50%

学术　40%

知识　10%

　　美国少数的公立文理学院之一,来到威廉玛丽学院努力学习的同学是为了寻找一个预科类校园文化,同时又有足够的学术社交生活的环境。威廉玛丽骄傲地吸引了 76% 的学生住在校园宿舍和公寓里。1/3 的同学参加兄弟会和姐妹会,很多其他同学也住兄弟会宿舍。美式橄榄球和篮球在这里并不是最受欢迎的,同学们宁愿花更多精力在他们的学术、思考和研究生入学的申请和准备上。

75%的同学参加校内运动和社团运动,在校内有500个社团。在威廉玛丽学院,社交生活永远无法代替学术生活。校内也有派对,同学们参加音乐会、学生剧院和舞蹈表演。如果喜欢威廉玛丽学院,你也可以参考约翰霍普金斯大学、莱斯大学和塔夫斯大学等。

威廉姆斯学院 Williams College

专业预科 20%

学术 40%

创意 10%

知识 30%

威廉姆斯学院是全美国顶尖文理学院里顶级学校,它的历史专业和校园里的艺术博物馆颇著名。这些渴望知识的同学最珍惜威廉姆斯学院提供个性化教育带来的广泛教育成果。威廉姆斯有一个非常强大的体育团队。这里的滑雪团队属于一类运动,而三类运动包括男子和女子游泳队,他们为学校赢得许多冠军。男子网球和篮球,女子垒球和草地曲棍球都经常赢得比赛。同学们的社交生活几乎都在校园里,有各式各样的活动可以参加,包括传统的全校冬季嘉年华和春季狂欢派对。全年都有系列影展、各类讲座、音乐会和体育活动等可供学生选择。如果你喜欢威廉姆斯学院,你也可以参考阿默斯特学院、普林斯顿大学和明德学院等。

威斯康星大学 University of Wisconsin

专业预科 40%

学术 50%

激进 10%

威斯康星大学的一面是大湖,另一面是山丘,州际大街通往州政府的议会大厦(连同接触政治职业的机会)就在正中间,这吸引了很多对政治和美国历史有兴趣的同学。威斯康星大学也是十大体育联盟之一,这对学校的精神意义非常大。主要的体育活动有美式橄榄球、篮球和冰上曲棍球,吸引大部分同学参与的活动包括运动会、军乐队和各种学术类活动等。社交生活围绕着10%的兄弟会、政治活动还有学生会主办的全校性活动——特别是乐团、爵士乐队、摇滚乐队还有一些知名的音乐团体等进行。你如果喜欢威斯康星大学,也可以参考马里兰大学、明尼苏达大学和俄勒冈大学等。

伍斯特理工学院 Worcester Polytechnic Institute

专业预科　60%

学术　30%

创意　10%

同学们来到这个预科类校园文化的学校,是为了学习实用的工程学或音乐戏剧经验。WPI 的学生以团队合作而出名,无论是工程和戏剧专业,都有很多项目需要合作完成。大约半数同学住学校和兄弟会宿舍,其他一半的同学住学校附近的公寓。三类运动校队虽然没有他们的课业重要,男子和女子划船也都非常强。因为学校所有作业都需要团队配合,同学们很容易认识不同小组的朋友,这让社交生活更加容易。社交生活围绕 1/3 的兄弟会成员、校内的休闲运动、工程比赛、戏剧和音乐剧等活动展开。如果喜欢伍斯特理工学院,你也可以参考卡耐基·梅隆大学、欧林工程学院和莱斯大学等。

耶鲁大学 Yale University

专业预科　30%

学术　20%

创意　20%

知识　30%

常青藤的三大名校之一,耶鲁大学提供全美最好的住宿条件。在雄伟壮观的校园里有哥特式建筑,这个名牌大学提供给同学们一个亲密和谐的社区环境。耶鲁的同学对社会科学和艺术的浓厚兴趣远远超过校队运动,除了每年传统的哈佛 VS 耶鲁的美式橄榄球大赛是全校都不容错过的一大盛事外,由各个宿舍所举办的校内运动也吸引了半数以上的同学参加。社交生活包括很多宿舍内部活动和秘密组织俱乐部等。耶鲁的剧目戏院、影视社团和不同类别的兴趣社团包括艺术史、戏剧和乐队等都提供了多样化的社交生活。你如果喜欢耶鲁大学,也可以参考哈佛大学、哥伦比亚大学和斯坦福大学等。

来自艾思维教育

——前哈佛招生官给同学们的鼓励（代后记）

当你决定去美国顶尖大学接受最好的教育的时候，面临着各种未知和巨大的压力，若仅凭直觉选择、努力，就像开启一段旅程而没有地图或者 GPS 导航，而艾思维可以作为你旅程中的地图或者 GPS 导航，指引你在教育、专业和职业选择的道路上扬帆远航。我们的目标是当你面对众多选择时，通过我们在教育和美国升学领域几十年的经验，为你指点迷津。

看似有无数的大学要去衡量，从中选出最匹配的一所成为一项必须直面而又艰苦卓绝的任务。艾思维的服务综合而又全面，协助你轻松完成这项任务。高校顾问不能保证申请人一定能被学校录取，而我们却可以通过循序渐进的指导，确保你被所选学校录取的可能性大大增加。

暑期应该选择什么样的暑校和课外活动？新学期怎么选课？如何让你从上千名申请者中脱颖而出？如何从众多大学中选出最适合你的大学？如何根据自己的天赋、兴趣和志向选择专业和未来的职业发展方向？针对这些问题，我们综合而全面的服务让你没有后顾之忧。

我所有的职业生涯都在教育领域度过，在哈佛大学的 21 年间，我曾经阅读近 30 000 份大学申请，为哈佛录取世界最顶尖的学生；在耶鲁大学期间，我负责给优秀的学生颁发奖学金；几年前我来到了亚洲，希望用我在教育领域多年的经验来帮助更多的亚洲学生实现他们进入美国顶尖学府的梦想。

现在我很荣幸来到中国，并且加入艾思维教育。我希望帮助更多的中国学生和家庭实现你们的教育梦想。

由我带领的经验丰富的团队已经做好了准备，我们将不遗余力地帮助你规划未来的锦绣前程。

那么，你还在等什么？

艾思维教育首席顾问
Sally Champagne（夏雪丽）

图书在版编目(CIP)数据

一举突破美国名校 / (美) 米切尔著; 施怡如编译
—上海: 文汇出版社, 2013.11
ISBN 978-7-5496-0962-8

Ⅰ. ①一… Ⅱ. ①米… ②施… Ⅲ. ①留学教育-概
况-美国 ②高等学校-介绍-美国 Ⅳ. ①G649.712.8

中国版本图书馆 CIP 数据核字 (2013) 第 245804 号

一举突破美国名校

Joyce Slayton Mitchell / 著

施怡如 / 编译

责任编辑 / 竺振榕
特约编辑 / 项纯丹
装帧设计 / 郭天容

出版发行 / 文匯出版社
    上海市威海路 755 号
    (邮政编码 200041)
经　　销 / 全国新华书店
印刷装订 / 上海宝山译文印刷厂
版　　次 / 2014 年 1 月第 1 版
印　　次 / 2014 年 1 月第 1 次印刷
开　　本 / 720×960　1/16
字　　数 / 316 千字
印　　张 / 19.5
ISBN 978-7-5496-0962-8
定　　价 / 35.00 元